JÜRGEN NECKAM

500 ROMANE IN EINEM SATZ

JÜRGEN NECKAM

500 ROMANE IN EINEM SATZ

Das schnellste Literaturlexikon der Welt

DUMONT

Erste Auflage 2007
© 2007 DuMont Buchverlag, Köln
Alle Rechte vorbehalten
Umschlag: Zero, München
Satz: Fagott, Ffm
Gesetzt aus der Adobe Garamond
Gedruckt auf säurefreiem und chlorfrei gebleichtem Papier
Druck und Verarbeitung: Clausen & Bosse, Leck
Printed in Germany

ISBN 978-3-8321-8015-7

Gewidmet
allen Bibliotheken, weltweit

VORWORT

Alles begann im tschechischen Ústí nad Labem, im Oktober 1999. Ich unterrichtete an der dortigen Pädagogischen Fakultät und lebte in einer Einzimmerwohnung des Studentenwohnheims. Da ich in Ústí fast niemanden kannte und auch über keinen Fernseher verfügte, hatte ich plötzlich unendlich viel Zeit zum Lesen.

Ich las und las und las.

Und vergaß das Gelesene wieder.

Dumm.

Also begann ich, nicht mehr nur Autor und Titel eines Buches in eine Liste einzutragen, sondern auch eine Zusammenfassung des Inhalts für mich zu erstellen – zunächst nur zu dem Zweck, später mit meinem Gedächtnis prahlen zu können. Je länger, je besser, dachte ich und schrieb drauflos. Es war *Der Garten Eden* von Ernest Hemingway, ein sehr gutes Buch, und ich brauchte für die Inhaltsangabe in etwa so lange, wie ich für die Lektüre eines antiken griechischen Dramas brauche. Mein nächster Gedanke war daher: Kürzer. Viel kürzer.

Und noch kürzer.

Und dann war ich bei drei Sätzen pro Roman.

Das ging schon wesentlich flotter.

Ich war so zufrieden mit meiner Methode, dass ich sie fast augenblicklich wieder vergaß. Bis ich sechs Jahre später mit einem Freund in einem Wiener Kaffeehaus saß. Im Gespräch über unsere literarischen Vorhaben fiel mir meine liebste Freizeitbeschäftigung aus der Zeit in Tschechien wieder ein. »Ich werde ein Romanlexikon schreiben mit nur drei Sätzen pro Werk«, verkündete ich kämpferisch. »Wozu so langwierig?«, gab mein Freund zurück. »Ein Satz, ein einziger Satz, das muss reichen!« Auf diese ehrgeizige Idee stießen wir gleich an.

»Aber wozu soll das gut sein?«, wurde ich schon während des Schreibens gefragt.

Die Antwort ist einfach: um sich zu informieren, und zwar schnell. Über Romane, die wichtig sind. Über Romane, die glänzend geschrieben sind. Über Romane, die Gesprächsthema sind.

Dafür ist dieses Buch da.

Wofür es nicht in erster Linie da sein kann, weil dies den Rahmen gesprengt hätte: für biografische Hintergründe, Charakteranalysen, intertextuelle Verweise, Stil- und Sprachuntersuchungen. Dieses Buch ist ein Vademecum, ein kleiner Begleiter auf dem Weg durch die Weltliteratur.

Es soll einen prägnanten Überblick über den Inhalt der Romane geben, Erinnerungen an Lieblingsbücher wachrufen und als Appetizer für die Lektüre noch unbekannter Werke dienen. Und so ist es letztlich nichts anderes als eine Verbeugung vor der Literatur.

ADAMS, DOUGLAS (1952–2001)

Per Anhalter durch die Galaxis
(The Hitchhiker's Guide to the Galaxy)

Überaus amüsante und durchgeknallte Roman-Pentalogie, die mit der Zerstörung der Erde beginnt und die Reise des Überlebenden Arthur Dent mit seinem außerirdischen Freund Ford Prefect quer durch die Galaxis schildert, bis sich am Ende herausstellt, dass die Erde nur ein gigantisches Computerprogramm war, das die Mäuse bestellt hatten, um ein Experiment durchführen zu können.

Beste Stelle: »Es gibt eine Theorie, die besagt, wenn jemals irgendwer genau rausfindet, wozu das Universum da ist und warum es da ist, dann verschwindet es auf der Stelle und wird durch etwas noch Bizarreres und Unbegreiflicheres ersetzt. Es gibt eine andere Theorie, nach der das schon passiert ist.«

AICHINGER, ILSE (1921)

Die größere Hoffnung

Das Mädchen Ellen, das aufgrund seiner ›falschen‹, d.h. jüdischen Großeltern im nationalsozialistischen Wien vom Tod bedroht ist, träumt davon, emigrieren zu können – was nicht möglich ist, da seine anderen Großeltern keine Juden sind –, muss erleben, wie seine jüdischen Freunde deportiert werden, und wird schließlich von einer Granate zerrissen.

Bester Satz: »Wer sich nicht selbst das Visum gibt, bleibt immer gefangen.«

AITMATOW, TSCHINGIS (1928)

Dshamilja (Ovon)

Während des Zweiten Weltkriegs verliebt sich die unglücklich verheiratete Dshamilja in den von der Front zurückgekehrten sanftmütigen Danijar und verlässt heimlich mit ihm ihr Dorf, was von allen verurteilt wird.

Bester Satz: »Wenn sie lachte, blitzten ihre tiefschwarzen, mandelförmigen Augen in jugendlichem Übermut, und wenn sie eines der frechen kleinen Lieder anstimmte, die man bei uns im Aul singt, schimmerte ein ganz unmädchenhafter Glanz in ihrem Blick.«

ALEXANDROU, ARIS (1922–1978)

Die Kiste (To Kivotio)

Das letzte Mitglied eines Todeskommandos sitzt in Isolationshaft und erstattet einem ihm unbekannten Untersuchungsrichter in zunehmender Verzweiflung schriftlich Bericht über seine Tätigkeit im Krieg, die zuletzt darin bestand, den Revolutionären eine Kiste zu übergeben, was zwar gelang, aber sinnloserweise das Leben aller Beteiligten kostete, da die Kiste leer war.

Bester Satz: »Als Sie mich so unerwartet in Untersuchungshaft nahmen – ich darf sagen, daß ich allen Grund hatte zu glauben, meine dritte Auszeichnung zu bekommen –, als ich mich also in dieser Zelle wiederfand, war meine einzige Hoffnung, die Gelegenheit zu erhalten, mein Verhalten zu erklären oder wenigstens zu verteidigen, vorausgesetzt, es würde eine förmliche Anklage gegen mich erhoben.«

AL-GHITANI, GAMAL (1945)

Seini Barakat, Diener des Sultans, Freund des Volkes (Az-Zayni Barakat)

Zu Beginn des 16. Jahrhunderts übernimmt az-Zayni Barakat das Amt der Marktaufsicht in Kairo, macht sich durch Liberalität viele Freunde, den Geheimdienstchef Zakariya ibn Radi jedoch zum Feind, der auf seine Vernichtung aus ist, bis er bemerkt, dass Barakat noch schlimmer als sein Vorgänger ist, weswegen Zakariya aus Respekt vor diesem politischen Talent Barakat schließlich sogar vor der fast sicheren Hinrichtung rettet.

Bester Satz: »Aufgabe des Geheimdienstes ist es – daran ist überhaupt nicht zu rütteln – bei den Menschen im Land Gerechtigkeit zu etablieren.«

ALLENDE, ISABEL (1942)

Das Geisterhaus (La casa de los espíritus)

Drei Generationen umfassende Geschichte der chilenischen Familie Trueba, zusammengehalten durch den überlebensgroßen Patriarchen Esteban Trueba, dessen Frau Clara mit den Geistern in Kontakt steht, während die Tochter Blanca durch Liebe in revolutionäre Umtriebe verstrickt ist und deren Tochter Alba zum Lebensmittelpunkt ihres Großvaters, des alt gewordenen Esteban, wird, der einsehen muss, dass der von ihm geförderte Militärputsch eine grausame Diktatur geschaffen hat, in der seine Enkelin Alba von einem seiner illegitimen Enkel fast zu Tode gefoltert wird, der Alte sie jedoch freibekommt und mit ihr den aufgegebenen Familiensitz, das »Geisterhaus«, renoviert.

Bester Satz: »Er konnte nicht wissen, daß dieses feierliche, würfelförmige Haus, das solide und selbstzufrieden wie ein Hut in der grünen Geometrie des Gartens saß, nach und nach Auswüchse und Anhängsel bekommen würde, Wendeltreppen, die nirgendwohin führten, gewaltige Türme, riesige

Fenster, die sich nicht öffnen ließen, Türen, die ins Leere mündeten, gewundene Gänge und Fensterluken zwischen den Schlafzimmern, damit man sich zur Stunde der Siesta verständigen konnte, je nach den Einfällen Claras, die bei jedem neuen Gast, den sie unterbringen mußte, irgendwo ein Zimmer anbauen oder, wenn die Geister ihr anzeigten, daß in den Grundmauern ein Schatz oder ein unbeerdigter Leichnam lag, eine Mauer einreißen ließ, bis die Villa ein verwunschenes, unmöglich sauberzuhaltendes und gegen zahlreiche Gesetze und Bauvorschriften verstoßendes Haus wurde.«

ANDERSCH, ALFRED (1914–1980)

Sansibar oder der letzte Grund

Der illegale Abtransport der Plastik »Der lesende Klosterschüler«, die Pastor Helander vor den Nazis bewahren will, bietet dem Kommunisten Gregor und der Jüdin Judith Levin die Chance zur Flucht, doch muss der Fischer Knudsen erst zustimmen, der seine psychisch kranke Frau zunächst nicht gefährden möchte, dann aber den Transport doch unternimmt, während Pastor Helander im Kugelhagel der SA stirbt.

Bester Satz: »Natürlich hatte man dem Satan Widerstand zu leisten, man hatte zu predigen, aber nur, um die Leute darauf hinzuweisen, daß die Welt dem Teufel gehöre und daß Gott ferne sei.«

ANDERSEN NEXÖ, MARTIN (1869–1954)

Pelle der Eroberer (Pelle Erobreren)

In vier Bänden wird Pelle von seiner Kindheit an als Sohn eines eingewanderten Handlangers gezeigt, der den Bauernhof verlässt, eine Schusterlehre beginnt, dieses Handwerk zugunsten einer Arbeit in Kopenhagen aufgibt, ein führender Gewerkschafter wird, aber wegen Falschmünzerei unschuldig vier Jahre im Gefängnis verbringt und einsieht, dass ein besseres Zusammenleben nur möglich ist, wenn Arbeit genossenschaftlich betrieben wird.

Bester Satz: »Seiner Erfahrung nach waren alle Menschen im Grunde gut; das Böse in ihnen ließ sich immer auf etwas Bestimmtes zurückführen, während die Güte oft trotz allem vorhanden war.«

ANDRIĆ, IVO (1892–1975)

Die Brücke über die Drina. Eine Wischegrader Chronik (Na Drini ćuprija)

Der Roman schildert die Geschichte der Brücke, von ihrer Entstehung im 16. Jahrhundert über tragische Einzelschicksale wie den Selbstmord der Fatima beim Hochzeitszug bis ins Jahr 1914, als die Brücke, inzwischen wichtiges Element des Zusammenkommens von Muslimen, Christen und Juden, während einer Schlacht gesprengt wird.

Bester Satz: »Nun, daher gilt es, nach einem Brunnen, als das zweitgrößte Werk, eine Brücke zu bauen, und die größte Sünde, Hand an sie zu legen, denn jede Brücke, von jenem Steg über den Gebirgsbach bis zu diesem Bauwerk Mehmed Paschas, hat ihren Engel, der sie schützt und hält, solange es ihr von Gott beschieden ist zu stehen.«

Der verdammte Hof (Prokleta avlija)

Rückblickend erzählte Geschichte der Haft des unschuldigen Franziskaners Petar in einem unmenschlichen Istanbuler Gefängnis, dem »verdammten Hof«, wo dieser bizarre Figuren kennenlernt wie den ehemaligen Verbrecher und jetzigen Gefängnisdirektor Karadjoz, den fantastische Liebesgeschichten zum Besten gebenden Falschmünzer Znaim und den Historiker Djamil Efendi, der so besessen Studien zu einem rebellischen Sultanssohn betreibt, dass er schließlich glaubt, selbst dieser Sohn zu sein.

Bester Satz: »Wie es oft geschieht, wurde aus dem jungen Mann, der in den Kreisen der Abenteurer und Tagediebe schon eine Rolle zu spielen begonnen hatte, ein guter und pflichtbewußter Polizist in Istanbul.«

ANONYM

Josefine Mutzenbacher oder
Die Geschichte einer wienerischen Dirne von ihr selbst erzählt

Pornografischer, erstmals 1906 erschienener Roman, aus der Perspektive Josefine Mutzenbachers erzählt, der tatsächlich fast ausschließlich Szenen explizit sexuellen Inhalts bietet, wobei sämtliche moralischen Einschränkungen außer Acht gelassen werden.

Beste Stelle: »Die Männer tun alle dasselbe. Sie liegen oben, wir liegen unten. Sie stoßen und wir werden gestoßen. Das ist der ganze Unterschied.«

ARENAS, REINALDO (1943–1990)

Wahnwitzige Welt (El mundo alucinante)

Der Roman basiert lose auf der Lebensgeschichte des mexikanischen Franziskanermönchs Fray Servando Teresa de Mier, der im 18. und 19. Jahrhundert von Mexiko nach Europa, Kuba und wieder nach Mexiko gerät, dabei immer an die Revolution glaubt, offen an seiner Meinung festhält und deshalb mehrmals ins Gefängnis muss, so auch kurz vor seinem Tod im zwar nun unabhängigen, politisch aber weiter instabilen Kuba.

Bester Satz: »In Veracruz langten wir nachts an, und das einzige, was ich zu Gesicht bekam, waren die Frommen Scheiterhaufen von San Diego, auf denen an die hundert Indianer schmorten, und an deren Glanz sich ein Trupp Spaniergäuche die Hände wärmte.«

Bevor es Nacht wird (Antes que anochezca)

Autobiografie, die nicht nur Kindheit und Jugend Arenas' schildert, sondern sich hauptsächlich mit dessen problematischem Leben als Schriftsteller in Kuba befasst, wo Arenas wegen seiner Homosexualität zwei Jahre in einem brutalen Gefängnis verbringt, bis er schließlich in die USA entkommen kann, wo er aber nicht nur verarmt, sondern auch an AIDS erkrankt und seinem baldigen Tod entgegensehen muss.

Bester Satz: »Entweder man lebt, wie man es sich wünscht, oder es ist besser, nicht weiterzuleben.«

ARTMANN, H. C. (1921–2000)

Der aeronautische Sindtbart oder Seltsame Luftreise von Niedercalifornien nach Crain. Ein Fragment von dem autore selbst aus dem yucatekischen anno 1958 ins teutsche gebracht

Als Fragment gestalteter Roman in einzelnen, kaum zusammenhängenden »Abendteuer avt Capitul« verfassten Geschichten eines Husaren, der sich zur Ruhe setzt, einen Heißluftballon kauft und mit einem sprechenden Bären als Gefährten durch die Welt reist.

Bester Satz: »Da dachte ich wahrhafftig, derer welt-gegenden seien vier, wie da alsdann folgen west ost nord süd, aber wir kamen in einem nordwest über die alpen, und die geyer wolltens haben, wir trieben ab gegen die Schweitz, denkend, es seie schon das Wojwodenthumb Crain mit seinen heimlichen, altergebrachten holzschindeln und den bildstöcken zwischen eichen und rosmarin.«

ASTURIAS, MIGUEL ANGEL (1899–1974)

Der Herr Präsident (El Señor Presidente)

Nach der gnadenlosen Ausbeutung seines Landes bringt ein Attentat den Präsidenten dazu, das Land mit einer grausamen Säuberungswelle zu überziehen, durch die er sich nicht nur seiner Gegner, sondern auch seines Schwiegersohns entledigt, der ironischerweise durch ebenjene Foltermethoden stirbt, die er sich selbst ausgedacht hat.

Bester Satz: »Er habe sein Gesicht zerfetzt, als er die Tränen wegwischen wollte, denn er war nur noch trockene Haut und Knochen.«

Eine gewisse Mulattin (Mulata de tal)

In einer chaotischen, unheimlichen Welt lebend, verkauft Celestino Yumi seine Frau einem Dämon, wird zum reichsten Mann seines Dorfes, heiratet eine ihn bis aufs Blut piesackende, drogensüchtige Mulattin, beseitigt diese mit Hilfe seiner als Zwergin zurückgekehrten Frau, die ein Kind des Dämons gebiert, und zieht mit ihr in den von Götzenanbetern bewohnten Ort Tierrapaulita, der bald darauf von einem Erdbeben völlig zerstört wird.

Bester Satz: »Und nachts, ausgestreckt an seiner Seite, weinte sie und biß ihn so heftig, daß nicht selten ihr großer Mund wie der einer wilden Bestie völlig mit dem Blut beschmiert war, das sie wie eine Spinne aus ihm gesaugt hatte, immer wieder, mit weißen Augen ohne Pupillen, mit vom Schweiß feuchten Brüsten.«

AUSTEN, JANE (1775–1817)

Vernunft und Gefühl (Sense and Sensibility)

Die Schwestern Marianne und Elinor Dashwood verlieben sich, wobei Marianne zunächst dem sie hintergehenden Willoughby aufsitzt und daher Colonel Brandon ablehnt; während Elinor dem Geistlichen Edward Ferrars nicht nur treu bleibt, sondern auch die Komplikationen wegen eines früheren Eheversprechens von Edward gegenüber der berechnenden Lucy Steele übersteht – was insgesamt natürlich zur Hochzeit zwischen Elinor und Edward sowie Marianne und Brandon führt.

Bester Satz: »Sie hatten durch gegenseitige Liebe zueinandergefunden,

und zwar mit wärmster Zustimmung ihrer wahren Freunde; ihr umfassendes Wissen voneinander schien glückverheißend, sie brauchten nur noch einen Lebensunterhalt.«

Stolz und Vorurteil (Pride and Prejudice)

Elizabeth Bennet, deren Mutter viel an einer finanziell vorteilhaften Heirat all ihrer Töchter liegt, schlägt zunächst den Antrag des reichen Gutsbesitzers Darcy aus, da sie glaubt, er habe ihren Verwandten gegenüber Standesdünkel, und auch, weil er verleumdet wird, wobei Darcy der Verleumdung erfolgreich entgegenwirken kann und Elizabeth auch deshalb gewinnt, weil er ihre Schwester Lydia und deren Freund Wickham, die miteinander geflohen waren, heimlich finanziell unterstützt und ihre Heirat ermöglicht.

Bester Satz: »Es ist eine Wahrheit, über die sich alle Welt einig ist, daß ein unbeweibter Mann von einigem Vermögen unbedingt auf der Suche nach einer Lebensgefährtin sein muß.«

AUSTER, PAUL (1947)

Das Buch der Illusionen (The Book of Illusions)

Professor David Zimmers Obsession für das Werk des Stummfilmschauspielers Hector Mann führt dazu, dass er durch Manns Biografin Alma Grund den Schauspieler kennenlernt, wobei dieser kurz darauf stirbt und seine Frau seine unveröffentlichten Filme ebenso vernichtet wie die von Alma Grund verfasste Biografie, was folgenlos bleibt, da Alma Grund Selbstmord begeht, weil sie sich an dem Unfall, der wiederum Manns Witwe tötet, die Schuld gibt.

Bester Satz: »Unvorhersehbar in seinem Verhalten, voller widersprüchlicher Antriebe und Wünsche, ist Hectors Charakter zu komplex, als dass uns in seiner Gegenwart ganz und gar behaglich zumute sein kann.«

BACHMANN, INGEBORG (1926–1973)

Malina

Die Ich-Erzählerin steht zwischen dem Ungarn Ivan und dem Militärhistoriker Malina, wobei sie Ersterem absolute Liebe entgegenbringt, während Malina eher eine existenzsichernde Funktion für sie hat, scheitert aber am Ende in beiden Beziehungen – in der zu Malina auch auf schreibender Ebene –, wobei auch der Versuch, eine weibliche Identität festzumachen und sich gegen männliche Prinzipien zu behaupten, misslingt.

Bester Satz: »Meine Beziehung zu Malina hat jahrelang aus mißlichen Begegnungen, den größten Mißverständnissen und einigen dummen Phantastereien bestanden – ich will damit sagen, aus viel größeren Mißverständnissen als die zu anderen Menschen.«

BAKER, NICHOLSON (1957)

Vox (Vox)

Ohne sich vorher gekannt zu haben, reden Abby und Jim während eines langen Telefongesprächs über ihre erotischen Fantasien, Wünsche, Vorlieben und Erfahrungen, bis sie über das Erfinden freizügiger Geschichten gemeinsam zum Orgasmus kommen.

Bester Satz: »Keine Frau, die nicht schön wäre, wenn sie masturbiert.«

BALDWIN, JAMES (1924–1987)

Eine andere Welt (Another Country)

Die Beziehung zwischen dem schwarzen Rufus und der weißen Leona endet in Selbstmord und Wahnsinn, was Rufus' Schwester Ida schwer belastet, die mit dem weißen Vivaldo ein bald ebenfalls von Rassenproblemen beschwertes Verhältnis eingeht und unter Vivaldos

Ignoranz in dieser Frage leidet, bis Vivaldo eine auch körperlich intime Freundschaft mit dem homosexuellen Eric beginnt und dadurch erst versteht, was es heißt, gegen gesellschaftliche Konventionen zu leben.

Bester Satz: »Die Schwarzen vermuteten in ihm nunmehr einen Verbündeten – wenn auch keinen Freund, niemals einen Freund! –, und die Weißen, insbesondere die Italiener aus der Nachbarschaft, wußten jetzt, daß ihm nicht zu trauen war.«

BALLARD, J. G. (1930)

Crash (Crash)

Der Ich-Erzähler entwickelt nach einem Autounfall eine sexuelle Obsession für Autos und Unfälle, die in ihrer Intensität nur noch von der seines Freundes Vaughan übertroffen wird, der von Millionen zusammenstoßender Autos träumt und sich durch einen Crash mit der Limousine von Liz Taylor die Verschmelzung mit ihr erhofft, jedoch stattdessen in einen mit Passagieren besetzten Bus donnert, was den Ich-Erzähler schon seinen nächsten eigenen Unfall herbeisehnen lässt.

Bester Satz: »In unseren Wunden zelebrierten wir die Wiedergeburt eines vom Verkehr gemordeten Toten, die Tode und Verletzungen jener, die wir sterbend am Straßenrand gesehen hatten, sowie die imaginären Wunden und Stellungen der Millionen, die noch sterben würden.«

BALZAC, HONORÉ DE (1799–1850)

Eugenie Grandet (Eugénie Grandet)

Eugenie könnte als wohlhabende Tochter standesgemäß heiraten, gibt aber ihre Ersparnisse ihrem Cousin Charles, um diesem eine Existenz in Indien zu ermöglichen, wird daraufhin vom Vater bei Wasser und Brot eingesperrt, erbt jedoch dessen Vermögen und wartet trotz aller

Heiratsangebote vergeblich auf Charles, der zwar zurückkehrt, aber lieber eine Adlige heiratet und so Eugenie dazu treibt, den alten Präsidenten Cruchot zu ehelichen, nach dessen baldigem Tod sie der Welt entfremdet ein sparsames Leben in einem düsteren Haus führt.

Bester Satz: »Die Liebe ist eine zweite Umbildung.«

Die Frau von dreißig Jahren (La femme de trente ans)

Die verheiratete Julie verliert ihren Liebhaber, der sein Leben gibt, um ihre Ehre zu erhalten, bekommt von dem Diplomaten Charles de Vandenesse Kinder, von denen eines von Julies rechtmäßiger Tochter Hélène getötet wird – was Hélène zur Flucht mit einem Mörder veranlasst, um als Korsarenbraut zu enden –, und stirbt an dem Schock, als ihre von Vandenesse gezeugte Tochter Moïna ihr ihre Liebe zu Vandenesses legitimem Sohn gesteht.

Bester Satz: »Doch der Tod kokettiert gerne mit den jungen Menschen: bald kommt er auf sie zu, bald zieht er sich zurück, bald zeigt er, bald verbirgt er sich; seine Langsamkeit nimmt ihm seinen Nimbus, und die Ungewißheit, was nachher sein wird, wirft sie schließlich wieder in die Welt zurück, wo sie dem Schmerz begegnen werden, der, unerbittlicher als der Tod, sie treffen wird, ohne auf sich warten zu lassen.«

BARNES, DJUNA (1892–1982)

Nachtgewächs (Nightwood)

Robin Vote lernt in Paris über den Arzt Dr. Matthew O'Connor den wohlhabenden Felix Volkbein kennen, bekommt ein zurückgebliebenes Kind von ihm, verlässt Volkbein, verliebt sich in Nora Flood, verlässt auch diese, verliebt sich erneut, und zwar in die seelisch verdorbene, reiche Witwe Jenny Petherbridge, und endet als Verrückte, während Volkbein, vom Leben enttäuscht, mit seinem Sohn durch die Welt reist und O'Connor betrunken in einem Pariser Lokal stirbt.

Bester Satz: »Nora hatte das Gesicht all derer, die das Volk lieben: ein Gesicht, das böse wurde, als sie entdeckte, daß Liebe ohne Kritik Verrat am Liebenden bedeute.«

BARRIE, JAMES M. (1860–1937)

Peter Pan (Peter Pan or The Boy Who Would Not Grow Up)

Die Kinder der Familie Darling – Wendy, John und Michael – werden von Peter Pan in sein Reich, das »Niemals-Land«, gebracht, wo sie Abenteuer wie den Kampf Peter Pans gegen Kapitän Hook und dessen Piraten erleben, bis Peter die Kinder wieder zurückbringt und das Angebot der Mutter, ihn zu adoptieren, ablehnt, wohl weil das Erwachsenwerden dazu führt, das Niemals-Land nicht mehr wahrnehmen zu können.

Bester Satz: »Ich weiß nicht, ob du je eine Karte vom Kopf eines Menschen gesehen hast. Doktoren zeichnen manchmal Karten von allen möglichen Körperteilen, und deine eigene Karte kann höchst interessant sein, aber wehe, wenn sie versuchen, die Karte vom Kopf eines Kindes hinzukriegen, von Gedanken, die nicht nur verworren sind, sondern auch die ganze Zeit herumwandern.«

BASSANI, GIORGIO (1916–2000)

Die Brille mit dem Goldrand (Gli occhiali d'oro)

Die homosexuellen Neigungen des während des Faschismus in Ferrara lebenden populären Arztes Dr. Fadigati sind zwar nicht gänzlich unbekannt, werden aber erst öffentlich, als Fadigati durch den attraktiven, charakterlosen Studenten Eraldo kompromittiert wird, was Fadigati einer gesellschaftlichen Ächtung aussetzt, die zwar von dem jüdischen Ich-Erzähler durchbrochen wird, den Arzt aber doch in den Selbstmord treibt.

Bester Satz: »Es war klar, er wußte nicht, wie er sonst die furchtbare Leere dieser Tage ausfüllen sollte.«

BAUER, WOLFGANG (1941–2005)

Der Fieberkopf, ein Roman in Briefen

Zunehmend verrückter werdender Roman, der aus Briefen zwischen Heinz und Frank – die sich noch nie gesehen haben – besteht, welche immer zur selben Minute geschrieben werden und so jede Kommunikation unterlaufen, bis Frank und Heinz, nun erkennbar als Erfindungen eines Schizophrenen, sich in der Eisstadt Canca, einem aus der Erde ragenden Kopf, gegenüberstehen.

Bester Satz: »Aber bitte glaub jetzt nicht, ich wäre wahnsinnig, ich bin klar bei Kopf und irgendwie natürlich noch immer der alte.«

BAYER, KONRAD (1932–1964)

der sechste sinn

Der einzige Roman Bayers verweigert sich den herkömmlichen Roman-Modellen, will keine Geschichte erzählen und beschäftigt sich mit dem Problem der Identität anhand der Figuren dobyhal, oppenheimer, braunschweiger und goldenberg, gibt jedoch seinen Sinn nie vollständig preis und zerfällt in einzelne Versatzstücke.

Bester Satz: »wo leben und eigentum bedroht werden, da hören alle unterscheidungen auf.«

BEAUVOIR, SIMONE DE (1908–1986)

Die Mandarins von Paris (Les mandarins)

Eine Gruppe von linken Intellektuellen wird während des zu Ende gehenden Zweiten Weltkriegs und der Jahre danach in ihren Auseinandersetzungen um Liebe, Freiheit, Befreiung von bürgerlichen Werten und im politischen Kampf gezeigt, der die Hauptprotagonisten Robert Dubreuihl und Henri Perron entzweit und so der Möglichkeit beraubt, tatsächlich politischen Einfluss auszuüben.

Bester Satz: »Da mein Herz weiter schlägt, muß es wohl für etwas, für jemanden schlagen.«

BECKER, JUREK (1937–1997)

Jakob der Lügner

Im von Nationalsozialisten kontrollierten Ghetto beginnt Jakob Heym seinen Mitbewohnern Hoffnung zu machen, indem er behauptet, er habe ein Radio und wisse, wie schnell die sowjetische Armee täglich näher rücke, wird jedoch mit der Last der Lüge nicht fertig, gesteht seinem Freund Kowalski die Wahrheit, der sich daraufhin umbringt, und entschließt sich erneut zu lügen, wird aber bereits am folgenden Tag ins KZ deportiert.

Bester Satz: »Aus jedem Einfall hat er eine Riesengeschichte gemacht, oft unglaubwürdig und durchschaubar, Zweifel sind bis zur Stunde nur deshalb ausgeblieben, weil die Hoffnung sie blind und dumm gemacht hat.«

BECKETT, SAMUEL (1906–1989)

Molloy (Molloy)

In der ersten Hälfte des Romans werden Molloys Erlebnisse wiedergegeben, der auf der vergeblichen Suche nach seiner Mutter einen Hund überfährt, sein Fahrrad zurücklässt, das Versteifen seines zweiten Beines hinnehmen muss, von Unbekannten gefunden und in das Zimmer seiner bereits verstorbenen Mutter gebracht wird; während die zweite Hälfte von der Suche Jacques Morans nach Molloy erzählt, wobei Moran ebenfalls sein Fahrrad verliert, die Funktionsfähigkeit seiner Beine einbüßt und am Ende dem von ihm nicht gefundenen Molloy gleicht.

Bester Satz: »Im ganzen gab es drei, nein vier Molloy.«

BEECHER STOWE, HARRIET (1811–1896)

Onkel Toms Hütte (Uncle Tom's Cabin)

Arthur Shelby verkauft seinen besten Sklaven Tom und den erst fünfjährigen Harry, woraufhin Harrys Mutter Eliza mit dem Jungen nach Kanada flüchtet, Tom jedoch in den Süden gelangt, von dem der Sklaverei kritisch gegenüberstehenden Augustine St. Clare erworben wird, weil Tom dessen Tochter gerettet hat, aber nach St. Clares Tod nicht freikommt, sondern dem brutalen, rachsüchtigen Simon Legree zufällt, der Tom zu Tode peitschen lässt.

Bester Satz: »Ich kann es nicht erklären, aber weißt du, als ich diese armen Geschöpfe auf dem Dampfer sah, als du und ich hierherkamen – einige hatten ihre Mütter verloren, einige ihre Ehemänner, und einige Mütter weinten um ihre kleinen Kinder; und als ich das über die arme Prue gehört habe; oh, war das nicht entsetzlich? – und noch viele andere Male habe ich gefühlt, dass ich gerne sterben würde, wenn mein Tod all diesem Elend ein Ende machen könnte.«

BEGLEY, LOUIS (1933)

Lügen in Zeiten des Krieges (Wartime Lies)

Der Junge Maciek, Sohn einer gut gestellten jüdischen Familie aus Ostpolen, gerät gemeinsam mit seiner Tante Tanja immer stärker in den Sog des Zweiten Weltkriegs, in dem er vorübergehend seinen Vater verliert, die Verfolgung nur überlebt, weil er und Tanja durch deren deutschen Liebhaber geschützt werden, ständig lügen muss und schließlich durch Flucht und Annahme einer katholischen Identität seine eigentliche Identität verliert, die er auch nach dem Krieg im immer noch antisemitischen Polen nicht zurückerlangt.

Bester Satz: »Das Lügen war mir so sehr zur Gewohnheit geworden, daß ich zwanghaft log, ob ich wollte oder nicht, und ich glaubte auch nicht mehr, daß Tanja oder ich selbst mir Schwäche, Dummheit oder Fehler verzeihen könnten.«

BELLOW, SAUL (1915–2005)

Herzog (Herzog)

Der Universitätsprofessor Herzog wird von seiner Frau verlassen, kommt mit der Arbeit an einem Buch nicht weiter und kann seine Kinder nicht sehen, weshalb er in seiner Verzweiflung Briefe an Lebende, Tote und an Gott schreibt, dabei das an ihm oder von ihm begangene Unrecht reflektierend, bis er wegen illegalen Waffenbesitzes verhaftet wird und erst nach der demütigenden Behandlung bei der Polizei wieder langsam lernt, sich am Leben zu freuen und offen auf Menschen zuzugehen.

Bester Satz: »Herzog erlebte nichts als seine eigenen menschlichen Gefühle, in denen er nichts Brauchbares entdeckte.«

BERNHARD, THOMAS (1931–1989)

Ja

Der Ich-Erzähler lernt während einer psychischen Krise eine ihn körperlich und geistig anziehende Perserin kennen, die in einem von ihrem Mann erbauten, niemals fertig werdenden Haus allein zu leben gezwungen ist, und wird bald darauf wieder von ihr abgestoßen, erfüllt ihr jedoch die Bitte nach einem letzten Spaziergang, bei dem sie auf die Frage, ob sie sich einmal umbringen werde, mit »Ja« antwortet und dies kurz darauf auch tatsächlich tut.*

Holzfällen. Eine Erregung

Der Ich-Erzähler, zu Gast bei der Familie Auersberger, erinnert sich an die Erlebnisse um den Avantgarde-Komponisten Auersberger, mit dem der Ich-Erzähler in den 1950er Jahren befreundet war, wobei zunehmend deutlich wird, mit welcher Abscheu der Erzähler die Ereignisse resümiert und welcher Ekel ihn von den beim Essen versammelten, geistlosen Menschen trennt, was ihn schließlich buchstäblich zur Flucht aus der Wohnung treibt.*

Alte Meister. Komödie

Der Ich-Erzähler Atzbacher gibt ein außergewöhnliches Treffen mit seinem Freund Reger im Kunsthistorischen Museum in Wien wieder, wobei er ausführlich Regers Ansichten, Lebensumstände und dessen Verlorenheit nach dem Tod seiner Frau referiert, gipfelnd in Regers erst nach drei Stunden geäußertem Geständnis, Atzbacher nur deshalb getroffen zu haben, um ihn zu bitten, ihn in eine Vorstellung von Kleists *Der zerbrochene Krug* am Wiener Burgtheater zu begleiten.*

Auslöschung

Der Tod der Eltern und des Bruders zwingt Franz Josef Murau, zu dem ihm verhassten Familiensitz Wolfsegg zurückzukehren, dem Begräbnis beizuwohnen und das Erbe anzutreten, wobei er sich seiner Kindheit und der mit dem Nationalsozialismus verwobenen Familiengeschichte erinnert und sich am Ende dazu entschließt, Wolfsegg der jüdischen Gemeinde zu vermachen.*

---

* Aufgrund einer testamentarischen Verfügung Thomas Bernhards ist der Abdruck von Textauszügen aus seinem Werk nicht möglich.

BLIXEN, TANIA (1885–1962)

Afrika, dunkel lockende Welt (Out of Africa)

Autobiografische Erinnerungen Blixens an ihre 18 Jahre in Kenia, wo sie eine Farm verwaltete, an die auf ihre Initiative hin mögliche Heilung eines lebensgefährlich Erkrankten, an einen tödlichen Unfall und an die Ereignisse rund um den Schauspieler Emmanuelson und die aristokratischen Freunde Berkeley Cole und Denys Finch-Hatton, dessen Tod Symbol für das Ende der weißen Herrschaft in Kenia ist.

Bester Satz: »Wer solche Begebenheiten erlebt, kann in gewissem Sinne sagen, daß er den Tod erlebt hat: ein Ereignis jenseits der Vorstellung, aber diesseits der Erfahrung.«

BÖLL, HEINRICH (1917–1985)

Ansichten eines Clowns

Der Clown Hans Schnier gerät völlig aus der Bahn, als seine Lebensgefährtin Marie ihn verlässt, um den Katholiken Heribert Züpfner zu heiraten, und verbringt die nächsten zwölf Stunden mit Telefonaten mit wichtigen Personen aus seiner Vergangenheit, bis er sich geschminkt und Gitarre spielend vor den Bonner Bahnhof setzt, um Marie und ihrem Gatten, gerade zurückgekehrt von ihrer Hochzeitsreise, gegenüberzutreten.

Bester Satz: »Das Leben geht weiter oder etwas Ähnliches, aber ich wusste genau: es stimmt nicht, nicht das Leben geht weiter, sondern der Tod.«

Die verlorene Ehre der Katharina Blum
oder: Wie Gewalt entsteht und wohin sie führen kann

Katharina Blum wird nach einer Liebesnacht mit dem polizeilich gesuchten Ludwig Götten, dem sie zur Flucht verhilft, von der Polizei verhaftet und von der ZEITUNG als Mörderbraut dargestellt, wobei der Reporter Tötges nicht davor Halt macht, Blums schwerkranke Mutter zu drangsalieren, und sie so (möglicherweise) in den Tod treibt, bis Blum – ständigem medialem Druck ausgesetzt – sich nur dadurch zu helfen weiß, dass sie Tötges erschießt.

Bester Satz: »Die Tatsachen, die man zunächst einmal darbieten sollte, sind brutal: Am Mittwoch, dem 20. 2. 1974, am Vorabend von Weiberfastnacht, verläßt in einer Stadt eine junge Frau von siebenundzwanzig Jahren abends gegen 18.45 ihre Wohnung, um an einem privaten Tanzvergnügen teilzunehmen.«

BOWLES, PAUL (1910–1999)

Himmel über der Wüste (The Sheltering Sky)

Um seine Ehe zu retten, versucht das Ehepaar Port und Kit Moresby der Zivilisation zu entkommen und geht in die Sahara, doch in der Wüste stirbt der zu keinem Gefühl mehr fähige Port an Typhus, während Kit von zwei arabischen Händlern missbraucht, in den Harem eines der beiden – Belquassim – überführt und diesem hörig wird, nach der Vernachlässigung durch Belquassim jedoch flieht, die Chance das Land zu verlassen aber nicht nützt und dem Wahnsinn verfällt.

Bester Satz: »Sein Ich war ein tausend Klafter tiefer Brunnenschacht; er stieg vom Grund empor mit dem Gefühl unendlicher Trauer und Ruhe, aber ohne Erinnerung an einen Traum, außer an eine körperlose Stimme, die geflüstert hatte: ›Die Seele ist der müdeste Teil des Körpers‹.«

BOYLE, T. C. (1948)

América (The Tortilla Curtain)

Der weiße, wohlhabende Delaney Mossbacher überlegt, wie sein Wohnareal von den illegalen Mexikanern abgeschottet werden könnte, während Cándido und seine hochschwangere 16-jährige Frau América als illegal Eingewanderte ums Überleben kämpfen, bis América während eines Unwetters eine Tochter zur Welt bringt, sie und Cándido von Mossbacher attackiert und alle zusammen von einer riesigen Schlammwelle weggespült werden, in der das Baby untergeht, das Paar sich retten kann und Cándido im letzten Moment auch noch die Hand des fast versunkenen Mossbacher ergreift.

Bester Satz: »Er hatte mit den kalten harten Augen und dem kantigen Kinn des Graffitikünstlers mit dem schlechten Gebiß, mit dem Baseball-mützen-Eindringling, dem Feuerteufel gerechnet, endlich ertappt, hier der Beweis, doch dieses Gesicht war seinen schlimmsten Alpträumen entstiegen – wie konnte er diesen silbergesprenkelten Schnurrbart je vergessen, den eingedrückten Backenknochen und das Blut auf einem Zwanzigdollar-schein?«

Drop City (Drop City)

Völlig pleite, ausgezehrt von juristischen Streitereien mit der Gemeinde und orientierungslos beschließt eine Gruppe von Hippies nach Alaska zu ziehen, um dort in und von der Natur zu leben, löst sich aber im Kampf gegen die grausame Natur auf, während die übrigen Bewohner der Siedlung den Hippies mit Misstrauen entgegentreten und nur der Naturbursche Sess – in einen tödlichen Kampf mit dem Fiesling Joe Bosky verwickelt – und seine Frau Pam sich mit den Kommunemitgliedern Marco und Star anfreunden.

Bester Satz: »Er erzählte ihm nicht, daß Roy Sender für ihn wie ein Vater war, wo er doch keinen eigenen Vater auf dieser Welt mehr hatte, oder daß ihm Roy Sender alles beigebracht hatte, was es zu lernen gab, oder daß Roy Sender bestimmt kein Hippie war und auch nie einer hätte sein können – weil er nämlich daran geglaubt hatte, daß man etwas aus sich selbst machen konnte, auf seine ganz persönliche Art, egal, wie schlecht die Chancen standen, denn er hatte zu der Sorte Männer gehört, die lieber in ihrer eigenen Haut verfault wären, ehe sie Wohlfahrt oder Stütze oder sonst was vom Staat kassiert hätten.«

BRADBURY, RAY (1920)

Fahrenheit 451 (Fahrenheit 451)

Der Feuerwehrmann Montag ist in einer von Technisierung und geistiger Enteignung gezeichneten Gesellschaft dafür zuständig, Bücherleser und -besitzer samt ihren Büchern zu verbrennen, wird aber durch einen Leser zum Nachdenken gebracht, entfremdet sich seiner Umwelt und kann sich trotz Verfolgung zu einer Gruppe von Menschen retten, die Bücher auswendig lernt, um kurz darauf zu beobachten, wie die gigantische Stadt, aus der er entkommen war, durch einen Atomkrieg zerstört wird.

Bester Satz: »Montags Hand klappte zu wie ein Rachen, drückte das Buch mit gieriger Gedankenlosigkeit an die Brust.«

BRECHT, BERTOLT (1898–1956)

Die Geschäfte des Herrn Julius Cäsar

Ein Berichterstatter sammelt Material, um eine Biografie Cäsars schreiben zu können, die schließlich aus Berichten des Gerichtsvollziehers Mummlius Spicer und Tagebucheinträgen des Sekretärs Rarus besteht, in denen Cäsar als Verschwender dargestellt wird, der immer abhängig von seinen Geldgebern und dem Volk war und seine Bücher nur geschrieben hat, um schon zu Lebzeiten durch Legendenbildung die Wahrheit unterdrücken zu können.

Bester Satz: »Erwarten Sie nicht, darin Heldentaten im alten Stil zu finden, aber wenn Sie mit offenen Augen lesen, werden Sie vielleicht einige Hinweise darauf entdecken, wie Diktaturen errichtet und Imperien gegründet werden.«

BRETON, ANDRÉ (1896–1966)

Nadja (Nadja)

Der verheiratete Ich-Erzähler lernt Nadja kennen und beginnt eine kurze, heftige Affäre mit ihr, die auch von wunderbaren Dingen wie Zufällen, dem Auftauchen einer Feuerhand oder den künstlerischen, surrealistischen Fertigkeiten Nadjas geprägt ist, bis die Beziehung abrupt endet und der Erzähler im Nachhinein nur vage über Nadjas Ende in einer Irrenanstalt Bescheid weiß, ohne weiteres Interesse zu bekunden.

Bester Satz: »Immer schon habe ich mir über alle Maßen gewünscht, nachts in einem Wald auf eine schöne und nackte Frau zu treffen, oder vielmehr, da ein solcher Wunsch, einmal ausgesprochen, nichts mehr bezeichnet, bedaure ich über alle Maßen, ihr nicht begegnet zu sein.«

BRINKMANN, ROLF DIETER (1940–1975)

Keiner weiß mehr

Der Roman setzt sich in ausschnitthaften Episoden mit dem sich stetig senkenden Lebens- und Sinnniveau eines namenlosen Pädagogikstudenten auseinander, der, getrieben von den Notwendigkeiten um seine Frau und sein Kind, seine freie Jugend und die Beziehung zu den Freunden Rainer und Gerald schrittweise aufgibt, an seinen wissenschaftlichen und belletristischen Arbeiten scheitert und im Strudel von Vereinsamung, Depression, Konsumgesellschaft und aufbrechenden Rollenbildern kein neues Lebenszentrum findet.

Bester Satz: »Statt dessen war sie nur ein feststehender Anlaß, sich von ihr mehr und mehr zu entfernen, wenn er nur gewußt hätte, wohin, unsicher mit einemmal allem gegenüber, was sie irgendwie mitbetraf, und alles betraf sie ja auch irgendwie mit, dachte er, unglücklich, obgleich sich rein äußerlich mit ihm und ihr und dem Kind in der Wohnung nichts verändert hatte, aber gerade dadurch unglücklich, weil sich alles so von einem Tag auf den anderen ohne große, allzu große Schwankungen wie von selber fortsetzte und sich auch von ihr und ihm ohne weiteres fortsetzen ließ ohne wirkliche Schwierigkeiten, das ja, ohne Schwierigkeiten, die sichtbar geworden wären nach außen hin für die anderen, welche anderen, die, die er, nicht sie kannte, an die sie sich so gut es möglich war, längst schon gewöhnt hatte, sagte sie ihm, wenn sie darauf zu sprechen kam.«

BROCH, HERMANN (1886–1951)

Der Tod des Vergil

Geschildert werden die letzten 18 Stunden im Leben Vergils, von seiner Ankunft im Hafen, wo er auf dem Weg zu Augustus mit den proletarischen Massen konfrontiert wird, über seine Visionen einer Höllenwanderung während des Fiebers, die dazu führen, dass er die *Aeneis* vernichten will, bis zu einem missverständlich verlaufenden Gespräch mit Augustus, nach dem Vergil von der geplanten Vernichtung der *Aeneis* wieder absieht und schließlich, bereits im Sterben, die Halluzination eines Paradieses hat, bevor sein Bewusstsein in einen kosmisch-religiösen Raum übergeht.

Bester Satz: »Das Brausen hielt an und es tönte auf aus der Vermengung des Lichtes mit der Finsternis, aufgewühlt sie beide von dem anhebenden Klange, denn jetzt erst begann es zu klingen, und das Klingende war, mehr als Gesang, war mehr als Leierschlag, war mehr als jeder Ton, war mehr als jede Stimme, da es alle zusammen und zugleich war, hervorbrechend aus Nichts und All, hervorbrechend als Verständigung, höher als jedes Verständnis, hervorbrechend als Bedeutung, höher als jedes Begreifen, hervorbrechend als das reine Wort, das es war, erhaben über alle Verständigung und Bedeutung, endgültig und beginnend, gewaltig und befehlend, furchteinflößend und beschützend, hold und donnernd, das Wort der Unterscheidung, das Wort des Eides, das reine Wort, so brauste es daher, brauste über ihn hinweg, schwoll an und wurde stärker und stärker, wurde so übermächtig, daß nichts mehr davor bestehen sollte, vergehend das All vor dem Worte, aufgelöst und aufgehoben im Worte, dennoch im Worte enthalten und aufbewahrt, vernichtet und neuerschaffen für ewig, weil nichts verlorengegangen war, weil das Ende sich zum Anfang fügte, wiedergeboren, wiedergebärend; das Wort schwebte über dem All, schwebte über dem Nichts, schwebte jenseits von Ausdrückbarem und Nicht-Ausdrückbarem, und er, von dem Worte überbraust und von dem Brausen eingeschlossen, er schwebte mit dem Worte, indes, je mehr es ihn einhüllte, je mehr er in den flutenden Klang eindrang und von ihm durchdrungen wurde, desto unerreichbarer und größer, desto gewichtiger und entschwebender wurde das Wort, ein schwebendes Meer, ein schwebendes Feuer, meeresschwer und meeresleicht, trotzdem immer noch Wort: er konnte es nicht festhalten, und er durfte es nicht festhalten; unerfaßlich unaussprechbar war es für ihn, denn es war jenseits der Sprache.«

BRONTË, ANNE (1820–1849)

Agnes Grey (Agnes Grey)

Die arme, kultivierte Agnes Grey wird als Erzieherin in wohlhabenden Familien mit einer geistlosen Umgebung konfrontiert, deren einziger Lichtblick im jungen Vikar Weston besteht, in den Agnes sich umgehend verliebt, wobei diese Liebe durch die Schüchternheit Westons jedoch beinahe zunichte gemacht wird und Agnes nach langer Zeit – nun Gründerin einer kleinstädtischen Privatschule – den inzwischen gut verdienenden Weston erneut trifft und heiratet.

Bester Satz: »Aber eigentlich müßten Sie wissen, daß es nicht meine Art ist, zu schmeicheln und zärtlichen Unsinn zu reden oder auch nur der Bewunderung Ausdruck zu verleihen, die ich empfinde, und daß ein einziges Wort, ein einziger Blick von mir mehr bedeutet als die zuckersüßen Phrasen und glühenden Beteuerungen der meisten anderen Männer.«

BRONTË, CHARLOTTE (1816–1855)

Jane Eyre (Jane Eyre)

Jane Eyre wird Lehrerin im Hause des düsteren Edward Rochester, der ihr bald einen Heiratsantrag macht, was sie beglückt, bis sie entdeckt, dass Rochester seine wahnsinnige Frau gefangen hält, worauf Jane flieht, bei den Geschwistern Rivers unterkommt, ihr plötzlich geerbtes Vermögen mit ihnen teilt, beinahe heiratet, stattdessen instinktiv zu Rochesters Haus zurückkehrt und das Haus abgebrannt, Rochester blind und seine Frau tot vorfindet, was es Jane ermöglicht, Rochester zu heiraten und zu pflegen.

Bester Satz: »Man springt und hüpft nicht herum und schreit hurra, wenn man erfährt, daß man ein Vermögen erhält, man fängt an, über Verpflichtungen nachzudenken und Geschäfte zu erwägen, auf der Grundlage ruhiger Zufriedenheit erwachsen ernste Sorgen, und wir beherrschen uns und brüten mit gerunzelter Stirn über unserem Segen.«

BRONTË, EMILY (1818–1848)

Die Sturmhöhe (Wuthering Heights)

Das Findelkind Heathcliff verlässt gedemütigt Wuthering Heights, um als reicher, rachsüchtiger Mann zurückzukehren, seinen Adoptivbruder Hindley zu ruinieren, die Schwägerin seiner Adoptivschwester Catherine zu entführen, zu heiraten und zu misshandeln und den Familienbesitz an sich zu reißen, bis sein Tod verhindert, dass er auch noch die Liebe zwischen Hindleys Sohn Hareton und Catherines Tochter zerstört.

Bester Satz: »Das ist ganz und gar falsch: ich habe die Freude an ihrer Vernichtung verloren, und ich bin zu träge, etwas zwecklos zu zerstören.«

BROWN, DAN (1964)

Sakrileg (The Da Vinci Code)

Der Symbolologe Robert Langdon deckt nach dem Mord an dem Direktor des Louvre mit Hilfe von dessen Tochter Sophie Neveu nicht nur auf, dass ausgerechnet sein Freund, der Gralsforscher Sir Leigh Teabing, hinter einer Reihe von Morden steht, sondern löst auch in kürzester Zeit eine Kette von Rätseln um die Bruderschaft Prieuré de Sion, Leonardos Abendmahl, das kinderreiche Verhältnis von Jesus und Maria Magdalena, dem in weiterer Folge auch Sophie entstammt, und entdeckt außerdem, dass der Heilige Gral existiert und wo er sich befindet.

Bester Satz: »Mr Langdon, wie Sie selbst soeben anhand des Davidstern auf dem Kapellenboden erlebt haben, kann man auch einfache Dinge auf vielfältige Weise deuten.«

BUKOWSKI, CHARLES (1920–1994)

Der Mann mit der Ledertasche (Post Office)

Scheinbar lebensuntauglich und zum Alkohol neigend, findet Henry Chinaski eine Anstellung bei der Post und bemerkt, dass diese in ihren Regeln, dominiert von bösartigen Vorgesetzten, eher einem gewalttätigen Irrenhaus gleicht, an dessen Geschehen Chinaski elf Jahre lang nur so weit teilnimmt, als es ihn vor einem Rauswurf bewahrt.

Bester Satz: »Wir tranken noch eine Weile weiter, und dann gingen wir ins Bett, aber es war nicht mehr so wie früher, es ist nie so wie früher – etwas stand zwischen uns, allerhand war geschehen.«

BULGAKOW, MICHAIL (1891–1940)

Hundeherz (Sobač'e serdce)

Der Chirurg Professor Preobrashenskij lässt den Straßenhund Šarik (in deutschen Übersetzungen auch »Moppel« genannt) aufnehmen, um diesen durch das Einpflanzen der Organe eines Kriminellen in einen Tiermenschen zu verwandeln, welcher jedoch zu Preobrashenskijs Enttäuschung nahezu sämtliche denkbaren Laster auslebt, die Sekretärin heiraten möchte, dauernd Katzen tötet und am Ende wieder operiert werden muss, um die erste Operation rückgängig zu machen.

Bester Satz: »Das Verbrechen näherte sich langsam und war dann plötzlich da.«

Der Meister und Margarita (Master i Margarita)

Dieser vielschichtige, rätselhafte Roman schildert auf mehreren Ebenen einen erfolglosen Schriftsteller – der einen Roman über Pontius Pilatus schreibt –, die hingebungsvolle Geliebte des Schriftstellers Margarita, die für viele verheerende Ankunft des Teufels im Moskau der 1930er Jahre und schließlich das Treiben während eines vom Fantastischen geprägten, walpurgisnachthaften Festes, an dessen Ende der Teufel den Schriftsteller und Margarita wieder zusammenkommen lässt und ihnen ein idyllisches Leben ermöglicht.

Bester Satz: »Aus dem Tischkasten holte ich die schweren Romanmanuskripte und die Hefte mit der Rohfassung und begann, sie zu verbrennen.«

BULWER-LYTTON, EDWARD G. (1803–1873)

Die letzten Tage von Pompeji (The Last Days of Pompeii)

Die Liebe von Glaucus und Ione ist durch die Eifersucht des moralisch verkommenen Isis-Priesters Arbace bedroht, der dafür sorgt, dass Glaucus für den Mord an Iones Bruder im Zirkus sterben soll, was von der blinden Nydia verhindert wird, worauf Arbace während des Vesuv-Ausbruchs stirbt, Glaucus, Ione und Nydia aber mit einem Schiff entkommen können, von dem sich Nydia wegen ihrer aussichtslosen Liebe zu Glaucus heimlich ins Wasser fallen lässt.

Bester Satz: »›Still, meine Holde, mit dir zu sterben ist süßer, als ohne dich zu leben.‹«

BURGESS, ANTHONY (1917–1993)

Die Uhrwerk Orange (A Clockwork Orange)

Der 15-jährige Gewalttäter Alex wird verhaftet, misshandelt und im Gefängnis durch die »Ludovico-Technik« psychisch gewaltsam resozialisiert, was ihn in Freiheit hilflos den Gewaltexzessen der völlig brutalisierten Gesellschaft ausliefert und zu einem Suizidversuch treibt, der – von den Medien hochgespielt – dazu führt, dass Alex wieder sein altes Ich erhält, um am Ende aus eigener Einsicht eine Wandlung zum Positiven durchzumachen.

Bester Satz: »Ringsum saßen Tschelluffjeks, die mit Milch plus Vellozet, Synthomon oder Drencromat oder anderen Wetschen weit abgefahren waren aus dieser bösen und wirklichen Welt, auf den andern Planeten, wo ihr den lieben Bog mit all seinen Engeln und Heiligen auf dem linken Sabog tanzen sehn konntet, und der ganze Gulliver ging euch auf wie ein einziges Feuerwerk.«

BURROUGHS, WILLIAM S. (1914–1997)

The Naked Lunch (The Naked Lunch)

Konfuses, antiromanhaftes Buch, das sich aus Halluzinationen, unzusammenhängenden Berichten zur Rauschgiftsucht und aus Visionen und Fantasien teils politischer, teils sexueller Natur zusammensetzt, abgehandelt in kurzen Absätzen, die es ermöglichen, jederzeit überall mit der Lektüre beginnen zu können.

Bester Satz: »Der Knabe schneidet sich selbst mit einem Stilett vom Galgen ab und jagt einen kreischenden Homosexuellen über den Rummelplatz.«

BYATT, ANTONIA S. (1936)

Besessen (Possession. A Romance)

Der Forscher Roland Michell entdeckt mit Hilfe der LaMotte-Spezialistin Maud Bailey Briefe, die nicht nur eine Beziehung des Dichters Randolph Henry Ash zu der lesbischen Dichterin Christabel La-Motte belegen, sondern auch eine Schwangerschaft LaMottes, wegen der sich ihre Freundin tötete, und löst so einen panikartigen Aufruhr unter den zuständigen Forschern aus, die um die Rechte an dem Fund streiten, bis sich herausstellt, dass Maud als entfernte Verwandte des bisher unbekannten Kindes die Rechte beanspruchen kann, und Roland mit Maud zusammenkommt.

Bester Satz: »Da Rätsel heutgentags die Sitte sind,
Will ich dir eins erzählen, liebes Kind.«

CALVINO, ITALO (1923–1985)

Der geteilte Visconte (Il visconte dimezzato)

Der bösartige Teil des in zwei Hälften zerrissenen Visconte Medardo di Terralba kehrt in seine Heimat zurück und regiert auf brutale Weise, bis seine gute Hälfte ebenfalls erscheint, in die sich das Landmädchen Pamela verliebt, die aber gleichzeitig vom bösen Visconte beansprucht wird, was zum Kampf zwischen den Hälften führt, der mit dem Zusammennähen beider endet und Pamela einen ganzen Mann mit ausgewogener Persönlichkeit beschert.

Bester Satz: »›O Pamela, das ist der Vorteil davon, wenn man halbiert ist: Man begreift bei jedem Menschen und bei jedem Dinge, wie ein jeder und ein jedes an seiner eigenen Unvollkommenheit leidet.‹«

Wenn ein Reisender in einer Winternacht (Se una notte d'inverno un viaggiatore)

Der Roman enthält einerseits zehn verschiedene Anfänge, die durch falsche Buchbindung entstanden sind und zehn verschiedene Arten von Roman nachahmen, andererseits die in zwölf Kapiteln abgehandelte Geschichte von Ludmilla, die in einer durchtechnisierten Welt die noch leidenschaftliche Leserin darstellt, für die der Autor Silas Flannery schreibt, während der Agent und Fälscher Ermes Marana Romane ohne weiterlaufende Handlung veröffentlicht, ständig Mystifikationen betreibt und so die Welt mit Unwahrheiten überhäufen will, auch um Ludmillas Liebe zu erringen, wogegen Ludmilla es schafft, die Wahrheit zu retten.

Bester Satz: »Es ist der Vater der Erzählungen, der uns die Bücher diktiert.«

CAMUS, ALBERT (1913–1960)

Der Fremde (L'étranger)

Leidenschaftsloser Bericht des Angestellten Meursault, der dem Begräbnis seiner Mutter beiwohnt, seine Kollegin Maria trifft, die Nacht mit ihr verbringt, seinem Zimmernachbarn Raymond hilft einen Brief zu schreiben, von diesem an den Strand eingeladen wird, dort mit dem Bruder von Raymonds Freundin – einem Araber – in Streit gerät und diesen später allein trifft und erschießt, wofür er zum Tode verurteilt wird.

Bester Satz: »Ich begriff, daß ich das Gleichgewicht des Tages, das ungewöhnliche Schweigen eines Strandes zerstört hatte, an dem ich glücklich gewesen war.«

Die Pest (La peste)

Geschildert werden die Auswirkungen der Pest auf die algerische Stadt Oran in den 1940er Jahren anhand einiger Figuren; da ist der Arzt Rieux, der seine kranke Frau in Sicherheit bringen, aber nicht verhindern kann, dass sie trotzdem stirbt, der Journalist Rambert, der ebenso wie der kleine Angestellte Grand seine Lebenshaltung ändert und bei den Hilfstrupps aktiv wird, oder Tarrou, der sich vom stillen Beobachter zum Helfer entwickelt, aber am Ende selbst der Pest zum Opfer fällt.

Bester Satz: »Dicke Tränen drangen unter den entzündeten Lidern hervor und rollten über das bleifarbene Gesicht; als der Anfall vorüber war, nahm das erschöpfte Kind mit seinen verkrampften, knochigen Armen und Beinen, die in 48 Stunden völlig abgemagert waren, im zerwühlten Bett die groteske Stellung eines Gekreuzigten ein.«

CANETTI, ELIAS (1905–1994)

Die Blendung

Dr. Peter Kien, der größte Sinologe der Welt, wird von seiner ihn heiratenden Haushälterin ruiniert und aus seiner bücherreichen Wohnung vertrieben, woraufhin die Suche Kiens nach Freundschaft und Hilfe beginnt, die ihm nichts als Schädigungen einbringt, bis sein Bruder ihn in materiellen Wohlstand zurückversetzt und alle ihn Ausbeutenden vertreibt, aber Kiens Verrücktheit nicht bemerkt, der sich nach der Abreise des Bruders mitsamt seinen Büchern verbrennt.

Bester Satz: »Man scheute ihn, wie alle Großen, er war ihnen zu fremd und fern, und ihre Verlegenheit, auf die nicht zu achten er beschlossen hatte, ergriff ihn bis ins innerste Mark.«

CANKAR, IVAN (1876–1918)

Das Haus der Barmherzigkeit (Hiša Marije Pomočnice)

In einem Wiener Krankenhauszimmer warten 14 schwerkranke Mädchen auf Gesundung oder Tod, darunter die kleine Malči, deren letzte sechs Monate geschildert werden, wobei das Mädchen die Sorgen seiner Mutter nicht teilt, dem Tod gelassen gegenübersteht und am Ende in dem Bewusstsein stirbt, die jährliche Sommerreise, die die Familie nach längerem Warten auf Malčis Tod heimlich antritt, mitzumachen.

Bester Satz: »Oft kam die Mutter und brachte Geschenke; Malči aber schien es, als käme die Mutter aus fernen Gefilden, aus einer anderen Welt; sie sah sie wie durch einen trüben Vorhang, die arme Pilgerin, die Geschenke brachte.«

ČAPEK, KAREL (1890–1938)

Der Krieg mit den Molchen (Válka s mloky)

Speziell gezüchtete Molche erlangen Intelligenz und die Fähigkeit, bedeutende wissenschaftliche Leistungen zu erbringen, die von den Menschen im Tausch gegen Nahrung und Waffen genutzt werden, bis die Molche, nach größerem Lebensraum strebend, immer mehr Menschengebiete besetzen und die Menschheit besiegen, da diese – ewig uneinig – kein gemeinsames Handeln zustande bringt.

Bester Satz: »Einige Leute nahmen die Gleichberechtigung der Molche so wörtlich, daß sie forderten, den Salamandern müsse jedes öffentliche Amt im Wasser und auf der Erde offenstehen (J. Courtaud); oder man müßte aus ihnen vollbewaffnete unterseeische Regimenter mit eigenen Tiefenkommandanten bilden (General i. R. Desfors); ja selbst Mischehen zwischen Menschen und Molchen sollten erlaubt sein (Rechtsanwalt Louis Pierrot).«

CAPOTE, TRUMAN (1924–1984)

Die Grasharfe (The Grass Harp)

Tante Dolly, unter Druck gesetzt von ihrer geschäftstüchtigen Schwester, die Dollys Kräutertinktur vermarkten will, zieht sich mit ihrem Neffen Collin, der schwarzen Haushälterin Catherine und anderen in ein Baumhaus zurück, das zu verlassen die Gruppe sich auch nach einer zur Schlacht ausartenden Belagerung durch die Polizei weigert, bis die Rebellen aus freien Stücken wieder in die reale Welt hinabsteigen und Tante Dolly bald darauf an einer Lungenentzündung stirbt.

Bester Satz: »Dieses, die Grasharfe war es, die alles bewahrte, die alles erzählte, die Harfe der Stimmen, die uns alles ins Gedächtnis zurückrief.«

Kaltblütig (In Cold Blood)

Literarische Rekonstruktion eines wahren Verbrechens, bei dem 1959 durch Perry Smith und Richard Hickock die Mitglieder einer Farmerfamilie in Kansas wegen eines unbedeutenden Geldbetrags umgebracht wurden, was zu Recherchen und intensiven Kontakten Capotes zu den 1964 hingerichteten Tätern führte, die Capote – sich streng an die Fakten haltend – in eine von ihm so genannte *non fiction novel* einfließen ließ.

Bester Satz: »Dann wurde Mr. Clutter in den Heizungskeller geschoben, hatte einen Schlag auf den Kopf bekommen und war, nachdem ihm der Mörder den Mund verklebt hatte, am Heizungsventil aufgehängt worden.«

CARROLL, LEWIS (1832–1898)

Alice im Wunderland (Alice's Adventures in Wonderland)

Die Geschichte des Mädchens Alice Lidell, das von einem weißen Hasen ins Erdinnere geführt wird, dort absurde Episoden überstehen muss – z.B. wird sie riesengroß und ertrinkt anschließend, wieder verkleinert, fast an ihren Tränen –, noch absurdere, stets einer versponnenen Logik folgende Charaktere trifft, wie den auf einer Mauer lebenden Eiermenschen Humpty-Dumpty, die rauchende Raupe, die mitunter unsichtbar werdende Cheshire-Katze oder den verrückten Hutmacher, um am Ende in der Realität zu erwachen.

Bester Satz: »›Ich wußte gar nicht, dass Schmeichelkatzen immer grinsen; tatsächlich wußte ich nicht einmal, daß Katzen überhaupt grinsen können.‹«

CELA, CAMILO JOSÉ (1916–2002)

Pascal Duartes Familie (La familia de Pascal Duarte)

Schon früh dem Glauben verfallen, durch seine hexenhafte Mutter ein ewiges Opfer des Schicksals zu sein, heiratet Pascal Duarte, doch das erste Kind stirbt ungeboren, das zweite an Fieber, und dann sackt auch noch Pascals Frau tot zusammen, als sie ihm von ihrem in einer Schwangerschaft resultierenden Ehebruch mit Estirao erzählt, weshalb Pascal Jahre später Estirao tötet, drei Jahre im Gefängnis verbringt, erneut heiratet, aber den Konflikt mit seiner Mutter nur durch ihre Ermordung zu lösen weiß, wofür er gehängt wird.

Bester Satz: »Vielleicht, daß wir uns in der letzten Stunde noch ein wenig aufrichten, ehe wir kopfüber in die Hölle stürzen.«

CÉLINE, LOUIS-FERDINAND (1894–1961)

Reise ans Ende der Nacht (Voyage au bout de la nuit)

Ferdinand Bardamu meldet sich zum Ersten Weltkrieg, um festzustellen, dass dieser nur dazu dient, die Armen zu beseitigen, geht nach Afrika, wird von den Eingeborenen auf eine Galeere verkauft, kommt nach Amerika, wo er durch seine Methode, Flöhe nach Geschlecht und Nation zuordnen zu können, den von Immigranten überlaufenen Behörden von Nutzen ist, und beendet seine Reise angewidert in Frankreich, um Armenarzt zu werden und Armut als Wurzel von Hass und Gewalt zu erkennen.

Bester Satz: »Man kann mit seinem Herzen nichts anfangen, man verschenkt es gern.«

CENDRARS, BLAISE (1887–1961)

Gold. Die fabelhafte Geschichte des Generals Johann August Suter (L'or, la merveilleuse histoire du Général Johann August Suter)

Frau und Kinder hinter sich lassend, gelangt der Deutsche Suter 1834 nach New York, geht nach Westen und baut mit Hilfe von Sklaven ein riesiges Wirtschaftsimperium auf, von dem zunächst sowohl Suter als auch seine Arbeiter profitieren, welches aber dann durch Goldsucher in den Ruin getrieben wird, wobei Suter es schafft, nach einigen Jahren wieder ganz oben zu stehen, nur um durch Intrigen seine erneute Verarmung und auch den gewaltsamen Verlust seiner Familie erleben zu müssen.

Bester Satz: »Von allen Ecken der Erde brachen sie jetzt auf, sei es vereinzelt, sei es in Gruppen, ganze Sekten und Banden wallfahrteten zum Gelobten Land, wo man sich nur zu bücken brauchte, um Haufen von Gold, Perlen oder Diamanten aufzuheben.«

CERVANTES SAAVEDRA, MIGUEL DE (1547–1616)

Leben und Taten des scharfsinnigen Edlen Don Quixote von la Mancha (El ingenioso hidalgo Don Qixote de la Mancha)

Don Quijote, eigentlich der niedrige Landadlige Alonso Quijano el Bueno, verfällt durch die Lektüre von Ritterromanen dem Wahn, als fahrender Ritter auf Ausfahrt gehen und dabei Jungfrauen und Waisen beschützen zu müssen – ein Unternehmen, das in einem Desaster endet, da Quijote Windmühlen für Riesen und Mönche für die Entführer einer Edeldame hält und sich die Edeldame Dulcinea als Geliebte erfindet, während sein Page Sancho Pansa versucht, Don Quijote Realitätssinn zu vermitteln, bis er mit seinem bald darauf sterbenden, die Wirklichkeit wieder akzeptierenden Herrn in dessen Dorf zurückkehrt.

Bester Satz: »›Es scheint wohl‹, antwortete Don Quixote, ›daß du in Abenteuern nicht sonderlich bewandert bist, es sind Riesen, und wenn du dich fürchtest, so gehe von hier und ergib dich in einiger Entfernung dem Gebete, indes ich die schreckliche und ungleiche Schlacht mit ihnen beginne.‹«

CHABON, MICHAEL (1963)

Wonder Boys (Wonder Boys)

Von seiner Frau verlassen, in eine Beziehung mit Sara, der von ihm geschwängerten Frau seines Rektors, verstrickt, dazu ständig mit seinem 3000-Seiten-Romanmanuskript mit dem Titel *Wonder Boys* kämpfend, gerät der Uni-Professor Grady Tripp über den Diebstahl des Jackchens von Marilyn Monroe, den Versuch seinen begabten, düsteren Studenten James Leer aus allem herauszuhalten und seine eigenen Unzulänglichkeiten in ein zunächst aussichtslos scheinendes Chaos, das nach der Vernichtung des Manuskripts in die Ehe mit Sara, das Dasein als Vater und eine neue Stelle mündet.

Bester Satz: »Er brachte das Kunststück fertig, seine unkündbare Stellung an dem College in Tennessee zu verlieren, als er immer öfter betrunken zur Arbeit erschien, mit unverzeihlicher Grausamkeit auf die Untalentierten unter seinen Studenten einredete und eines Tages hinter dem Pult mit einer geladenen Pistole herumfuchtelte und die Kursteilnehmer aufforderte, über ANGST zu schreiben.«

CHANDLER, RAYMOND (1888–1959)

Der lange Abschied (The Long Good-Bye)

Der Privatdetektiv Philip Marlowe hilft dem Spieler Terry Lennox nach Ermordung von dessen Frau die Stadt zu verlassen, hört anschließend von seinem Selbstmord, wird von Eileen Wade engagiert, um ihren berühmten Schriftstellergatten zu überwachen, erkennt aber schnell, dass er nur benutzt wurde, damit Wade, die sich als erste Frau von Lennox und auch als Mörderin von dessen zweiter Frau herausstellt, ihren Mann umbringen kann, und steht am Ende Lennox selbst gegenüber, der seinen Suizid nur vorgetäuscht hatte.

Bester Satz: »Also, wolln Sie jetzt endlich Ruhe geben und Ihr müdes Gehirn aufs Sofa packen?«

CHATWIN, BRUCE (1940–1989)

Traumpfade (The Songlines)

Begleitet von dem Aborigines-Experten Ark lernt der Ich-Erzähler Chatwin zahlreiche Aborigines kennen, ihre Zerrissenheit zwischen der eigenen Kultur und der der Weißen, ihre Probleme untereinander und ihre geschäftlichen Schwierigkeiten mit den Weißen – all das dargestellt in 39 kaum zusammenhängenden, reportageartigen Abschnitten.

Bester Satz: »Anders als der Mensch kämpften wilde Tiere selten bis auf den Tod.«

Utz (Utz)

Über Jahrzehnte hinweg hat der Prager Utz eine kostbare Porzellansammlung aufgebaut, die nun von der Konfiszierung durch die Behörden bedroht ist, weshalb Utz die Sammlung ins Ausland bringen

möchte, sich in Paris aber wieder nach Prag sehnt, dort seine lang-
jährige Haushälterin Marta heiratet, um seine Wohung behalten zu
können, seinen Hang zu molligen Sängerinnen aufgibt, an einem
Schlaganfall stirbt und nach seinem Tod Verblüffung hervorruft, da
die Porzellansammlung nicht mehr auffindbar ist.

Bester Satz: »Utz hatte die einzelnen Gegenstände so gewählt, dass sich in
ihnen die Launen und die verschiedenen Facetten des ›Porzellanjahrhun-
derts‹ spiegelten: Witz, Charme, Ritterlichkeit, die Liebe zum Exotischen,
Herzlosigkeit und leichtherziger Frohsinn – bevor sie von Revolutionen
und dem Getrampel von Armeen hinweggefegt wurden.«

CHEEVER, JOHN (1912–1982)

Falconer (Falconer)

Der ehemalige College-Professor Ezekiel Farragut sitzt nach dem Mord
an seinem Bruder in der Strafanstalt Falconer und schildert – bis kurz
vor seiner Flucht heroinabhängig – die Brutalität des Gefängnisall-
tags, die seelische Grausamkeit der Wärter, die quälenden Besuche
seiner Frau, die Liebe, die er für den Mithäftling Jody empfindet, und
schließlich die Pflege eines kranken Insassen, in dessen Leichensack
Farragut aus dem Gefängnis entkommt.

Bester Satz: »Die Wärter fürchteten aus tiefstem Herzen Unordnung und
Tod.«

CHODERLOS DE LACLOS,
PIERRE AMBROISE FRANÇOIS (1741–1803)

Gefährliche Liebschaften (Les liaisons dangereuses)

Äußerst verwirrende Intrige, ausgehend von der Marquise von Mer-
teuil, die sich ihres ehemaligen Liebhabers, des Vicomte von Valmont,
bedient, damit dieser die unschuldige Cécile verführt, wodurch die
Marquise Céciles künftigen Gatten, einen anderen ihrer Verflossenen,

bloßstellen will, wobei die Intrige Valmont den Tod im Duell bringt, Cécile ein Leben im Kloster beschert und der Marquise einen Prozess, durch den sie ihr gesamtes Vermögen verliert und obendrein an den sie verunstaltenden Blattern erkrankt.

Bester Satz: »Die Heldin dieses Romans verdient übrigens Ihre größte Aufmerksamkeit, denn sie ist wirklich hübsch; erst fünfzehn Jahre alt und wie eine Rosenknospe; gar nicht geziert, aber dumm und lächerlich naiv, wovor ihr Männer ja keine Angst habt.«

CHRISTIE, AGATHA (1890–1976)

Mord im Orientexpress (Murder on the Orient-Express)

Der Detektiv Hercule Poirot wird auf der Fahrt im Orientexpress durch die Aufklärung eines Mordes beansprucht, bei dem der Amerikaner Edward Ratchett durch zwölf Messerstiche getötet wurde, und findet heraus, dass Ratchett in Wahrheit Casetti hieß, der Drahtzieher der Entführung und Ermordung der kleinen Daisy Armstrong gewesen war und einem Komplott von zwölf im Zug Reisenden zum Opfer fiel, die aus Trauer Selbstjustiz übten.

Bester Satz: »Ich sehe mir meine Zeugen erst einmal an, erforsche ihren Charakter und gestalte meine Fragen dementsprechend.«

COCTEAU, JEAN (1889–1963)

Kinder der Nacht (Les enfants terribles)

Der mysteriöse Roman schildert die Beziehung des inzestuösen Geschwisterpaares Paul und Elisabeth, die sich ausschließlich den Träumen und dunklen Seiten ihrer Seele widmen und dabei Agathe und Gérard einbeziehen, bis Paul sich in Agathe verliebt, diese Liebe aber durch seine todesengelhafte Schwester unterbunden wird und auch nicht eingelöst werden kann, als der sterbende Paul Agathe seine Gefühle gesteht, da Elisabeth sich nach Pauls Tod umgehend erschießt, um so mit ihm zusammen in das Totenreich einzugehen.

Bester Satz: »»Dargelos«, fuhr Gérard fort, ›holte nun allerlei Gifte hervor: aus China, aus Indien, aus Mexiko, von den Antillen, Gifte für Pfeile, für Folterungen, Gifte der Rache, Gifte, die zu Opferungen verwendet wurden.‹«

COELHO, PAULO (1947)

Der Alchimist (O alquimista)

Der andalusische Schafhirte Santiago sucht infolge mehrerer Träume einen bei den Pyramiden vergrabenen Schatz, wird überfallen, trifft in der Wüste Fatima, die Liebe seines Lebens, verlässt sie jedoch, um weiterzureisen, lernt einen Alchimisten kennen, der Blei in Gold verwandelt und auch Santiago hilft, welcher aber bei den Pyramiden wegen des Goldes erneut überfallen wird, wobei ihm der Anführer der Bande erzählt, er habe von einem Schatz geträumt, der in Santiagos Heimatort vergraben liege, weshalb Santiago zurückkehrt, den Schatz findet und sich wieder zu Fatima begeben will.

Bester Satz: »Liebe ist, wenn der Falke über deinen Sand fliegt.«

COETZEE, J. M. (1940)

Warten auf die Barbaren (Waiting for the Barbarians)

Der Richter einer Grenzstadt erlebt, wie ein mit Gewalt und Terror arbeitender Oberst namens Joll ihn durch Inhaftierung und psychische Folter in kurzer Zeit seines Postens, seiner Freiheit und seiner Würde beraubt, nur um mit seiner Armee ins Barbarenland zu ziehen, aus dem diese, kampflos geschlagen, plündernd in die Stadt zurückkehrt, sie jedoch auch wieder verlässt, was es dem Richter ermöglicht, seinen Posten wieder einzunehmen, wobei er sich eingesteht, dass sein eigenes liberales Handeln nur eine Facette imperialer Gewalt war.

Bester Satz: »Ich kenne den Grund für meine freudige Erregung: mein Bündnis mit den Wächtern des Reichs existiert nicht mehr, ich habe mich in Opposition begeben, die Fesseln sind zerrissen, ich bin ein freier Mann.«

Schande (Disgrace)

Nachdem der südafrikanische Kommunikationswissenschaftler David Lurie seinen Job an der Universität wegen sexueller Belästigung verloren hat, geht er aufs Land zu seiner Tochter, der Farmerin Lucy, und muss hilflos miterleben, wie diese von drei Schwarzen vergewaltigt wird und dies nicht anzeigt, wofür sie von ihrem Nachbarn, dessen Schwager an der Vergewaltigung beteiligt war, das Angebot erhält, ihn zu heiraten, was Lucy Schutz und dem Nachbarn die Farm bringen würde.

Bester Satz: »Das Leben eines pensionierten Wissenschaftlers, ohne Hoffnung, ohne Zukunft: ist er bereit, sich damit abzufinden?«

CONRAD, JOSEPH (1857–1924)

Lord Jim. Eine Geschichte (Lord Jim)

Weil er mit seiner Mannschaft ohne die Passagiere ein sinkendes Schiff verlassen hat, verliert der Offizier Jim Stellung und Ansehen und flüchtet um die Welt, bis er sich auf einer Südseeinsel eine glückliche, auch den Einwohnern Gewinn bringende Existenz aufbauen kann, die durch die Ankunft brutaler Weißer zerstört wird, welche Jim nicht entschlossen genug bekämpft, was den Tod eines seiner eingeborenen Freunde zur Folge hat und wofür Jim mit seinem freiwilligen Tod büßt.

Bester Satz: »In diesem Augenblick war es schwer, an Jims Existenz zu glauben – die in einem ländlichen Pfarrhaus ihren Anfang genommen hatte, deren Konturen im Gewühl der Menschen verschwammen wie hinter Wolken von Staub und die das Aufeinanderprallen der gegensätzlichen Ansprüche von Leben und Tod in einer körperlichen Welt zum Verstummen brachte – und doch ergriff mich ihre unzerstörbare Realität mit überzeugender, unwiderstehlicher Macht!«

Herz der Finsternis (Heart of Darkness)

Kapitän Marlow begegnet auf einer Kongo-Expedition dem Elfenbeinhändler Kurtz, der seine Umgebung brutal ausbeutet, dabei alle Maßstäbe humanen Handelns hinter sich lässt und von Marlow bedrängt wird, dem Grauen abzuschwören – was durch Kurtz' Tod verhindert wird, wobei unklar bleibt, ob er bei seinem Tod die durch ihn verursachten Schrecknisse erkennt und sich von der Macht der Finsternis abwendet.

Bester Satz: »Flüsternd schrie er etwas irgendeinem Bild entgegen, einer Vision – er schrie zweimal, nicht lauter als sein Atmen: ›Das Grauen! Das Grauen!‹«

Nostromo
(Nostromo. A Tale of the Seaboard)

Der Seemann Nostromo bringt für die politische Führung der Okzidentalprovinz Sulaco nicht nur eine wertvolle Ladung Silber auf einer Insel in Sicherheit, sondern ermöglicht auch den militärischen Sieg über die Rebellen, wofür er jedoch nicht belohnt wird, weswegen er, nun moralisch ungebunden, von dem als gesunken geltenden Silberschatz in Wohlstand lebt, bis er nach einigen Jahren bei dem Versuch, wieder Silber zu holen, vom Leuchtturmwärter der Insel als Eindringling erschossen wird.

Bester Satz: »Er gierte danach, diesen Schatz zu fassen, zu umfangen, ihn ganz und völlig in Besitz zu nehmen, diesen Schatz, der seinen Sinn, sein Tun und noch seinen Schlaf beherrscht hatte.«

COOPER, JAMES FENIMORE (1789–1851)

Der letzte Mohikaner
(The Last of the Mohicans. A Narrative of 1757)

Die Halbschwestern Alice Munro und Cora, Tochter einer Mulattin, sind auf dem Weg zum belagerten Fort ihres Vaters, werden von ihrem indianischen Führer absichtlich in die Irre geleitet und müssen mit Hilfe des Offiziers Heyward, des Naturburschen Natty Bumppo und seiner indianischen Freunde Chingachgook und dessen Sohn Uncas zahlreiche Abenteuer bestehen, bis Cora und Uncas getötet werden und Alice Munro und Heyward zueinander finden.

Bester Satz: »»Ich habe keine Vorurteile und bin nicht der Mann, der sich natürlicher Vorrechte rühmt, obgleich der schlimmste Feind, den ich habe, ein Irokese, nicht wagen darf zu leugnen, daß ich von weißer Abstammung bin‹, sprach der Kundschafter, indem er mit geheimem Wohlgefallen die verwitterte Farbe seiner knöchernen und sehnigen Hand anblickte.«

COOVER, ROBERT (1932)

Die öffentliche Verbrennung (The Public Burning)

Dargestellt werden drei Tage im Juni 1953, deren Höhepunkt die öffentliche Hinrichtung des als Atomspione verurteilten Ehepaars Rosenberg ist, hauptsächlich erzählt von US-Vizepräsident Richard Nixon, dominiert von der kraftstrotzenden Superman-Figur Uncle Sam, die einen ständigen Kampf gegen das böse Phantom führt, wobei deutlich wird, dass die Hinrichtung der Rosenbergs, ausgeführt als eine Art gigantisches Hollywoodspektakel, eine psychologische und politische Notwendigkeit für die USA ist.

Bester Satz: »Also haltet die Ohren steif, Leute, denn wie euch schon der mummelgreisliche Sterngucker und Prophet Nate Ames richtich proffzeit hat, so vor zweihunnert Jahre ungrad, wird ein Himmlisches Licht vom Finger Gottes hergesandt, die lange! lange! Nacht der Heidnischen Finsternis zu vertreiben!«

COUPLAND, DOUGLAS (1961)

Generation X.
Geschichten für eine immer schneller werdende Kultur
(Generation X. Tales For An Accelerated Culture)

Eine Unzahl von Geschichten, die sich die orientierungslosen End-zwanziger Andy, Dag und Claire gegenseitig erzählen, dabei die Wahrheit verzerrend, umrahmt von einer Grundhandlung, in der Andy mit den karriereorientierten Freunden seines Bruders konfrontiert wird, Claire eine aussichtslose Beziehung hat und Dag und Claire am Neujahrstag 2000 nach Mexiko reisen, ein Hotel kaufen wollen und auf Andy warten, der auf dem Weg von einem Reiher am Kopf verletzt und daraufhin von geistig behinderten Teenagern umringt und umarmt wird.

Bester Satz: »Ich kann mich tatsächlich nicht daran erinnern, auch nur einmal von einem Elternteil umarmt worden zu sein (offen gesagt ist mir diese Praxis auch verdächtig).«

CYRANO DE BERGERAC (1619–1655)

Die Reise zum Mond
(Histoire comique contenant les estats et empires de la lune)

Der Roman erzählt von der Reise mit einer Rakete zum Mond, wo der Ich-Erzähler als Affe festgehalten und dann unter Verdacht, ein Papagei zu sein, nach dem Schwur, sich nicht auf dem Mond zu befinden, freigelassen wird, mit den Mondphilosophen tiefsinnige Gespräche führt und schließlich mit einem zum Aufenthalt in der Hölle Verurteilten durchs All fliegt, rechtzeitig abspringt und in Italien landet; während im zweiten Roman *L'histoire comique des estats et em-*

pires du soleil unterschiedliche Staatenorganisationen – durch Vögel oder Bäume – und philosophische Dispute im Mittelpunkt stehen.

Bester Satz: »Was du sagst, ist wahr, ausgenommen, daß ich ein Gott sei; diese Erde hier ist der Mond, den ihr von eurer Weltkugel aus seht, und der Ort, wo du wandelst, ist das Paradies; aber es ist das irdische Paradies, in das nur sechs Personen jemals hineinkamen: Adam, Eva, Enoch, ich, der ich der alte Elias bin, der Evangelist Sankt Johannes und du.«

DAHN, FELIX (1834–1912)

Ein Kampf um Rom

Das Buch schildert den verzweifelten Kampf der Goten auf dem italienischen Festland vom Höhepunkt ihrer Macht unter Theoderich bis zu ihrem Rückzug kaum 30 Jahre später – ein Verfall, der durch die die Goten entzweienden Intrigen des Römers Cethegus eingeleitet wird, welcher aus den Machtkämpfen Gewinn zieht und schließlich in einer letzten Schlacht im Kampf gegen den heroischen Teja fällt, diesen aber gleichzeitig tötet.

Bester Satz: »Denn als sie – endlich! – den König der Goten fallen gesehen –: acht Stunden hatte er ununterbrochen gekämpft, und es neigte zum Abend –: da rannten alle Italier, Perser, Thraker und, von unten aufsteigend, neue Schlachthaufen gegen den Engpaß, den nun Adalgoth mit dem Schilde deckte: Hildebrand und Machis standen hinter ihm.«

DEFOE, DANIEL (1660*–1731)

Robinson Crusoe (Robinson Crusoe)

»Das Leben und die seltsamen Abenteuer des Robinson Crusoe, eines Seemanns aus York. Welcher achtundzwanzig Jahre ganz allein auf

* Das genaue Datum ist unbekannt, man nimmt an, es wäre Anfang 1660.

einer unbewohnten Insel vor der amerikanischen Küste, nahe der Mündung des großen Orinoco lebte, wohin er nach einem Schiffbruch, bei dem die ganze Besatzung außer ihm selbst ums Leben kam, verschlagen wurde. Nebst dem Bericht wie er auf wunderbare Weise durch Piraten gerettet wurde. Geschrieben von ihm selbst.« Dieser Titelvariante ist nichts hinzuzufügen.

Bester Satz: »Nie war eine Freude (und besonders bei einer so geringfügigen Veranlassung) derjenigen gleich, welche ich fühlte, als ich sah, dass es mir gelungen war, einen Topf zu bereiten, den man ans Feuer stellen konnte; ich hatte kaum Geduld genug, um es erwarten zu können, bis meine Gefäße kalt sein würden; und sobald sie es waren, füllte ich eines mit Wasser, um Fleisch zu sieden, was mir vollkommen gelang.«

DeLILLO, DON (1936)

Unterwelt (Underworld)

Kaum wiederzugebendes 1000-seitiges Buch, in dessen Zentrum der 1935 geborene Nick Shay steht, der in seiner Jugend versehentlich einen Menschen erschossen hat, später Lehrer und Verantwortlicher einer Anlage für atomaren Abfall wird, für 34 000 Dollar einen Baseball erwirbt, der jahrzehntelang durch zahlreiche Hände gegangen ist, von seiner Frau Marian mit seinem Kollegen Brian betrogen wird und deprimiert und desillusioniert endet – dazu enthält der Roman noch zahlreiche Episoden um Baseball, die Atombombe, gesellschaftspolitische Ereignisse und die Kultur der US-amerikanischen Gesellschaft in der zweiten Hälfte des 20. Jahrhunderts.

Bester Satz: »Kapital verbrennt Nuancen in einer Kultur.«

DICKENS, CHARLES (1812–1870)

Oliver Twist (Oliver Twist: Or, the Parish Boy's Progress)

Der Waisenjunge Oliver Twist erfährt das Martyrium eines Armenhauses und einer brutalen Lehre, flieht, wird von einer Verbrecherbande erpresst, sodass er in eine Villa einbrechen muss, wird dabei ertappt, von der Hausherrin jedoch freundlich aufgenommen, wobei sich schließlich herausstellt, dass er der uneheliche Sohn eines wohlhabenden Paares ist und sein krimineller Halbbruder Monks, der das Erbe für sich allein haben wollte, die Schuld an Olivers tragisch verlaufenem Leben trägt.

Bester Satz: »Immer verworrener wurde der Lärm, dann schlich sich ein kaltes, tödliches Gefühl in Olivers Herz, und einen Augenblick später sah und hörte er nichts mehr.«

David Copperfield (The Personal History, Adventures, Experience, and Observation of David Copperfield, the Younger)

Nach dem Tod seines Vaters erlebt David, wie seine Mutter von ihrem neuen Mann ruiniert wird, worauf er eine grausame Schule durchlaufen und für seinen Stiefvater unter schrecklichen Bedingungen arbeiten muss, was erst nach seiner Flucht zu Tante Betsey Trotwood endet, die für David einen Platz in einer idealen Schule findet und so die Basis für seine spätere Karriere als Parlamentsreporter und Schriftsteller legt.

Bester Satz: »Der Mensch, der sein eigenes Leben an sich vorüberziehen läßt, es wie ich Seite um Seite durchgeht, müßte wirklich ein guter Mensch sein, wenn ihm das quälende Bewußtsein von vernachlässigten Talenten, versäumten Gelegenheiten, von irrigen und verkehrten Gefühlen, die sich unaufhörlich in seiner Brust bekriegen und ihm Niederlagen bereiten, erspart bliebe.«

Harte Zeiten (Hard Times. For These Times)

Nach streng rationalen Grundsätzen erzogen, wird aus den Kindern des Unterhausabgeordneten Gradgrind, Thomas und Louisa, doch nicht mehr als ein Spieler, der als Bankräuber seine Tat auf den Arbeiter Stephen Blackpool abwälzen will, beziehungsweise eine verkümmerte junge Frau, die sich aus Uneigennützigkeit an einen wohlhabenden Unternehmer verheiraten lässt, dessen Lieblosigkeit sie fast in eine Affäre mit einem Politiker treibt, sie aber am Ende zu ihrem Vater zurückführt, bei dem ihr die warmherzige Clownstochter Sissy Jupe zur Stütze wird.

Beste Stelle: »Das war auch eine der Fiktionen Coketowns. Jeder dortige Kapitalist, der aus 6 Pence 60 000 Pfund gemacht hatte, wunderte sich beständig, warum nicht jeder der sechzigtausend nächsten Hände auch aus 6 Pence 60 000 Pfund herauswirtschaftete, und machte jeder mehr oder weniger Vorwürfe, daß sie das kleine Kunststück nicht ausgeführt hatte.«

Eine Geschichte zweier Städte (A Tale of Two Cities)

Vor der französischen Revolution flieht Charles St. Evrémonde nach England, lebt dort als Charles Darnay, wird als Spion verdächtigt und kommt nur mit dem Leben davon, weil sein Anwalt Sydney Carton wie sein Zwilling aussieht – eine Ähnlichkeit, der Charles später im revolutionären Frankreich nach einem Todesurteil wieder sein Leben verdankt, als Carton sich für ihn hinrichten lässt.

Bester Satz: »Alles lag vor uns, nichts lag vor uns; wir waren alle auf dem geraden Weg zum Himmel, wir waren alle auf dem geraden Weg ins Gegenteil – kurz, die Zeit glich der heutigen darin, daß einige ihrer lautesten Größen behaupteten, man könne im guten wie im bösen nur in den höchsten Vergleichen von ihr sprechen.«

DIDEROT, DENIS (1713–1784)

Jacques der Fatalist und sein Herr
(Jacques le fataliste et son maître)

Der Diener Jacques und sein Herr reisen anscheinend ohne Grund durch Frankreich, was ihnen Gelegenheit gibt, in ständigem Dialog zum einen die Liebschaften Jacques' zu erörtern, zum anderen die Frage der Willensfreiheit, die paradoxerweise von dem tatkräftigen, entscheidungsfreudigen Jacques geleugnet, von seinem passiven, an allem desinteressierten Herrn dagegen bejaht wird – all dies ständig unterbrochen durch den Erzähler, der dem Leser vor Augen führt, dass er allein entscheidet, was als Nächstes mit den Figuren passieren soll, und der drei verschiedene Schlüsse der Geschichte bietet.

Bester Satz: »Ihr sollt Euch meinen Herrn nennen, während ich der Eurige bin.«

DING LING (1904–1986)

Das Tagebuch der Sophia (Suofei nüshi de riji)

Die einsame, tuberkulosekranke Studentin Sophia verliebt sich in den attraktiven Ling Jishi, zieht in seine Nähe, geht intensiveren Kontakt mit ihm ein, kann ihre Gefühle aber nur ihrem Tagebuch anvertrauen, bis Ling Jishi ihr am Tag vor ihrem Umzug seine Liebe gesteht, Sophia jedoch schlagartig klar wird, dass sie sowohl Ling Jishis Charakter als auch seine Werte ablehnt und nur von seinem Äußeren angezogen war.

Bester Satz: »Warum stürze ich mich nicht auf ihn, küsse seine Lippen, die Spitzen seiner Augenbrauen, seine … ach, ganz einfach alles?«

DJIAN, PHILIPPE (1949)

Betty Blue. 37,2 Grad am Morgen (37,2° le matin)

Der erfolglose Schriftsteller Zorg lernt die faszinierende, erotische Betty kennen, mit der er eine durch ihre aggressiven Anfälle gekennzeichnete Beziehung führt, die durch ihre vermeintliche Schwangerschaft ein Zwischenhoch erfährt, das aber in Depressionen umschlägt, als sich herausstellt, dass sie doch nicht schwanger ist; als sie sich selbst verstümmelt und in die Psychiatrie eingewiesen wird, will Zorg sie von ihren Qualen erlösen, indem er sie mit einem Kopfkissen erstickt.

Bester Satz: »DA SINKT MEINE MORAL AUF DEN NULLPUNKT …!«

DÖBLIN, ALFRED (1878–1957)

Die drei Sprünge des Wang-lun. Chinesischer Roman

Wang-lun, Sohn eines Fischers, tötet einen Hauptmann und gründet auf der Flucht mit Ma-noh eine Räuberbande, die nach Wang-luns Gesetz arbeitet, wandert und bettelt, aber keinen Widerstand gegen den Lauf der Welt leisten soll, bis Wang-lun sich von der immer größer werdenden Bande trennt, die Bande in offenen Konflikt mit dem Kaiser gerät, militärisch bedroht wird und sich nach Wang-luns Rückkehr zwar wehren kann, schließlich aber mit ihm zusammen ausgelöscht wird.

Bester Satz: »Die blumige Mitte muß ich ungern verlassen.«

Berlin Alexanderplatz

Im Berlin der Weimarer Republik wird Biberkopf nach vier Jahren Haft aus dem Gefängnis entlassen, versucht ein anständiges Leben, findet sich jedoch in der Freiheit der Großstadt nicht zurecht, gerät wieder auf die schiefe Bahn und wird durch den dämonischen Reinhold erst um seinen Arm und dann um seine Freundin Mieze gebracht, worauf er ins Irrenhaus kommt, sich zu Tode hungern möchte, aber als neuer Mensch aus dieser Phase hervorgeht und im Prozess gegen Reinhold aussagt, der zu zehn Jahren Haft verurteilt wird.

Bester Satz: »Das Herz ist trügerisch über alles und ist verderbt; wer mag es kennen?«

DOCTOROW, E. L. (1931)

Ragtime (Ragtime)

Das Leben einer wohlhabenden weißen Fabrikantenfamilie zu Beginn des 20. Jahrhunderts wird durch das Auftauchen des selbstbewussten schwarzen Pianisten Coalhouse Walker jr. grundlegend verändert, da Coalhouse, Vater eines von der Fabrikantenfamilie versorgten Kindes, nach der Zerstörung seines Autos durch einen Trupp Feuerwehrmänner mit äußerster Gewalt versucht, die Reparatur des Autos durchzusetzen, dabei auch vor Mord nicht zurückschreckt, zu Berühmtheit gelangt und nach der spektakulären Besetzung der Kunstsammlung von J. P. Morgan von der Polizei erschossen wird.

Bester Satz: »Er sah ein, Gott konnte so unerforschliche Strafen auferlegen, daß der Versuch, sie vorauszuahnen, sinnlos war.«

DODERER, HEIMITO VON (1896–1966)

Die Strudlhofstiege oder Melzer und die Tiefe der Jahre

Äußerst komplexes Labyrinth unterschiedlicher Erzählstränge um zahlreiche Wiener Figuren wie den ehemaligen Leutnant Melzer, dessen Lebensweg in eine glückliche bürgerliche Ehe mit Thea Rokitzer mündet, und den späteren Historiker René Stangeler – ein Selbstporträt Doderers – und dessen Familie, über einen Zeitraum von 1911 bis zum 21. September 1925, dem Tag, an dem Mary K. durch einen Straßenbahnunfall ihr Bein verliert.

Bester Satz: »»Wenn nun aber die Natur einmal korrupt ist, was soll man tun?‹«

Die Dämonen. Nach der Chronik des Sektionsrates Geyrenhoff

In diesem ausufernden Roman hält Sektionsrat Geyrenhoff zwar zusammenhängende, aber keine Handlung im klassischen Sinne ergebende Geschehnisse fest, die in den bürgerkriegsähnlichen Ereignissen des 15. Juli 1927 in Wien und dem Brand des Justizpalastes kulminieren, wobei Dutzende Figuren unterschiedlichster Schichten präsentiert werden, wie der Historiker René Stangeler, der gebildete Arbeiter Kakabsa, Mary K., der Schriftsteller Kajetan von Schlaggenberg oder »Quapp«, die junge – vermeintliche – Schwester Schlaggenbergs, deren Erbe der Kammerrat Levielle zu unterschlagen versucht.

Bester Satz: »Mein Gefühl war gleichsam schwerer als ich selbst, so möchte ich es sagen, während ich noch immer auf die Tote hinunter sah, die in ihrer Milch lag und zugleich in ihrem Blute, was beides nun schon, ganz durcheinandergelaufen und verschmutzt, in einer langen schmalen Zunge weit weg von ihr im Rinnsteine sich vorgetastet hatte.«

DOS PASSOS, JOHN (1896–1970)

Manhattan Transfer (Manhattan Transfer)

In Fragmente zersplitterter Roman, der unzählige Charaktere der Arbeiterklasse, Mittelschicht, Upperclass und Immigranten porträtiert, eine Handlung aber nur im Geschehen um die Schauspielerin Ellen Thatcher aufweist, die nach dem Ende ihrer Beziehung zu dem haltlosen Stan Emery – der sich danach in seiner Wohnung verbrennt – eine Ehe mit dem Journalisten Jim Herf eingeht, um schließlich den Politiker George Baldwin zu heiraten.

Bester Satz: »Stahl, Glas, Ziegel, Zement werden das Material der Wolkenkratzer sein: dicht gedrängt auf der schmalen Insel ragen millionenfenstrige

Gebäude, glitzernd, Pyramide auf Pyramide, wie die weiße Wolkenkappe über dem Gewitter.«

DOSTOJEWSKIJ, FJODOR M. (1821–1881)

Schuld und Sühne (Prestuplenie i nakazanie)

Der Student Rodion Raskolnikow ist besessen von der Ansicht, dass ein Menschenleben wertvoller sein kann als das andere, und tötet eine herzlose alte Wucherin, um mit deren Geld sein Studium zu finanzieren, muss aber nach Tagen der Vereinsamung und der Niedergeschlagenheit erkennen, dass sich sein Zustand nur bessern wird, wenn er bereit ist, die Verantwortung für seine Tat zu übernehmen, worauf er in Begleitung der Prostituierten Sonja als Zwangsarbeiter in Sibirien endet.

Bester Satz: »Natürlich habe ich ein kriminelles Delikt begangen; natürlich wurde der Buchstabe des Gesetzes verletzt und Blut vergossen; aber so nehmt doch für den Buchstaben des Gesetzes meinen Kopf … und fertig!«

Der Spieler (Igrok. Iz zapisok molodogo čeloveka)

Aleksej Iwanowitsch, Hauslehrer einer heruntergekommenen Generalsfamilie, beginnt zu spielen, obwohl er zuvor mit angesehen hat, wie die Erbtante des Generals fast ihr gesamtes Vermögen beim Roulette verlor, gewinnt eine enorme Summe, möchte diese seiner Angebeteten Paulina schenken, um sie vor einer Ehe, die sie gegen ihren Willen eingehen soll, zu retten, muss aber schockiert feststellen, dass Paulina diese vermeintliche Rettung als Versuch sie zu kaufen auffasst, was ihn haltlos werden und zu einem willen- und glücklosen Spielsüchtigen herabsinken lässt.

Bester Satz: »Sie fragen, wozu ich Geld brauche? Was heißt – wozu? Geld ist alles!«

Der Idiot. Roman in vier Teilen (Idiot)

Nach Russland zurückgekehrt, gerät der epileptische, christusartige Fürst Myschkin in ein Beziehungsgeflecht um die Frauen Nastassja und Aglaja, wobei Ersterer eine Zweckheirat bevorsteht, vor der Myschkin sie durch seinen eigenen Heiratsantrag schützen möchte, den sie aber ablehnt, und Letztere Myschkin, verstört von seiner Beziehung zu Nastassja, nach einer verbalen Konfrontation verlässt, sodass Myschkin wieder zu Nastassja findet, nur um zu erleben, dass diese kurz vor ihrer Hochzeit von dem sie fanatisch verehrenden Rogoschin erstochen wird.

Bester Satz: »Selbst Professor Schneider hätte jetzt, wäre er aus der Schweiz herbeigeeilt, um sich seinen ehemaligen Schüler und Patienten anzusehen, eingedenk des Zustandes, in dem sich dieser mitunter im ersten Jahr seiner Behandlung in der Schweiz befunden hatte, resignierend abgewinkt und wie damals gesagt: ›Ein Idiot!‹«

Die Dämonen (Besy)

Im Mittelpunkt dieses äußerst umfangreichen Romans stehen Stepan Werchowenskij, der Freund der reichen Witwe Stawrogina; deren von Stepan erzogener Sohn Nikolaj Stawrogin, dessen testamentarisches Bekenntnis, er glaube an den Teufel, später erklärt, warum er so viele Menschen ins Unglück stürzt; dazu der Sohn Stepans, Piotr Werchowenskij, der Schatow ermordet, um seinem Leben als Revolutionär Sinn zu geben, und der Ingenieur Kirilow, der für den Mord an Schatow büßen muss.

Bester Satz: »Ich weiß, daß ich mich töten, mich wie ein elendes Insekt von der Erde wegfegen müßte; aber ich habe Angst vor dem Selbstmord, weil ich mich fürchte, hochherzig zu scheinen.«

Die Brüder Karamasow (Brat'ja Karamazovy)

Die Brüder Ivan, Dimitri und Alexej Karamasow verachten ihren Vater und wünschen ihm den Tod, bis er tatsächlich ermordet wird und Dimitri für diese Tat mit Zwangsarbeit in Sibirien büßen muss, bevor sich am Ende des Buches überraschend herausstellt, dass entgegen allen Indizien der wahre Mörder Smerdjakov ist, der uneheliche Sohn des alten Karamasow, der sich – allerdings aus Langeweile, nicht aus Schuldgefühl – erhängt.

Bester Satz: »›Soll man das Leben mehr lieben als den Sinn des Lebens?‹«

DOYLE, SIR ARTHUR CONAN (1859–1930)

Der Hund der Baskervilles (The Hound of the Baskervilles)

Die Mitglieder der Familie Baskerville sterben alle eines unnatürlichen Todes, darunter auch Sir Charles, der von einem höllisch anmutenden Hund zu Tode erschreckt wurde, ein Fall, den Meisterdetektiv Sherlock Holmes natürlich aufklären kann, wodurch er es Sir Henry ermöglicht, das Erbe der Baskervilles, auf das der Verbrecher Stapleton es abgesehen hatte, anzutreten.

Bester Satz: »Nun Watson, was leiten Sie davon ab?«

DRACH, ALBERT (1902–1995)

Das große Protokoll gegen Zwetschkenbaum

Protokollarisch verfasster Bericht über den ostgalizischen Talmudschüler Schmul Leib Zwetschkenbaum, der, als Landstreicher verhaftet, in die Irrenanstalt eingeliefert wird, diese verflucht, worauf sie augenblicklich niederbrennt, anschließend fälschlicherweise eines anderen Brandes beschuldigt wird, im Irrenhaus zu Ruhm und Achtung kommt und dann sogar zu einer großen Summe Geldes, die ihn einen

Laden eröffnen lässt, für dessen Waren – die ohne sein Wissen illegal erworben wurden – er wegen Hehlerei angeklagt wird.

Bester Satz: »Denn der Mensch habe gemacht aus dem Ebenbild Gottes ein Spottbild (Zerrbild) des Allerhöchsten.«

DUMAS, ALEXANDRE FILS (1824–1895)

Die Kameliendame (La dame aux camélias)

Innerhalb kürzester Zeit verfällt Armand Duval der Prostituierten Marguerite Gautier, die aus Verliebtheit zwar zuerst ihr bisheriges Leben aufgibt, Armand dann aber doch abweist, allerdings nur – was dieser erst nach Marguerites frühem Tod erfährt – weil Armands Vater sie um Rücksicht bat, da die Liebe Armands zu der berüchtigten Kameliendame die Hochzeit seiner Schwester mit dem Sohn einer angesehenen Familie gefährdete.

Bester Satz: »Ich warf einen leeren Blick auf das blühende Grab, und ich verlangte unwillkürlich, es aufdecken zu können, um zu sehen, was aus dem schönen Geschöpf geworden, das man ihm übergeben.«

DUMAS, ALEXANDRE PÈRE (1802–1870)

Die drei Musketiere (Les trois mousquetaires)

Die drei Musketiere Athos, Porthos und Aramis, erklärte Gegner von Kardinal Richelieu, und der junge D'Artagnan stehen zusammen zahlreiche spannende Episoden durch, gipfelnd im hektischen Herbeischaffen eines Diamantschmucks aus England, durch dessen Fehlen eine Beziehung zwischen dem Herzog von Buckingham und der französischen Königin bewiesen werden sollte, was die Musketiere zwar vereiteln, wobei sie aber hinnehmen müssen, dass Mylady de Winter, die Spionin des Kardinals, Buckingham ebenso wie die Geliebte D'Artagnans umbringen lässt, wofür sie am Ende hingerichtet wird. 65

Bester Satz: »Aber immerhin: Wenn ich schon getötet werde, dann wenigstens von einem Musketier.«

Der Graf von Monte Christo (Le Comte de Monte-Cristo)

Zwei seiner vermeintlichen Freunde betrügen den reichen Seemann Edmond Dantès um Frau und Geld und sorgen dafür, dass er 14 Jahre unschuldig im Gefängnis verbringt, bis er fliehen kann und durch die Anweisungen seines befreundeten Mithäftlings Abbé Faria einen enormen Schatz auf der Insel Monte Christo findet, auf dessen Grundlage er grausame und vollkommene Rache an seinen Feinden übt.

Bester Satz: »Die Franzosen haben sich nicht an dem Verräter gerächt, die Spanier haben den Verräter nicht erschossen, in seinem Grab liegend, hat Ali den Verräter unbestraft gelassen; doch ich, verraten, ermordet, ebenfalls in ein Grab geworfen, bin aus diesem Grab durch die Gnade Gottes hervorgegangen und bin es Gott schuldig, daß ich mich räche; er schickt mich zu diesem Behufe hierher, und hier bin ich.«

DURAS, MARGUERITE (1914–1996)

Der Liebhaber (L'amant)

Ausgehend von autobiografischen Erlebnissen wird die leidenschaftliche Liebesgeschichte zwischen der damals 15-jährigen Ich-Erzählerin und einem deutlich älteren Chinesen wiedergegeben, immer wieder unterbrochen durch Erinnerungen der Erzählerin an ihre Zeit in Asien, ihre Familie, ihre Beziehung zur Mutter, den verehrten jüngeren und den verhassten älteren Bruder, wobei die Erinnerungen so zersplittert sind, dass die Erzählerin letztlich sogar die Existenz einer Geschichte ihres Lebens abstreitet.

Bester Satz: »Sie sagt, sie wolle nicht, daß er mit ihr rede, sie wolle, daß er tue, was er üblicherweise mit Frauen tut, die er in seine Wohnung mitnimmt.«

DÜRRENMATT, FRIEDRICH (1921–1990)

Der Richter und sein Henker

Kommissar Bärlach konnte seinem ehemaligen Freund, dem Großindustriellen Gastmann, einen von ihm einst begangenen Mord nicht nachweisen, sorgt aber Jahrzehnte später dafür, dass Gastmann von Bärlachs Kollegen Tschanz erschossen wird, wobei er Tschanz auch als eifersüchtigen Mörder eines anderen Kollegen entlarvt.

Bester Satz: »Er wird nie das Böse tun, um etwas zu erreichen, wie andere ihre Verbrechen begehen, um Geld zu besitzen, eine Frau zu erobern oder Macht zu gewinnen, er wird es tun, wenn es sinnlos ist, vielleicht, denn bei ihm sind immer zwei Dinge möglich, das Schlechte und das Gute, und der Zufall entscheidet.«

Der Verdacht. Ein Kriminalroman

Kommissar Bärlach beschließt, sich in ein Krankenhaus für Schwerreiche einliefern zu lassen, um herauszufinden, ob der Arzt Emmenberger tatsächlich identisch ist mit dem KZ-Arzt Nehle, was Bärlach in Lebensgefahr bringt, als sein Verdacht sich erhärtet und Emmenberger den Kommissar wie alle seine Opfer ohne Narkose operieren will, doch Bärlach wird in buchstäblich letzter Minute vom jüdischen Riesen Gulliver gerettet, einem KZ-Überlebenden, der auf blutige Weise Rache übt – so auch an Emmenberger.

Bester Satz: »‹Sie glauben nichts als an das Recht, den Menschen zu foltern!‹«

Das Versprechen

Der Kommissar Matthäi gibt den Eltern eines ermordeten Kindes das Versprechen, den Täter zu überführen, stellt auf geniale Weise die richtigen Überlegungen an und scheitert daran, dass der Mörder bei einem Autounfall getötet wird, was der Kommissar aber nie erfährt, da er weiter über Jahre hinweg als Tankwart, immer stumpfsinniger werdend, darauf lauert, dass der Verbrecher in seine Falle geht.

Bester Satz: »›Mutti‹, sagte er, ›beruhige dich, nicht im Kanton Sankt Gallen, im Kanton Schwyz, die Stimme vom Himmel hat es so gewollt, das Mädchen hatte wieder ein rotes Röcklein an und gelbe Zöpfe.‹«

Justiz

Der junge Anwalt Spät verstrickt sich aussichtslos in eine ihm erst im Nachhinein aufgehende Intrige, die damit beginnt, dass der reiche Industrielle Isaak Kohler in einem Restaurant einen Bekannten erschießt, zunächst verurteilt, in einem zweiten Prozess aber freigesprochen wird, während der Anwalt völlig ruiniert eine Stelle als Dorfschreiber im Schweizer Hinterland annehmen muss.

Bester Satz: »Die Gerechtigkeit läßt sich nur noch durch ein Verbrechen wiederherstellen.«

EÇA DE QUEIRÓS, JOSÉ MARIA (1845–1900)

Die Reliquie (A Relíquia. Romance de peregrinação e descoberta)

Trotz aller Ausschweifungen gelingt es Teodorico Raposo, seiner Tante, auf deren Erbe er spekuliert, vorzumachen, er wäre ein ehrbarer Christ, indem er eine Pilgerreise unternimmt, von der er seiner Tante eine Reliquie mitbringt, wobei im entscheidenden Augenblick allerdings das Nachthemd seiner Geliebten zum Vorschein kommt und Teodorico von der Tante verjagt wird, um zunächst als Reliquienhändler Geschäfte zu machen, nach einem Dialog mit Jesus Christus allerdings Buchhalter zu werden.

Bester Satz: »Und zum erstenmal, seit über fünfzig Jahren Dürre, löste sich unter Titis dunkler Brille eine Träne und rann ihr über das fratzenhafte Gesicht.«

ECO, UMBERTO (1932)

Der Name der Rose (Il nome della rosa)

Der Mönch William von Baskerville wird während eines einwöchigen Aufenthalts in einem oberitalienischen Kloster in eine Mordserie verwickelt, als deren Täter er den blinden Bibliothekar Jorge ausmacht, welcher das verschollen geglaubte zweite Buch der *Poetik* von Aristoteles als Köder benutzte, um seine Opfer durch Gift zu töten, und, von William ertappt, einen das gesamte Kloster verzehrenden Brand auslöst.

Bester Satz: »Nicht den Sündern wird es vergönnt sein, die Morgenröte des achten Tages zu schauen, wenn sich im Osten eine süße und liebliche Stimme erhebt aus der Mitte des Himmels und jener Engel hervortritt, der da Macht hat über sämtliche anderen heiligen Engel, und wenn alle Engel vordringen werden mit ihm, sitzend auf einem Wolkenwagen, voller Jubel heranbrausend durch die Luft, um zu befreien die Auserwählten, die gläubig geblieben sind bis zuletzt, auf daß sich alle gemeinsam freuen über die glücklich vollbrachte Zerstörung der alten Welt!«

Das Foucaultsche Pendel (Il pendolo di Foucault)

Die Lektoren Belbo, Casaubon und Diotallevi beschäftigen sich beruflich mit okkult-mystischen Schriften und versuchen aus Abenteuerlust, der Weltgeschichte eine Erklärungsformel – die von den Templern bis heute alles erklärt – unterzuschieben, bis sie alle in ein tödliches Komplott verstrickt werden, auf dessen Höhepunkt Casaubon, an seinem Verstand zweifelnd, von seiner Geliebten verlassen, von den Verschwörern unter dem Foucaultschen Pendel hingerichtet wird.

Bester Satz: »Und wo könnte sich der wahre Templer besser verbergen als in der Menge seiner Karikaturen?«

ELLIS, BRET EASTON (1964)

American Psycho (American Psycho)

Aufzeichnungen des Wallstreet-Yuppies Patrick Bateman, dessen Alltag aus Business, Treffen mit auswechselbaren Kollegen und der Jagd nach Oberflächlichkeiten besteht – ein Leben, das Bateman um eine Serie grauenvoller Morde erweitert, bei denen er hauptsächlich attraktive Frauen tötet und zerstückelt, was ihn selbst so zerrüttet, dass er die Wahrheit gesteht, welche jedoch in ihrer Ungeheuerlichkeit niemand ernst nimmt, weswegen Bateman nie gefasst wird.

Bester Satz: »Der Kopf in der Mikrowelle ist jetzt völlig schwarz und haarlos, und ich setze ihn in einem Metalltopf auf dem Herd auf, um alles restliche Fleisch abzukochen, das ich abzuschälen vergessen habe.«

ENQUIST, PER OLOV (1934)

Der Besuch des Leibarztes (Livläkarens besök)

Der dänische König Christian VII. fördert nicht nur die Beziehung seines Leibarztes Johann Friedrich Struensee zur Königin, sondern übergibt ihm de facto die Macht, was Struensee zu einer aufklärerischen Reform nutzt, die Unruhe im absolutistischen Europa hervorruft und schließlich im Eingreifen des konservativen Ove Høegh-Guldberg endet, der für die Hinrichtung Struensees und die Rücknahme aller fortschrittlichen Dekrete sorgt, aber nicht verhindern kann, später selbst durch Christians – eigentlich Struensees – Sohn Friedrich VI. entmachtet zu werden.

Bester Satz: »Er zog das Kind heraus, so empfand er es, er zog sein Kind heraus, und plötzlich war er überwältigt; er hatte schon früher Kinder auf die Welt gebracht, aber dies, aber dies!!!«

ESTERHÁZY, PÉTER (1950)

Harmonia Caelestis (Harmonia Caelestis)

In zwei Teilen berichtet Esterházy zunächst vom erfolgreichen Aufstieg seiner Familie zu einer der mächtigsten Ungarns, anschließend von ihrem plötzlichen Fall im Kommunismus – das alles in einer Unzahl von Geschichten, Anekdoten, Assoziationen und mit einem riesigen Inventar an Figuren.

Bester Satz: »Daß die Mami das Brustfleisch nicht mag, sondern für ihr Leben gern die Flügel und den Bürzel ißt, glaubten wir wiederum keine Sekunde, hier war der Pferdefuß zu offensichtlich (›das Lendenstück vom Pferd ist erstklassiges Fleisch, ein bißchen süßlicher als gewohnt, man muß es ein bißchen stärker würzen, das ist alles‹, erzählte unsere Tante; unsere Mutter rümpfte die Nase), wir wußten, sie tat es für uns, sie war aufopfernd, sie opferte sich für uns auf, und wir fanden das auch in Ordnung so, eine Mutter soll sich aufopfern, wenn wir dann auch irgendwann Mütter sind, werden wir uns auch aufopfern.«

EUGENIDES, JEFFREY (1960)

Middlesex (Middlesex)

Roman über ein griechisches Geschwisterpaar, das heiratet, in den 1920er Jahren in die USA auswandert und pleitegeht; über dessen Sohn Milton, der seine Cousine heiratet und das Restaurant des Vaters mit Erfolg ausbaut; und über Miltons Tochter Calliope, von der sich im 15. Lebensjahr herausstellt, dass sie ein Hermaphrodit mit männlicher Ausrichtung ist, der als Cal mit kurzen Haaren und Anzug wegläuft, in einem bizarren Lokal mit Darbietern körperlich-sexueller Anomalitäten arbeitet und als Erwachsener nach Berlin kommt, wo er die Geschichte seiner Familie und seiner selbst schreibt.

Bester Satz: »Männer und Frauen haben keine Lust mehr, gleich zu sein, sie wollen sich wieder unterscheiden.«

FALDBAKKEN, KNUT (1941)

Ewig Dein (Evig din)

In einem Zeitraum von 30 Jahren zerbrechen die Paare Sigmond/Selma und Harald/Hanna, arrangieren sich neu, lösen sich aber auch in der neuen Konstellation (Sigmond/Hanna, Harald/Selma) wieder auf, einerseits, weil Selma aus der kinderlosen Ehe mit Harald nach Mailand ausbricht, um dort erotisches Neuland zu betreten, andererseits, weil Sigmond seine in der Provinz festsitzende Frau Hanna mit der Studentin Celia betrügt, während Hanna sich revanchiert, bevor alle Konflikte bei der 30-Jahr-Feier des Abiturs in eine Schlägerei zwischen Harald und Sigmond münden und Harald wenig später auf der Fahrt zu Hanna stirbt.

Bester Satz: «Wie sollte er verstehen, daß sich die Frau, die er geheiratet hatte, in eine Fremde verwandelt hatte, in ein beängstigendes, unberechenbares, aggressives Geschöpf, das plötzlich Worte und Ansichten aus einem unbekannten Arsenal holte?»

FALLADA, HANS (1893–1947)

Kleiner Mann – was nun?

In Zeiten wirtschaftlicher Not während der Weimarer Republik heiratet Johannes Pinneberg sein »Lämmchen« Emma Mörschel, verliert deshalb seine Arbeit, findet zwar eine neue, muss aber trotzdem mit Frau und Kind zur zwielichtigen Mutter ziehen, wird wieder entlassen und verwahrlost derart, dass ein Polizist ihn von einem Schaufenster verjagt, weshalb er Depressionen bekommt, die er jedoch bewältigen kann, worauf ihm am Ende nur das Familienglück und die trügerische Hoffnung auf die Besserung seiner Lage durch die Politik bleiben.

Bester Satz: »Das schlimmste ist, daß es weitergeht, immer, immer so weitergeht …, es ist nicht abzusehen.«

FAULKNER, WILLIAM (1897–1962)

Als ich im Sterben lag (As I Lay Dying)

Anse Bundren reist mit seinen vier Söhnen und seiner Tochter nach Jefferson, um seine Frau beerdigen zu lassen, wobei die Reise den Beinahe-Verlust des Sarges mit sich bringt sowie den Versuch des Sohnes Darl, eine Scheune abzubrennen, um den Sarg zu vernichten, außerdem die geheime Abtreibungsabsicht der Tochter Dewey Dell enthüllt und damit endet, dass Bundren sich in Jefferson neue Zähne machen lässt und eine neue Frau sucht.

Bester Satz: »Und wenn ich sie Tag für Tag ansehen mußte, jeder mit seinen oder jede mit ihren heimlichen und selbstsüchtigen Gedanken, und Blut, das sich und mir fremd war und denken mußte, das sei nun der einzige Weg, um mich auf den Tod vorbereiten zu können, so hasste ich meinen Vater dafür, daß er mich gezeugt hatte.«

Licht im August (Light in August)

Lena Grove kommt nach Jefferson, um den Vater ihres ungeborenen Kindes zu treffen, und erfährt die Geschichte von Joe Christmas, dessen zwischen Schwarzen und Weißen zerrissenes Leben nach dem Mord an seiner Geliebten und einer sieben Tage dauernden Flucht im Kugelhagel seiner Verfolger endet, ebenso wie sie vom südstaatlich-konservativen Expfarrer Gail Hightower hört, der zwar die ihn umgebenden Verhältnisse als verbesserungswürdig erachtet, selber jedoch bei der Verbesserung keine tragende Rolle spielen will und Christmas seine Hilfe bei der Flucht versagt.

Bester Satz: »Das Vorwärtskommen ist noch ein Vorwärtskommen, doch jetzt lässt es sich nicht mehr von dem zu allerletzt Vergangenheit Gewordenen unterscheiden, das den bereits befahrenen Sandkörnern gleicht; sie haften ein Weilchen an dem sich drehenden Rad und tropfen mit einem trockenen Zischlaut zurück, der ihn schon längst hätte warnen sollen: ›… meiner Frau meinen Hunger offenbart, mein Ich … Werkzeug ihrer

Verzweiflung und Schande ...‹ und ohne daß er ihn überhaupt gedacht hat, scheint ein Satz fix und fertig quer in seinem Schädel, hinter seinen Augen, zu stehen: Ich will das nicht denken.«

FAUSER, JÖRG (1944–1987)

Rohstoff

Abgebrannt und opiumsüchtig beginnt der Ich-Erzähler Harry Gelb in Istanbul zu schreiben, geht nach Deutschland zurück, verfällt immer wieder seiner Sucht, probiert sich in den unterschiedlichsten Berufen, schreibt weiter, veröffentlicht wenig, scheitert beim Versuch, in der ihm zunehmend verhaßten linken Kulturszene Fuß zu fassen, beginnt zu trinken, reißt sich wieder zusammen, um zu arbeiten und zu schreiben, veröffentlicht einen Roman und bleibt doch überall fremd: in der Kulturszene, unter Arbeitern, unter Bürgerlichen wie Nicht-Bürgerlichen.

Bester Satz: »Die Damen der linken Schickeria kamen her, um sich ihren Asozialen für die Nacht zu suchen, und ihre Männer, die tagsüber in der Robe oder im Nadelstreif das System bekriegten, indem sie nicht genug davon kriegen konnten, bezogen Samstag nacht im Kolbheim ihren Adrenalinstoß, wenn sie mit schneidender Stimme Maos Diktum von der Macht, die aus den Gewehrläufen kommt, untermauerten und dabei mit begehrlichen Blicken Palästinenser, Vietnamesinnen oder entlaufene Fürsorgezöglinge umgarnten.«

FEUCHTWANGER, LION (1884–1958)

Jud Süß

Herzog Karl Alexander von Württemberg beutet nach absolutistischem Modell sein Land aus, wobei ihm sein Finanzrat Josef Süß Oppenheimer so lange hilft, bis Süß' Tochter den Nachstellungen des Herzogs nur durch Selbstmord entkommen kann, worauf Süß die vom Herzog geplante katholische Militärdiktatur an das Parlament verrät, der Herzog einem Schlaganfall erliegt, Süß sich bewusst seinem Judentum zuwendet und sich bereitwillig als Sündenbock hinrichten lässt, nachdem er das Angebot einer rettenden Konversion zum Christentum ausgeschlagen hat.

Bester Satz: «Aber sie, die Gewaltlosen, hatten der Welt ihr Gesicht gegeben.»

FICHTE, HUBERT (1935–1986)

Die Palette

Jäcki versucht einen Artikel über das Hamburger Szenelokal »Palette« zu schreiben, der mehr und mehr zu einem Roman ausufert, alle wichtigen Gäste des Lokals vorstellend, die wiederum über andere Gäste sprechen, thematisch eingehend auf Sexualität, Drogenkonsum, Armut, Kriminalität, dazu aber auch Überlegungen zu Kunst und Literatur anstellend und Fichtes eigene Gedanken und Erlebnisse einbringend.

Bester Satz: »Als Jäcki Barbara, deren Namen er nicht weiß, unter dem Schaum, in schwarzen Hosen, schwarzer Lederjacke, mit schwarzen Haaren, schwarzen Augen, Barbara unbeweglich unter der Bierfontäne, Barbara mit dem an der Tapetenleiste entlanggestreckten Arm, Barbara mit den Extralippen, Barbara nicht mehr ansehen kann, weil zuviel Bewegung wegen Igor entsteht, kuckt Jäcki zu Jürgen.«

FIELDING, HENRY (1707–1754)

Tom Jones. Die Geschichte eines Findelkinds (The History of Tom Jones, A Foundling)

In seinem Bett findet Squire Allworthy einen Säugling, den er Tom Jones nennt und an Sohnes Statt aufnimmt, aber später aufgrund einer Intrige seines Neffen verjagt, was Tom in eine lange Reihe teilweise amouröser Abenteuer – immer auf der Suche nach seiner geliebten Sophia – stürzt und schließlich sogar fast am Galgen enden lässt, als sich allerdings herausstellt, dass Tom in Wahrheit Allworthys Neffe ist.

Bester Satz: »Gute Geschichten zu erdenken und sie gut zu erzählen sind vielleicht seltene Talente, und doch habe ich nur wenige Leute gefunden, die Bedenken gehabt hätten, beides zu wollen; und wenn wir die Liebesgeschichten und Romane, von denen es auf der Welt nur so wimmelt, daraufhin untersuchen, so glaube ich, wir dürfen durchaus folgern, daß die meisten Autoren nicht versucht hätten, ihre Zähne (wenn mir der Ausdruck gestattet ist) auf irgendeinem anderen schriftstellerischen Gebiet zu zeigen, und überhaupt nicht in der Lage gewesen wären, über irgendein anderes Thema ein Dutzend zusammenhängender Sätze zu schreiben.«

FITZGERALD, F. SCOTT (1896–1940)

Der große Gatsby (The Great Gatsby)

Auf dunklen Wegen ist der aus der Provinz stammende Jay Gatsby zu Reichtum gekommen, jetzt will er seine frühere Liebe Daisy Fay, die inzwischen verheiratet ist, zurückerobern, was eine Kette von Ereignissen auslöst, die Daisys Mann dazu benützt, den Mann seiner Geliebten glauben zu machen, es wäre Gatsby gewesen, der seine Frau überfahren hat – worauf dieser den unschuldigen Gatsby erschießt und Selbstmord begeht.

Bester Satz: »Wenn allerdings Persönlichkeit nur eine ununterbrochene Kette großartiger Gesten ist, dann ging von ihm etwas Strahlendes aus, eine hochgradige Empfindlichkeit für die Verheißungen des Lebens, als hätte er Kontakt mit einem jener verzwickten Instrumente, die auf zehntausend Meilen ein Erdbeben registrieren.«

FLAUBERT, GUSTAVE (1821–1880)

Madame Bovary
(Madame Bovary. Mœurs de province)

Der arbeitsame, stumpfsinnige Landarzt Charles Bovary heiratet in zweiter Ehe die junge Emma, die immer auf der Suche nach dem rauschenden Leben ist, das ihr von romantischen Liebesromanen verheißen wurde, weshalb sie sich in eine Affäre mit dem wohlhabenden Rodolphe stürzt, von dem sie kaltherzig fallengelassen wird, dann ein Verhältnis mit ihrem früheren Schwarm Léon beginnt, das sie bald langweilt, und schließlich – bedroht von den finanziellen Forderungen des Wucherers Lheureux, bei dem sie sich durch den Kauf von teurer Mode rettungslos verschuldet hat, und enttäuscht von ihrem mediokren Provinzleben ohne die wahre romantische Liebe – den einzigen Ausweg im qualvollen Selbstmord durch Arsen sieht.

Bester Satz: »Er glaubte, sie sei glücklich; und sie ärgerte sich über ihn wegen dieser unerschütterlichen Ruhe, dieser heiteren Schwerfälligkeit und selbst wegen des Glückes, das sie ihm schenkte.«

Lehrjahre des Gefühls. Geschichte eines jungen Mannes
(L'Education sentimentale. Histoire d'un jeune homme)

Der Student Frédéric Moreau verliebt sich auf der Fahrt nach Paris, wo er sein Jurastudium aufnehmen will, in die verheiratete Madame Arnoux, geht aber in den folgenden Jahren aus Feigheit nie ein Verhältnis mit ihr ein, flüchtet in eine kurze Affäre mit der Kurtisane Rosanette, während die Revolution ausbricht, reist eilends in seinen Heimatort in der Provinz, wo er seine Jugendliebe Louise heiraten möchte, die jedoch bereits die Frau von seinem Freund Deslauriers geworden ist, um 20 Jahre später Madame Arnoux erneut zu treffen, desillusioniert und im Bewusstsein, das Glück seines Lebens verpasst zu haben.

Bester Satz: »Ihre Gestalt, jede kleinste Bewegung von Ihnen schienen mir eine übermenschliche Bedeutung zu haben.«

FOER, JONATHAN SAFRAN (1977)

Alles ist erleuchtet (Everything is Enlightened)

Um die Vergangenheit seines ukrainischen Großvaters und des Dorfes Trachimbrod zu erforschen, fährt der Jude Jonathan in die Ukraine und sucht mit Hilfe des nur schlecht Englisch sprechenden Alex und dessen Großvater nach Hinweisen, bis sie herausfinden, dass Trachimbrod im Zweiten Weltkrieg von den Deutschen ausgelöscht wurde und Alex' Großvater die Schuld an der Ermordung des Juden Herschel trägt, woraufhin Jonathan einen Roman über Trachimbrod und Alex einen Reisebericht schreibt und die beiden das Geschriebene kapitelweise einander zusenden.

Bester Satz: »Zoscha schrie vor Angst, Angst vor der körperlichen Liebe, vor dem Krieg, vor der nicht-körperlichen Liebe, vor dem Sterben, während mein Großvater erfüllt war von einer gewaltigen koitalen Energie, und als die sich entlud – KA-BUUUUUUUMM! KA-BUUUUUUU-UUUUUUUUUUUUUMM! KA-KA-KA-KA-KA-KA-BUUUUUU-UUUUUUUUUUUUUUUUUUUUUUUMM! –, als er am Rand des zivilisierten Menschseins in den Abgrund, in den freien Fall unverfälschter animalischer Verzückung stürzte und in sieben endlosen Sekunden die mittlerweile über 2700 bedeutungslosen Liebesakte mehr als wettmachte, als er sich in einer unaufhaltsamen Flutwelle in Zoscha ergoss und ein Licht ins Universum sandte, das stark genug war, um die Deutschen, wäre es nicht gestreut und verschwendet, sondern gebündelt und genutzt worden, vernichtend zu schlagen, fragte er sich, ob eine der deutschen Bomben vielleicht das Ehebett getroffen, sich wie ein Keil zwischen den bebenden Körper seiner frisch angetrauten Frau und seinen eigenen gezwängt und Trachimbrod ausgelöscht hatte.«

FONTANE, THEODOR (1819–1898)

Effi Briest

20 Jahre jünger als ihr karrierebewusster Mann und in der Provinz innerlich vereinsamt, geht Effi ein Verhältnis mit dem Bezirkskommandanten Crampas ein, das sie gern löst, als ihr Mann nach Berlin versetzt wird, wo die Ehe jahrelang harmonisch verläuft, bis Effis Mann Crampas' Liebesbriefe findet, Crampas aus gesellschaftlichen Gründen zum Duell fordert, ihn dabei tötet und Effi verstößt, die nach einigen Jahren der Armut – im Bewusstsein, dass ihr Mann richtig gehandelt habe – auf dem Gut ihrer Eltern stirbt.

Bester Satz: »Also noch einmal, nichts von Haß oder dergleichen, und um eines Glückes willen, das mir genommen wurde, mag ich nicht Blut an den Händen haben; aber jenes, wenn Sie wollen, uns tyrannisierende Gesellschafts-Etwas, das fragt nicht nach Charme und nicht nach Liebe und nicht nach Verjährung.«

Der Stechlin

»Zum Schluß stirbt ein Alter und zwei Junge heiraten sich; – das ist so ziemlich alles, was auf 500 Seiten geschieht.« *

Bester Satz: »Alle Worte, die von Herzen kommen, sind gute Worte, und wenn sie mir helfen (und sie helfen mir), so frag ich nicht viel danach, ob es sogenannte ›richtige‹ Worte sind oder nicht.«

FORD, RICHARD (1944)

Unabhängigkeitstag (Independence Day)

Der frühere Sportreporter und jetzige Makler Frank Bascombe verbringt ein Wochenende mit seinem zwölfjährigen Sohn Paul, um he-

---

* Fontane in einem Briefentwurf an Adolf Hofmann, 1897.

rauszufinden, warum der Junge durch Diebstähle auf die schiefe Bahn zu geraten droht, fährt mit ihm zur Baseball- und zur Basketball Hall of Fame, muss erleben, wie Paul durch Fahrlässigkeit fast ein Auge verliert, und erkennen, dass er die Isolation um seinen Sohn nicht durchbrechen kann, während er andererseits einen schwierigen geschäftlichen Abschluss tätigt, seiner Exfrau näher kommt und am Ende optimistisch in die Zukunft blickt.

Bester Satz: »Es könne, sagte sie, mit dem allmählichen Heraustreten aus meiner Existenzperiode zu tun haben, die sie tatsächlich als ›eine bloße Simulation von Leben‹ bezeichnete, eine Art ›instinktiver Selbstisolierung, die nicht von Dauer sein konnte‹; ich sei wahrscheinlich schon jetzt mitten in einer ›neuen Epoche‹, möglicherweise einer ›permanenteren Periode‹, und darüber sei sie froh, da dies für mich als Person Gutes bedeute, selbst wenn wir zwei nicht zusammenkommen sollten (was durchaus im Bereich des Möglichen lag, da sie ja nicht wußte, was ich mit Liebe meinte, und dem wahrscheinlich sowieso nicht trauen würde).«

FORSTER, E. M. (1879–1970)

Auf der Suche nach Indien (A Passage to India)

Mrs. Quested und Mrs. Moore versuchen die gesellschaftliche Trennung zwischen Indern und Engländern im kolonialistischen Indien aufzuheben, was aber nach einer Reihe von Missverständnissen dazu führt, dass Mrs. Quested behauptet, der Inder Aziz hätte versucht, sie sexuell zu belästigen, woraufhin auf beiden Seiten eine Hysterie ausbricht, die auch kein Ende nimmt, als die ihrer Eindrücke nicht mehr sichere Mrs. Quested ihre Behauptung zurückzieht und die Anklage fallen gelassen wird.

Bester Satz: »Aber in Indien ist nie etwas genau zu benennen.«

FRAME, JANET (1924–2004)

Wenn Eulen schrein (Owls Do Cry)

Düstere Geschichte um die neuseeländische Familie Withers, in der die einzige gesunde Tochter von ihrem Mann ermordet wird, eine zweite Tochter ihren Verbrennungen erliegt, der epileptische Sohn sich vorübergehend in die Gesellschaft eingliedern kann, aber als Landstreicher endet, und nur die geistig gestörte Tochter Daphne nach einer Gehirnoperation imstande ist, als Schneiderin ihren Unterhalt zu verdienen.

Bester Satz: »Bald nach Weihnachten fand das traditionelle Picknick statt; Weihnachten war eben begraben worden, das Grab aufgefüllt, und niemand war mehr im Freien und ging in der Sonne oder im Dunkeln spazieren, um zu entdecken, daß der Stein davongerollt war.«

FRANCE, ANATOLE (1844–1924)

Die Götter dürsten (Les dieux ont soif)

Unmittelbar nach der Französischen Revolution wird aus dem durchschnittlich talentierten Maler Évariste Gamelin ein erfolgreicher Jakobiner, der Robespierre folgt und als Geschworener des Revolutionstribunals Todesurteil um Todesurteil fällt, bis er selbst einen Tag nach Robespierre hingerichtet wird und plötzlich eine neue Phase des Luxus das Ideal des Asketismus und der Rationalität ersetzt – eine Umstellung, die Gamelins Freundin Elodie Blaise, welche schon bald einen neuen Mann findet, mühelos vollzieht.

Bester Satz: »Ich schonte das Blut anderer; möge das meine fließen!«

FRANZEN, JONATHAN (1959)

Die Korrekturen (The Corrections)

Enid Lambert versammelt ihre Kinder Denise, Chip und Gary zu einem letzten gemeinsamen Weihnachtsfest vor dem Tod des an Parkinson erkrankten tyrannischen Familienvaters Al, wobei nach und nach die Lebensgeschichten der Kinder erzählt werden – die geschiedene Denise wird Starköchin; Chip ruiniert durch eine Affäre mit einer Studentin seine akademische Karriere und stürzt sich in ein wirtschaftskriminelles Abenteuer in Litauen; Gary führt mit seiner Karriere als Portfoliomanager als Einziger scheinbar die bürgerliche Familientradition fort, wird aber von seiner reichen Frau unterdrückt – und klar wird, dass nichts mehr korrigiert werden kann.

Bester Satz: »Schön, mach nur weiter so, dachte Gary auf dem Weg zum Auto, fixier dich auf die, die nicht da sind, und setz alle anderen unter Druck.«

FREYTAG, GUSTAV (1816–1895)

Soll und Haben

In dem Beamtensohn Anton Wohlfahrt und dem Sohn armer Juden Veitel Itzig werden zwei unterschiedliche Lebenswege gezeichnet, die sich mehrmals kreuzen, wobei der von Anton durch Fleiß und Anstand zu Besitz, Wohlstand und Eheglück führt, der von Veitel über dubiose Geschäfte, Habgier und Rücksichtslosigkeit zum eigenen Ruin und zum Unglück anderer.

Bester Satz: »Wenn aber ein Geschäftsmann sich noch mehr stören läßt, als nötig ist, so begeht er ein Unrecht gegen die Zivilisation, ein Unrecht, das gar nicht wiedergutzumachen ist.«

FRISCH, MAX (1911–1991)

Stiller

Der in U-Haft sitzende vermeintliche Amerikaner Jim Larkin White verfasst einen Bericht über den Lebenslauf des Bildhauers Anatol Ludwig Stiller, der mit ihm identisch sein soll, über das Scheitern als Künstler, das Engagement im Spanischen Bürgerkrieg, das Zusammenbrechen seiner Ehe und seinen erfolglosen Befreiungsversuch durch Auswanderung in die USA, bis White akzeptieren muss, dass er tatsächlich Stiller ist.

Bester Satz: »Ich soll mein Leben niederschreiben! wohl um zu beweisen, daß ich eines habe, ein anderes als das Leben ihres verschollenen Herrn Stiller.«

Homo Faber. Ein Bericht

Am Anfang des Romans von totaler Rationalität durchdrungen, muss der 50-jährige, unheilbar krebskranke Walter Faber am Ende einsehen, dass er weniger Kontrolle über den Lauf der Dinge hat, als ihm lieb wäre, und dass auch er Schuld trägt an dem Zerbrechen seiner früheren Beziehung zu Hannah und dem Tod der gemeinsamen Tochter Sabeth, mit der er im Laufe der Geschichte – ohne ihre Identität zu kennen – ein Verhältnis eingeht und die er noch heiraten will, als er bereits um die Verwandtschaftsbeziehung weiß, bevor Sabeths Tod durch einen Schlangenbiss dieses Vorhaben vereitelt.

Bester Satz: »Das Wahrscheinliche (daß bei 6 000 000 000 Würfen mit einem regelmäßigen Sechserwürfel annähernd 1 000 000 000 Einser vorkommen) und das Unwahrscheinliche (daß bei 6 Würfen mit demselben Würfel einmal 6 Einser vorkommen) unterscheiden sich nicht dem Wesen nach, sondern nur der Häufigkeit nach, wobei das Häufigere von vornherein als glaubwürdiger erscheint.«

FUENTES, CARLOS (1928)

Terra nostra (Terra nostra)

Kaum zusammenfassbare Sammlung von zahlreichen Handlungen, die einerseits im Spanien des 16. Jahrhunderts, andererseits im zukünftigen Paris von 1999 spielen, zusammengetragen von unterschiedlichsten Erzählern und verwoben mit dem Auftauchen von Figuren der spanischen Literatur wie Don Juan, Don Quijote oder Celestina, wobei im Mittelpunkt der tyrannische Regent Don Felipe steht, der die Entdeckung der Neuen Welt nicht zur Kenntnis nimmt.

Bester Satz: »Ungeheuerlich das erste Wirbeltier, dem es gelang, sich auf zwei Füße zu stellen und so Schrecken zu verbreiten unter den normalen Wesen, die noch in froher Erdnähe im Urschlamm krochen.«

GAARDER, JOSTEIN (1952)

Sofies Welt. Roman über die Geschichte der Philosophie (Sofies verden)

Mit 14 Jahren beginnt Sofie Amundsen Briefe von einem ihr unbekannten Mann namens Alberto Knox zu erhalten, in denen sie zum Nachdenken über philosophische Probleme angeregt wird, bis sie nicht nur ihre Umwelt nicht mehr als selbstverständlich wahrnimmt, sondern außerdem darauf kommt, dass sie die Hauptfigur eines Buches ist, das ein UN-Major seiner Tochter Hilde zum Geburtstag schreibt, woraufhin Sofie mit Alberto zu fliehen versucht und das Haus des Majors erreicht, wo Hilde gerade das Buch fertig gelesen hat und es schafft, Sofie und Alberto als eigenständige Personen weiter existieren zu lassen.

Bester Satz: »Wenn der Mond von derselben Kraft um die Erde gezogen würde, die den Apfel zu Fall bringt, dann würde der Mond schließlich auf die Erde fallen, statt wie eine Katze um den heißen Brei zu schleichen.«

GADDA, CARLO EMILIO (1893–1973)

Die gräßliche Bescherung in der Via Merulana
(Quer pasticciaccio brutto de via Merulana)

Zwei kurz hintereinander verübte Verbrechen – ein Juwelendiebstahl und ein Mord – in der Via Merulana rufen den intelligenten Kriminalkommissar Dr. Francesco Ingravallo auf den Plan, der sich jedoch immer tiefer und rettungsloser in die wahrscheinlich zusammenhängenden Fälle verstrickt, Hunderte Personen verhört, ohne wesentlich weiterzukommen, und einsieht, dass er dem Strudel der Ursachen gegenüber machtlos ist.

Bester Satz: »Das Übel, so deuchte es die beiden im grauen Rock, schien es wirklich zu geben: schien die Tage und Ereignisse auszubrüten: von jeher: stumme Macht oder Gegenwart in einem Pandämonismus des Landes, der Erde, unter Himmeln und Wolken, die anderes nicht tun konnten als zusehen oder fliehen.«

GADDIS, WILLIAM (1922–1998)

J R (J R)

Der erst zwölfjährige J R gründet ein Finanzimperium, dessen Zusammenbruch seinen Musiklehrer Edward Bast, seine Schule, den Gouverneur, den Staatssekretär und eine Gruppe von Künstlern, die durch Bast verbunden sind, in den Abgrund reißt.

Bester Satz: »Und das einzige, was man tun kann, die einzig mögliche Reaktion besteht dann darin, den ganzen Zusammenhang zu verändern, fast wie in einem, manchmal ist das wie ein kleines Theaterstück, das sich in meinem Kopf abspult, Amy, du bist so, einfach so scheißelegant, überall, wo wir heute waren, diese Scheißzuvorkommenheit, in der Bank hätten sie dir am liebsten die Füße geküsst, und erst die Frau bei Bergdorf's, und ich bin mir vorgekommen wie …«

Das mechanische Klavier (Agapē, Agape)

Der Monolog eines sterbenden Schriftstellers vor einem kaum greifbaren männlichen Zuhörer über das Scheitern seines Lebens, sein nie begonnenes Werk über den Siegeszug der mechanischen Klaviere in den USA, das Ausgegrenztsein als Künstler und die verzweifelte Suche nach dem Anderen, dem verlorenen Doppelgänger.

Bester Satz: »Weil nicht sein kann, was nicht sein darf, liegt Rettung nur im Leugnen.«

GAO XINGJIAN (1940)

Der Berg der Seele (Lingshan)

Die Erkenntnis, doch nicht todkrank zu sein, und die Furcht vor politischer Umerziehung lassen den Ich-Erzähler Li den Berg der Seele suchen, den Lingshan, von dem sich herausstellt, dass er nur eine Metapher ist, doch erfährt Li auf der monatelangen Reise, auf der er auch über kulturelle und religiöse Traditionen forscht und meist mit Misstrauen und Desinteresse konfrontiert wird, über sich selbst, dass er nie am selben Ort bleiben möchte und einsam leben wird.

Bester Satz: »Ich weiß nicht, dass ich nichts verstehe, ich meine noch immer, alles zu verstehen.«

GARCÍA MÁRQUEZ, GABRIEL (1928)

Hundert Jahre Einsamkeit (Cien años de soledad)

Kaum überschaubare, 100 Jahre umfassende Chronik der Familie Buendía und des von ihr gegründeten Ortes Macondo, geprägt durch fantastische Gestalten wie die über 100 Jahre alte Urmutter Ursula oder Oberst Aureliano Buendía, der mit 17 Frauen 17 Söhne zeugt, kulminierend in der Geschichte des letzten Aureliano, der die bereits von einem Zigeuner schriftlich vorhergesagte Geschichte seiner Familie liest und stirbt, als er bei seiner unmittelbaren Gegenwart anlangt.

Bester Satz: »Von Jugend an, als er sich seiner Vorahnungen bewußt zu werden begann, dachte er, der Tod müsse sich mit einem bestimmten, unmißverständlichen, unwiderruflichen Zeichen ankündigen, doch nun fehlten nur wenige Stunden bis zu seinem Tod, und das Zeichen wollte sich nicht einstellen.«

Chronik eines angekündigten Todes (Crónica de una muerte anunciada)

Nachdem der Bräutigam Bayardo San Róman in der Hochzeitsnacht die versehrte Jungfräulichkeit seiner Braut Angela Vicario entdeckt hat, gibt diese Santiago Nasar als früheren Geliebten an, woraufhin Angelas Brüder beschließen, Nasar umzubringen, was auch geschieht, da zwar das ganze Dorf von dem tödlichen Vorhaben weiß, sich aber niemand findet, der den wahrscheinlich unschuldigen Nasar warnt.

Bester Satz: »Santiago Nasar stand noch eine Sekunde an die Tür gelehnt, bis er seine eigenen Weichteile in der Sonne sah, sauber und blau, und brach dann in die Knie.«

GENET, JEAN (1910–1986)

Querelle (Querelle de Brest)

Kaum auf eine Handlung im herkömmlichen Sinne abzielende Darstellung der Themenverknüpfung Religion-Verbrechen-Homosexualität, in deren Mittelpunkt der homosexuelle Matrose Querelle, der heimlich in ihn verliebte Offizier und Vorgesetzte Seblon, Querelles Bruder Robert, dessen Erhalterin, die Bordellbesitzerin Lysiane, ihr Mann Nono und der Maurer Gil stehen, der aus Hass tötet und von dem amoralischen Querelle an die Polizei verraten wird.

Bester Satz: »Es gibt eine männliche Passivität (so ausgeprägt oft, daß man die Männlichkeit durch die Gleichgültigkeit Huldigungen gegenüber und durch das entspannte Warten des Körpers darauf, daß man ihm die Lust gebe oder sie von ihm nehme, charakterisieren ließe), die aus dem, der sich ablecken läßt, ein weniger kreatives Wesen macht, als der ist, der selber einen anderen ableckt, so wie der Erstgenannte seinerseits passiv wird, wenn er sich vögeln läßt.«

GIDE, ANDRÉ (1869–1951)

Die Falschmünzer (Les faux-monnayeurs)

Vielschichtiger Roman, der einerseits aus dem Tagebuch des Schriftstellers Édouard besteht, in dem Reflexionen zum Roman und Pläne zu einem nicht gelingenden Romanprojekt mit dem Titel *Die Falschmünzer* vorherrschen, andererseits die Erlebnisse der Schüler Bernard Profitendieu, Olivier Molinier und Lucien Bercail wiedergibt, die versuchen, sich von ihren Familientraditionen zu lösen, wobei sich herausstellt, dass die großbürgerlichen Ideale wie Geld (es kommt zu Fälschungen), Familie (Bernard erkennt, dass sein Vater nicht sein wahrer Vater ist) oder Sprache ohnehin keine Sicherheit bieten können.

Bester Satz: »»Ja, ich glaube, darin bin ich am aufrichtigsten: in meinem Widerwillen, meinem Haß gegen alles, was man Tugend nennt.‹«

GINZBURG, NATALIA (1916–1991)

Familienlexikon (Lessico famigliare)

Von Ginzburgs Familie ausgehende autobiografische Aufzeichnungen in Form von Einzelporträts, Anekdoten und Schilderungen disparater Ereignisse, die sich mit Ginzburgs Kindheit, dem Ausgestoßensein ihrer jüdisch-sozialistischen Familie während des Zweiten Weltkriegs und den Opfern des Widerstands – darunter auch Ginzburgs Mann Leone – beschäftigen.

Bester Satz: »Die Dinge, die mein Vater schätzte und achtete, waren: der Sozialismus, England, die Romane von Zola, die Rockefeller-Stiftung und die Bergführer des Aostatals.«

GLAUSER, FRIEDRICH (1896–1938)

Wachtmeister Studer

Die Aufklärung des Mordes an dem Vertreter Witschi in einem durchschnittlichen Schweizer Dorf lässt Studer bald erkennen, dass der Hauptverdächtige unschuldig ist und nur einer der angesehensten Bürger des Dorfes als Täter in Frage kommt; wobei Studer durch seine Ermittlungen in Konflikt mit seinen Vorgesetzten gerät, die von Ängsten und Abhängigkeiten charakterisierten Beziehungen zwischen den Dorfbewohnern aufdeckt und nach dem Selbstmord des wahren Täters das Ergebnis seiner Untersuchung für sich behält.

Bester Satz: »Witschi hatte Selbstmord begangen, das würde zu beweisen sein, leicht zu beweisen sein, der Untersuchungsrichter war überzeugt, Schlumpf kam frei – die Familie Witschi würde ihr Haus verkaufen müssen, die alte Frau würde weiter im Kiosk sitzen und Romane lesen, der Armin würde die Saaltochter heiraten und eine Wirtschaft kaufen, und Sonja?«

GOETHE, JOHANN WOLFGANG VON (1749–1832)

Die Leiden des jungen Werther

Werther lebt allein auf dem Land, seiner Malerei, der Natur und der Dichtung hingegeben, und verliebt sich in Charlotte, die seine Gefühle erwidert, aber bereits mit Albert verlobt ist, weshalb Werther abreist, sich als Delegationsmitglied eines Adligen versucht und enttäuscht zurückkehrt, nur um schließlich, nachdem Lotte in einem letzten Gespräch sich ihm zwar verbunden gezeigt, ihn aber zurückgewiesen hat, seinem Leben ein Ende zu setzen.

Bester Satz: »Ich werde sie sehen! ruf ich morgens aus, wenn ich mich ermuntere und mit aller Heiterkeit der schönen Sonne entgegenblicke; ich werde sie sehen!«

Wilhelm Meisters Lehrjahre

In diesem klassischen Bildungs- und Entwicklungsroman verliebt sich der Bürgersohn Wilhelm Meister in die ihn betrügende Schauspielerin Mariane – die ihm, was er erst später erfährt, den Sohn Felix schenkt –, schließt sich einer Schauspieltruppe an, verliebt sich in eine Gräfin, begeistert sich durch diese für Shakespeare, triumphiert als Hamlet, bevor seine Truppe durch einen Brand ruiniert wird, lernt Lothario kennen, den ehemaligen Geliebten seiner Schwester, der ihn in der undurchsichtigen »Turmgesellschaft« zu einem nützlichen Leben bewegt, und findet schließlich in Natalie auch die passende Frau dazu.

Bester Satz: »Nichts ist rührender, als wenn eine Liebe, die sich im stillen genährt, eine Treue, die sich im verborgenen befestigt hat, endlich dem, der ihrer bisher nicht wert gewesen, zur rechten Stunde nahe kommt und ihm offenbar wird.«

Wilhelm Meisters Wanderjahre oder die Entsagenden

Wilhelm wandert mit seinem Sohn Felix umher, wobei er sich nicht länger als drei Tage an einem Ort aufhalten darf, wird in die Familienwirrnisse um Lenardo verwickelt, spürt für diesen die Gutsbesitzertochter Nachodine auf und gibt seinen Sohn in die Obhut des »Pädagogischen Staates«, um bald darauf von seinem Gelübde befreit zu werden, das Handwerk des Wundarztes zu erlernen und mit seinen nach und nach eintreffenden Freunden, Felix und seiner Frau Natalie in die USA auszuwandern.

Bester Satz: »Um zu begreifen, daß der Himmel überall blau ist, braucht man nicht um die Welt zu reisen.«

Die Wahlverwandtschaften

Eduard und seine Jugendliebe Charlotte leben glücklich zusammen, bis Eduard seinen Freund, den Hauptmann, aufs Schloss kommen lässt, während Charlotte ihre Nichte Ottilie einlädt, woraufhin Eduard sich in Ottilie verliebt und mit ihr eine Beziehung eingeht, Charlotte sich zwar auch in den Hauptmann verliebt, jedoch standhaft bleibt, und die Beziehungen der Beteiligten in die Katastrophe münden, als durch Ottilies Schuld das Kind von Charlotte und Eduard ertrinkt, Ottilie sich deshalb einem asketischen Leben im Zeichen der Nächstenliebe zuwendet, das sie in den Tod treibt, und Eduard ebenfalls kurz darauf stirbt.

Bester Satz: »Einer von meinen Freunden, dessen gute Laune sich meist in Vorschlägen zu neuen Gesetzen hervortat, behauptete: eine jede Ehe solle nur auf fünf Jahre geschlossen werden.«

GOGOL, NIKOLAJ (1809–1852)

Die toten Seelen (Mërtvye duši)

Erster Teil einer unvollendeten Romantrilogie über den Kollegienrat Tschitschikow, der die Seelen verstorbener Leibeigener aufkauft und deshalb durch die russische Provinz reist, wo er die groteskesten Charaktere trifft, die auf unterschiedlichste Weise auf seine Kaufabsicht reagieren, welche letztlich nur den Zweck hat, mit den auf den offiziellen Steuerlisten immer noch geführten Toten bei Banken hohe Summen auf Pfand zu erwerben.

Bester Satz: »Schließlich kamen sie überein, endgültige Beschlüsse über diesen Gegenstand zu fassen oder sich wenigstens darüber zu einigen, was zu tun sei, welche Maßnahmen ergriffen werden sollten und was für ein Mensch Tschitschikow eigentlich sei: einer, den man als unzuverlässige und zweifelhafte Persönlichkeit festnehmen und hinter Schloß und Riegel setzen solle, oder einer, der umgekehrt sie selbst, nämlich die Beamten, als unzuverlässige und zweifelhafte Persönlichkeiten festnehmen und hinter Schloß und Riegel setzen könne.«

GOLDING, WILLIAM (1911–1993)

Herr der Fliegen (Lord of the Flies)

Gestrandet auf einer Insel fühlt sich eine Gruppe von englischen Schuljungen zunächst frei, zerfällt jedoch bald in eine Partei unter dem rationalistisch-demokratischen Ralph und eine zweite unter dem zunehmend seine zerstörerischen Triebe auslebenden Jack, der für die Ermordung zweier Jungen verantwortlich ist und eine Jagd auf Ralph anzettelt, die durch das plötzliche Auftauchen eines Marineoffiziers, der die vermissten Jungen suchen soll, beendet wird.

Bester Satz: »Sie waren schwarz und schillernd grün und ohne Zahl; und vor Simon hing der Herr der Fliegen auf seinem Stock und grinste.«

GOLDSMITH, OLIVER (1728–1774)

Der Vikar von Wakefield (The Vicar of Wakefield. A Tale. Supposed to Be Written by Himself)

Der Pfarrer Dr. Primrose steht vor dem Ruin, muss hinnehmen, dass seine Tochter sich mit dem betrügerischen Landadligen Thornhill einlässt, verliert sein Haus durch einen Brand, geht seiner zweiten Tochter verlustig, die von Thornhill entführt wird, und steht der Anklage seines Sohnes wegen Mordes ohnmächtig gegenüber, die Thornhill verhängt, nachdem er von Primroses Sohn zum Duell gefordert worden war – als Gott sei Dank Thornhills Onkel auftaucht und ein Happy End ermöglicht.

Bester Satz: »Ich war schon immer der Meinung, daß der rechtschaffene Mann, der heiratet und eine Schar Kinder aufzieht, mehr nütze als der Junggeselle, der nur davon redet.«

92

GOMBROWICZ, WITOLD (1904–1969)

Ferdydurke (Ferdydurke)

»Tagebuch aus der Epoche der Reifung« ist das Buch, das Jozio geschrieben hat und dessen Kritiker ihm mangelnde Reife vorwerfen, woraufhin Jozio sich in sein altes 17-jähriges Ich verwandelt, das erneut in der Schule unterdrückt und von einer perfekten Familie tyrannisiert wird, mit einem Freund aufs Land flieht, eine Bauernrevolte auslöst und nur entkommt, weil er seiner Cousine Zosia vormacht, sie aus Liebe entführen zu wollen, was Zosia in Liebe zu ihrem Cousin entbrennen lässt, der sich ihr aus Schwäche nicht entziehen kann.

Bester Satz: »Und mir fehlten die Kräfte, der Traum befiel die Wirklichkeit, und ich konnte nicht – ich mußte mit meiner Fresse ihre Fresse küssen, denn sie küßte mit ihrer Fresse meine Fresse.«

GONTSCHAROW, IWAN A. (1812–1891)

Oblomow (Oblomow)

Untätig verbringt der wohlhabende Oblomow sein Leben größtenteils im Bett, wird aber durch seinen Freund Stolz aus seiner Trägheit gerissen, verliebt sich in Olga Iljinskaja, die versucht, ihn in einen tätigen Menschen zu verwandeln, jedoch dabei scheitert, Stolz heiratet und Oblomow so in sein früheres Leben zurücktreibt, das nur durch die Ehe mit einer gutmütigen Wirtin verändert wird und einen frühen Tod für ihn bereithält.

Bester Satz: »Nachdem er lange vergeblich nach dem feindlichen Prinzip gefragt hatte, das ihn daran hinderte, so zu leben, wie es sich gehörte und wie die anderen lebten, seufzte er, schloß die Augen, und nach wenigen Augenblicken begann die Schläfrigkeit seine Gefühle wiederum zu lähmen.«

GORKI, MAXIM (1868–1936)

Die Mutter (Mat')

Im Gegensatz zu den stumpfsinnigen, gewalttätigen Arbeitern des vorrevolutionären Russland stürzt sich der Arbeitersohn Pavel auf die Lektüre sozialistischer Schriften und wird Teil einer Gruppe, die die Revolution vorzubereiten hilft, was von seiner Mutter Pelageja zunächst mit Unruhe, später aber mit Wohlwollen verfolgt wird, bis sie selbst verbotene Flugzettel verteilt, nach der Verhaftung ihres Sohnes agitierend von Stadt zu Stadt reist und so ihre eigene Verhaftung provoziert.

Bester Satz: »Das Volk wird an seinen Rand gedrängt und geworfen, dort wimmelt es gekränkt umher, aber – ob es will oder nicht – denkt es: Wozu?«

Das Werk der Artamonows (Delo Artamonovych)

Der ehemalige Leibeigene Ilja Artamonow baut eine erfolgreiche Leinenweberei auf, stirbt aber überraschend, weshalb seine Söhne Pjotr und Alexej das Werk übernehmen müssen, die es zwar weiter am Prosperieren halten, aber mit dem Tod ihres unglückseligen, verkrüppelten Bruders den Untergang bereits voraussehen, der eintritt, als Pjotrs Sohn Ilja, ein überzeugter Unterstützer der Proletarier, als Soldat der Roten Armee hilft, das Werk der Artamonows zu erobern.

Bester Satz: »Nikita hatte bei Lebzeiten des Vaters nicht gewußt, ob er ihn liebte, er hatte ihn nur gefürchtet, obwohl diese Furcht ihn nie daran hinderte, die mitreißende Tatkraft dieses Menschen zu bewundern, der zu ihm unfreundlich war und kaum zu merken schien, ob der bucklige Sohn noch lebte.«

GOYTISOLO, JUAN (1931)

Identitätszeichen (Señas de identidad)

Ein Herzanfall beendet das zehnjährige Paris-Exil des 32-jährigen spanischen Journalisten Álvaro Mendiola, der nun versucht, in seiner Heimat seine Autobiografie zu rekonstruieren, die jedoch zunehmend zu einem verwirrenden Gemisch unterschiedlicher Ereignisse wird, von der Franco-Diktatur, dem Leben im Widerstand, über private und geschichtliche Ereignisse bis hin zu Eindrücken des Stadtlebens, und in Mendiolas Empfinden resultiert, ein neugeborener Mensch ohne Identitätszeichen zu sein.

Bester Satz: »Zertretet die vielen Öffnungen eines Ameisenhaufens, der Körnchen für Körnchen auf undankbarem, sandigem Boden geduldig errichtet wurde, und geht am nächsten Tag noch einmal dort vorbei: ihr werdet ihn wiedererstanden sehen, kunstvoll und blühend wie eine Materialisation des Herdeninstinkts seiner arbeitsamen, ausdauernden Bewohner.«

GRASS, GÜNTER (1927)

Die Blechtrommel

Die Lebensgeschichte des das Wachstum verweigernden Oskar Matzerath, der, mit einer Blechtrommel und einer Glas zersingenden Stimme ausgestattet, nach einem turbulenten Leben – seine Mutter bringt sich um, Jan Bronski, ihren Geliebten, überredet er zur aussichtslosen Verteidigung der Danziger Post gegen die Nazis, sein leiblicher Vater stirbt am Verschlucken eines Parteiabzeichens – zu Reichtum gelangt, aber, des Mordes an einer Krankenschwester angeklagt, in der Irrenanstalt endet, in der er seine Autobiografie schreibt.

Bester Satz: »Unbegreiflich blieb mir, warum Maria mit komisch geschürzten Lippen geradeaus vor sich hin pfiff, während sie aus den Schuhen stieg, zwei Töne hoch, tief pfiff, die Söckchen abstreifte, wie ein Bierkutscher pfiff, den geblümten Stoff von sich nahm, pfeifend den Unterrock über das Kleid hängte, den Büstenhalter von sich abfallen ließ und immer noch, ohne eine Melodie zu finden, angestrengt pfiff, als sie die Schlüpfer, die eigentlich Turnhosen waren, bis zu den Knien herunterzog, auf die Füße rutschen ließ, ausstieg aus den gerollten Hosenbeinen und mit linkem Fuß den Stoff in die Ecke wischte.«

Katz und Maus

Durch einen übergroßen Adamsapfel verunstaltet, versucht der Jugendliche Joachim Mahlke durch außergewöhnliche Taten auf sich aufmerksam zu machen, und stiehlt als Höhepunkt einem Kapitänleutnant das Ritterkreuz, weswegen er vom Gymnasium ausgeschlossen wird, sich trotz des späteren, durch seinen Kriegseinsatz gerechtfertigten Besitzes eines eigenen Ritterkreuzes nicht öffentlich rehabilitieren darf, desertiert und – vermutlich – in seinem Versteck stirbt.

Bester Satz: »Indem er kein Streber war, nur mäßig büffelte, alle abschreiben ließ, keinen Ehrgeiz, außer während der Turnstunde, entwickelte und die üblichen Sauereien nicht mitmachte, war er schon wieder der ganz besondere Mahlke, der auf teils erlesene, teils verkrampfte Art Beifall sammelte; schließlich wollte er später in die Arena, womöglich auf die Bühne, übte sich als Clown, indem er glibbernde Überzieher entfernte, erhielt gemurmelte Zustimmung und war beinahe ein Clown, wenn er seine Kniewellen am Reck drehte und die silberne Jungfrau durch den sauren Turnhallenmief wirbelte.«

Der Butt

Der Ich-Erzähler erzählt seiner Frau Ilsebill in den neun Monaten ihrer Schwangerschaft Geschichten, die das Verhältnis des Mannes zur Frau von der Jungsteinzeit bis in die 1970er Jahre illustrieren, wobei verschiedene Aspekte der Sexualität und der Ernährung – alle neun auftretenden Frauen sind Köchinnen – durchgespielt werden;

dabei formt Grass das Märchen *Von dem Fischer und syner Fru* um, indem er den Männern die Schuld am Misslingen der Geschichte gibt.

Bester Satz: »Beim Essen noch, mit vollem Mund sagte sie: ›Wolln wir nun gleich ins Bett oder willst du mir vorher erzählen, wie unsre Geschichte wann wo begann?‹«

Die Rättin

Zwischen Traum, Wirklichkeit und Vision hin und her springend verknüpft Grass verschiedene Handlungsstränge – Oskar Matzeraths Reise nach Polen zur Großmutter, die Seereise von fünf Frauen auf der Suche nach Vineta, den Kampf der Grimmschen Märchenfiguren gegen die Vernichtung ihres Waldes – zu der Beschreibung einer postatomaren Welt, in der die Ratten, schon halb zu Menschen mutiert, als Einzige überleben und sich anschicken, die Fehler der Menschheit zu wiederholen.

Bester Satz: »Nicht nur Hunde, Pferde, Schweine, auch der Mensch ließ sich auf unsereins, die ersten Säuger, zurückführen; was er uns übel gedankt hat seit Noahs Zeiten, als Ratz und Rättlin in seinen Kasten nicht durften …«

GREEN, JULIEN (1900–1998)

Moira (Moira)

Durch unbedingte Keuschheit versucht der Theologiestudent Joseph Day seine sexuellen Neigungen in immer stärkerem Maße zu unterdrücken, bis er mit der von ihm gleichzeitig begehrten wie als abstoßend empfundenen Moira schläft und sie noch in derselben Nacht umbringt, um sich anschließend der Polizei zu stellen.

Bester Satz: »Die Menschen handelten immer anders, als er vermutete.«

GREENE, GRAHAM (1904–1991)

Unser Mann in Havanna (Our Man In Havanna)

Der auf Kuba lebende Staubsaugervertreter James Wormold wird vom britischen Geheimdienst angeworben, erfindet Staatsgeheimnisse, wirbt fiktive Spione an und gibt die Zeichnungen eines Staubsaugers als Pläne einer Militäranlage aus, wodurch er eine Reihe von Todesfällen in Gang setzt, unter denen sich auch sein einziger Freund, der Spion Dr. Hasselbacher, befindet, Wormold bedroht wird, den Mord an Hasselbacher rächt, mit seiner Tochter nach London zurückkehrt, alles gesteht und zu seiner Verblüffung mit einem Orden und einer Führungsposition belohnt wird, da der Geheimdienst die peinliche Geschichte vertuschen will.

Bester Satz: »Nun, seine Ecken waren abgeschliffen worden, doch nicht Charakter, fand er, war das Ergebnis, sondern Formlosigkeit, wie ein Stück im Museum für Moderne Kunst.«

Die Stunde der Komödianten (The Comedians)

In seinem Hotel auf dem diktatorisch regierten Haiti festsitzend, wird der Ich-Erzähler Brown mit Jones konfrontiert, einem Mann, von dem sich später herausstellt, dass seine militärische Vergangenheit nur Aufschneiderei war, mit dem Ehepaar Smith, das prinzipienfest und naiv versucht, den Vegetarismus auf Haiti zu fördern, und seiner Geliebten Martha, für die Brown nur überlebte Gefühle empfindet – bis Brown in Widerstandskämpfe verwickelt zu werden droht, weil er hofft, so Jones als Nebenbuhler um Martha loszuwerden, und auf diese Weise Jones' Heldentod verursacht.

Bester Satz: »Je unausgeglichener das Leben ist, desto weniger will man, daß sich die kleinen Einzelheiten ändern.«

GRIMMELSHAUSEN, HANS JAKOB CHRISTOFFEL VON (1621 ODER 1622–1676)

Der abenteuerliche Simplicissimus

Ausufernde, während des Dreißigjährigen Krieges spielende Geschichte um den einfältigen Simplicius, der von seinem Bauernhof vertrieben wird, zwei Jahre bei einem Einsiedler lebt – der sich später als sein Vater erweist –, Schweden und Kroaten dient, als Jäger und Lautenspieler berühmt wird, an den französischen Hof gelangt, den Tod seines besten Freundes Herzbruder hinnehmen muss und sich zu einer Reise nach Moskau überreden lässt, die ihn bis nach Japan führt, wobei er vorübergehend versklavt wird, um nach einer Pilgerfahrt nach Rom sein Leben dem Bücherstudium zu widmen und Eremit zu werden.

Bester Satz: »Mein Herr antwortete: ›Ich weiß nicht, was ich an dir habe; du bedünkst mich vor ein Kalb viel zu verständig zu sein; ich vermeine schier, du seist unter deiner Kalbshaut mit einer Schalkshaut überzogen.‹«

GRÜN, MAX VON DER (1926–2005)

Stellenweise Glatteis

Der Arbeiter und Betriebsrat Maiwald entdeckt, dass seine Kollegen abgehört werden, beschafft sich die Protokolle und übergibt sie der Gewerkschaft, die zunächst ihre Unterstützung zusichert, später aber die Sache fallenlässt, weil sie selbst den Betrieb übernehmen möchte, was Maiwald beruflich und privat völlig aus der Bahn wirft, bis er nach einer Kündigung wieder bei seiner alten Firma arbeitet, beim erzwungenen Fahren mit dem LKW aber einen Bandscheibenvorfall erleidet, der für ihn wahrscheinlich die Pensionierung bedeutet.

Beste Stelle: »Ich hätte zufrieden sein müssen. Aber ich war es nicht.«

GUSTAFSSON, LARS (1936)

Der Tod eines Bienenzüchters (En biodlares död)

Fragmentarische Aufzeichnungen des pensionierten Lehrers Lars Lennart Westin geben Bruchstücke seiner Biografie wieder: das Scheitern seiner Ehe, die Beziehung zu einer anderen Frau, seine Beschäftigung mit den Bienen und das Erkennen physischen Unwohlseins, das in die Gewissheit mündet, unheilbar krank zu sein, wobei Westin ärztliche Behandlung verweigert.

Bester Satz: »Daß ich ganz plötzlich einen anderen Geruch bekommen habe, auf irgendwie verdammt subtile Art, die nur der Hund wahrnehmen kann.«

HAMMETT, DASHIELL (1894–1961)

Der Malteser Falke (The Maltese Falcon)

Eigentlich will Sam Spade den Mord an seinem Partner aufklären, wird jedoch in die Jagd diverser Gangster nach dem sagenumwobenen, wertvollen Malteser Falken verwickelt, dazu noch in die polizeilichen Ermittlungsarbeiten, die gegen ihn wegen des Mordes geführt werden, und in erotische Komplikationen mit Brigid O'Shaugnessy einerseits und der Witwe seines Partners andererseits – bis Spade schließlich herausfindet, dass der Malteser Falke eine Fälschung ist.

Bester Satz: »Er hob sein Glas, sagte: ›Auf das Verbrechen!‹ und trank es aus.«

HAMSUN, KNUT (1859–1952)

Hunger (Sult)

Völlig verarmt fristet der namenlose Ich-Erzähler sein Leben in Kristiana, körperlich und seelisch zunehmend derangiert durch ständiges Hungern, das allerdings zum Teil selbst verschuldet ist, da der erfolglose Journalist keine Hilfe annimmt, sich stattdessen in manische, psychotische Zustände steigert, die seiner Freundin als Wahnsinn erscheinen, bis er – knapp vor Hungertod und Irrsinn – als Hilfsmatrose nach England geht.

Bester Satz: »Drei Wochen lang hatte ich ausschließlich von den Butterbroten gelebt, die mir meine Wirtin morgens und abends gegeben hatte; und nun waren genau vierundzwanzig Stunden seit meiner letzten Mahlzeit vergangen, es fing wieder schlimm in mir zu nagen an, und ich musste möglichst bald einen Ausweg finden.«

Mysterien (Mysterier)

Der faszinierende, innerlich zerrissene Johan Nilsen Nagel taucht in einem norwegischen Küstenstädtchen auf, vermittelt den Eindruck, Künstler zu sein, und provoziert durch sein Denken und Verhalten die bürgerliche Gesellschaft, zu der er einerseits gehören möchte, die er andererseits aber ablehnt – ein Widerspruch, der ihn davon abhält, eine Verbindung mit der Pastorentochter Dagny einzugehen, nur um später von der älteren Martha Gude abgewiesen zu werden, was den von sich selbst entfremdeten Protagonisten in den Selbstmord treibt.

Bester Satz: »Ja, er war wahnsinnig, er war wahnsinnig.«

HANDKE, PETER (1942)

Die Angst des Tormanns beim Elfmeter

Der Monteur und frühere Torwart Josef Bloch verlässt seine Arbeitsstelle, weil er annimmt, er sei entlassen worden, geht ziellos durch die Stadt, ermordet eine Kinokassiererin, versteckt sich in der Gaststätte einer ehemaligen Freundin in einem südlichen Grenzort, verfolgt mit Interesse die Suche der Polizei nach ihm, beobachtet immer intensiver seine Umwelt und wird immer stärker von dem Gefühl getrieben, dass alles um ihn herum eine Bedeutung habe.

Bester Satz: »Wie jedes Mal, wenn das Telefon läutete, glaubte er, es schon einen Augenblick vorher gewußt zu haben.«

Wunschloses Unglück

Geschildert wird die Geschichte der Mutter Handkes, ihre Erziehung zur Bedürfnislosigkeit, zum Ordentlichen, ihre Ehe mit einem Alkoholiker, ihre Liebe zur Literatur und das Leben in kleinbürgerlichen Verhältnissen sowie ihr Freitod nach einer schweren Krankheit, wobei Handke sowohl die Sprache der Gesellschaftsschicht seiner Mutter als auch die Sprache seiner eigenen Erzählung reflektiert, bis er schließlich keinen zusammenhängenden Text mehr herstellt, sondern nur noch lose Erinnerungen, Notizen, Reflexionen aneinanderreiht.

Bester Satz: »In dieser Periode war das Schreiben für sie keine Fremdarbeit mehr wie sonst für Leute in ihren Lebensumständen, sondern ein vom Willen unabhängiger Atmungsvorgang.«

Die Wiederholung

Der 45-jährige Filip Kobal erinnert sich an seine Wanderung vom heimatlichen Kärnten nach Slowenien, die er 25 Jahre zuvor unternommen hat, um seine kulturelle Heimat Slowenien zu entdecken und auf den Spuren seines lange verschollenen Bruders Gregor zu wandeln, wobei er nach einem Aufenthalt in einem Dorf mit dem Entschluss, Schriftsteller zu werden, nach Hause zurückkehrte.

Bester Satz: »In meinem Leben habe ich mich noch keinmal in einer Sicherheit gefühlt.«

HAŠEK, JAROSLAV (1883–1923)

Die Abenteuer des braven Soldaten Schwejk
(Dobrý voják Švejk a jiné podivné historky)

Unvollendeter, anekdotischer Roman ohne durchgehende Handlung um den Prager Hundefänger Schwejk, der im Ersten Weltkrieg ohne jeden Patriotismus für die k.u.k.-Monarchie kämpft, alle Befehle mit äußerster Gründlichkeit bis zur Absurdität ausführt, stets eine Anekdote oder Geschichte parat hat, den Eindruck von Beschränktheit vermittelt, wahrscheinlich aber überaus schlau ist und die Bürokratie der Monarchie und der Kriegsmaschinerie der Lächerlichkeit preisgibt.

Bester Satz: »Ich, meine Herren«, verteidigte sich Schwejk, «bin kein Simulant, ich bin ein wirklicher Idiot, Sie können sich darüber in der Kanzlei der Einundneunziger in Budweis oder beim Ergänzungskommando in Karolinental erkundigen.«

HASLINGER, JOSEF (1955)

Opernball

Hauptbeteiligt an der Fernsehübertragung des Opernballs 1995, muss Kurt Fraser am Bildschirm mit ansehen, wie Hunderte Menschen, darunter sein Sohn, einem Giftgasattentat zum Opfer fallen, woraufhin Fraser Recherchen anstellt und erfährt, dass hinter dem Anschlag eine kleine Gruppe Rechtsradikaler steht und es einen Hinweis auf das Attentat gegeben hatte, die Gruppe aber als zu ungefährlich eingestuft worden war; außerdem legt Fraser die Schicksale einzelner Ballbesucher offen, wie das des publicitysüchtigen Brotfabrikanten Schmidtleitner, des krebskranken Professors Röhler oder des Revierinspektors Fritz Amon.

Bester Satz: »Nach Freds Ermordung saß ich einen Monat lang im Studio und tat nichts anderes, als mir die letzten Sekunden seines Lebens anzusehen.«

HAUSHOFER, MARLEN (1920–1970)

Die Wand

Die Ich-Erzählerin erwacht allein in einer Jagdhütte im Wald und stellt fest, dass sie durch eine gläserne Wand, hinter der alles Leben stillsteht, eingesperrt ist, worauf sie sich, endlich befreit von ihrer Angst vor Menschen, schnell in ein neues Leben fügt und dabei den Hund, die Katze und die trächtige Kuh zu ihren Vertrauten macht – eine Idylle, die vorübergehend zerstört wird, als ein Mann Kalb und Hund tötet und von der Ich-Erzählerin erschossen wird.

Bester Satz: «Verdutzt streckte ich die Hand aus und berührte etwas Glattes und Kühles: einen glatten, kühlen Widerstand an einer Stelle, an der doch gar nichts sein konnte als Luft.»

HEINE, HEINRICH (1797–1856)

Aus den Memoiren des Herren von Schnabelewopski

Unvollendete Biografie des adeligen Schnabelewopski, der seine Heimat Polen verlässt, um in der holländischen Stadt Leiden Theologie zu studieren, dies aber nie tut und stattdessen seine Zeit mit Prostituierten in Hamburg verbringt, in Amsterdam ein flüchtiges Liebesabenteuer während einer Opernaufführung erlebt, von der Wirtin seines Gasthauses zum Liebhaber gemacht wird und Zeuge ist, als der gläubige Jude Simson im Duell gegen den Atheisten Driksen stirbt.

Beste Stelle: »Ich mache daher hier einen langen Gedankenstrich ——— Dieser Strich bedeutet ein schwarzes Sofa, und darauf passierte die Geschichte, die ich nicht erzähle.«

HEMINGWAY, ERNEST (1899–1961)

Fiesta (The Sun Also Rises)

Nachdem Jake Barnes durch eine Kriegsverletzung impotent geworden ist, kehrt die extrovertierte Brett nach ihren gescheiterten Beziehungen zwar immer wieder zu ihm zurück, doch es entsteht keine dauerhafte Beziehung, was auch so bleibt, nachdem Jake mit einer Gruppe in Paris lebender Amerikaner nach Pamplona zur Fiesta gefahren ist, wo er zur Kenntnis nehmen muss, dass Brett ausgerechnet mit dem ihm unsympathischen Robert Cohn ein Verhältnis hat, das sie aber auch gleich wieder platzen lässt, um erneut mit Jake – nicht – zusammenzukommen.

Bester Satz: »Sie sah einen an, als ob es auf der ganzen Erde nichts gibt, das sie nicht ebenso ansehen würde, und in Wirklichkeit hatte sie doch vor so vielen Dingen Angst.«

Wem die Stunde schlägt (For Whom the Bell Tolls)

Der Amerikaner Robert Jordan kämpft im Spanischen Bürgerkrieg auf der Seite der ›Roten‹ mit ihrem skrupellos gewordenen Führer Pablo und der von den Faschisten vergewaltigten, ihrer Eltern beraubten Maria, in die Robert sich verliebt, was ihn nicht daran hindert, bei einem Angriff mitzumachen, von dem er weiß, dass er bereits den Faschisten verraten worden ist, und in dessen Folge ihm – schwer verwundet den sicheren Tod erwartend – nichts bleibt, als die Flucht seiner Leute zu decken.

Bester Satz: »Aber alle Soldaten sind einsam, und die Frauen der Soldaten, und alle die, die ihre Familie oder ihre Eltern verloren haben.«

Der alte Mann und das Meer (The Old Man and the Sea)

Der alt gewordene Fischer Santiago fährt nach fast drei Monaten ohne Fang weit in den Golfstrom hinaus, fängt einen enormen Schwertfisch, kämpft ihn nach zwei Tagen erfolgreich nieder und muss kurz darauf hinnehmen, dass Haie den ans Boot gebundenen Fisch bis auf das Skelett fressen.

Bester Satz: »Glück ist etwas, das in vielen Formen kommt, und wer kann es erkennen?«

Der Garten Eden (The Garden of Eden)

Der Schriftsteller David Bourne und seine wohlhabende Frau Catherine leben während ihrer Flitterwochen in der Camargue ihre Sexualität inklusive Rollentausch aus, bis beide sich in Marita verlieben, es zu einer *ménage à trois* kommt, David von der nun veränderten Catherine, die seine Manuskripte vernichtet und ihn dafür finanziell entschädigt, verlassen wird, mit Marita zusammenbleibt und die verlorenen Geschichten neu schreibt.

Bester Satz: »›Wenn man anfängt, außerhalb seiner selbst zu leben‹, sagte sie, ›wird’s sehr gefährlich.‹«

HERZMANOVSKY-ORLANDO, FRITZ VON (1877–1954)

Der Gaulschreck im Rosennetz

Besessen von dem Gedanken, Kaiser Franz 25 Milchzähne zum 25. Regierungsjubiläum zu schenken, will Hofsekretär Jaromir Edler von Eynhuf den letzten fehlenden Zahn von der berühmten Sängerin Höllteufel erbitten, indem er versucht, sie mittels eines Liebestranks zu betören, der aber nur bewirkt, dass er hinausgeworfen wird, seiner Verlobten verlustig geht, in höchster Verzweiflung ein fremdes Mädchen überfällt, vor der Polizei fliehen muss und sich mit einer mit den Milchzähnen geladenen Pistole erschießt.

Bester Satz: »du (sic!) scheener Man ich dräuhme Dahg und Nacht fon dir
o Jaromir ich las dich nicht, eher göhn wir peide in den bidren Tott in die

reussende Thonau wo sie am düfsten ist ich störbe vor Sehnsucht o komme zu mir sonst fliehe ich auf deine starke Mönnerhand wir werden noch peide gliglig in einer kleinen Greislerei entsag dem Forurdeil deines Standes ich kisse dich das einsame Blimlein in der Rauchenstoingase.«

HESSE, HERMANN (1877–1962)

Der Steppenwolf

Von der Bürgerlichkeit seiner Umgebung zugleich abgestoßen und angezogen, erblickt der innerlich zerrissene Intellektuelle Harry Haller erst Rettung, als er durch die Prostituierte Hermine, den Lebemann Pablo und seine Geliebte Maria eine Welt des Humors und der Leichtigkeit entdeckt, deren Wichtigkeit ihm infolge eines im Drogenrausch endenden Maskenballs von Mozart bestätigt wird, und in der zu leben Haller sich nun zum Ziel macht.

Bester Satz: »Wie da der Geruch von Bodenwachs und ein schwacher Nachklang von Terpentin zusammen mit dem Mahagoni, den abgewaschenen Pflanzenblättern und allem einen Duft ergibt, einen Superlativ von bürgerlicher Reinheit, von Sorgfalt und Genauigkeit, von Pflichterfüllung und Treue im kleinen. Ich weiß nicht, wer da wohnt, aber es muss hinter dieser Glastür ein Paradies von Reinlichkeit und abgestaubter Bürgerlichkeit wohnen, von Ordnung und ängstlich-rührender Hingabe an kleine Gewohnheiten und Pflichten.«

Narziß und Goldmund

Nachdem Narziß und Goldmund im selben Kloster aufgewachsen sind, wird aus dem intellektuellen Narziß später der Abt, aus dem sinnlich-vitalen Goldmund ein großer Liebhaber, Verbrecher und Künstler, der nur durch Narziß vor der Hinrichtung bewahrt wird, worauf er ins Kloster zurückkommt, weitere Kunstwerke schafft, aber ruhelos noch einmal zu seiner letzten Geliebten aufbricht, die ihn abweist und so seine erneute Rückkehr ins Kloster auslöst, bei der er einen tödlichen Unfall erleidet.

Bester Satz: »Mitten im Lesen oder Lernen, mitten zwischen den Schulkameraden konnte er in sich versinken und alles vergessen, nur den Strömen und Stimmen des Innern hingegeben, die ihn hinwegzogen, in tiefe Brunnen voll dunkler Melodie, in farbige Abgründe voll märchenhafter Erlebnisse, deren Klänge alle wie die Stimme der Mutter klangen, deren tausend Augen alle die Augen der Mutter waren.«

Das Glasperlenspiel

Vielfach deutbarer Roman, basierend auf der Lebensgeschichte Josef Knechts, der aufgrund seiner hohen Musikalität in die kastalische Ordensgemeinschaft aufgenommen wird, seine Ausbildung hervorragend meistert und zum Magister Ludi wird, dem Meister des Glasperlenspiels, dessen undurchschaubarer Charakter den Orden bestimmt, welchen Knecht jedoch schließlich verlassen möchte, um sich auf die Weltlichkeit einzulassen, was ihm sein Freund Plinio Designori untersagt, der ihm dafür aber anbietet, seinen Sohn zu unterrichten – doch dazu kommt es nicht mehr, da Knecht, von diesem Sohn zum Wettschwimmen herausgefordert, ertrinkt.

Bester Satz: »Diese Regeln, die Zeichensprache und Grammatik des Spieles, stellen eine Art von hochentwickelter Geheimsprache dar, an welcher mehrere Wissenschaften und Künste, namentlich aber die Mathematik und die Musik (beziehungsweise Musikwissenschaft) teilhaben und welche die Inhalte und Ergebnisse nahezu aller Wissenschaften auszudrücken und zueinander in Beziehung zu setzen imstande ist.«

HEYM, STEFAN (1913–2001)

Der König David Bericht

Der Historiker Ethan ben Hoshaja soll einen Lebensbericht über König David verfassen, kommt aber nach Befragung zahlreicher Quellen zu dem Schluss, dass David keineswegs der strahlende Volksheld war, als den ihn der Bericht darstellen soll, sondern einerseits Werkzeug der Priester, um König Sauls Macht zu begrenzen, andererseits ein Gewalttäter, der seine Taten religiös begründete – was die Veröffentlichung des Berichts unmöglich macht und die Bestrafung Ethans durch Isolation erfordert.

Bester Satz: »Ich war ihr noch nie begegnet, hatte aber wie jedermann viel von ihr gehört: Sauls Tochter, die erleben musste, wie einer nach dem andern all ihre Angehörigen bis auf den Krüppel Mephibosheth erschlagen wurden; zweimal die Frau Davids, die ihn verlachte, und darum kinderlos blieb.«

HIGHSMITH, PATRICIA (1921–1995)

Der talentierte Mr. Ripley (The Talented Mr. Ripley)

Eigentlich soll Tom Ripley den Millionärssohn Richard Greenleaf zur Ruckkehr in die USA bewegen, ist jedoch von dessen Lebensstil so begeistert, dass er Richard umbringt und dessen Identität gekonnt annimmt, bis er schließlich des Mordes an Ripley verdächtigt wird, in sein altes Ich schlüpft und es so auch noch schafft, ungestraft und unerkannt Richards Erbe an sich zu bringen.

Bester Satz: »Kein falscher Eindruck war jedenfalls, daß Dickie zur Zeit an Langeweile litt und jemanden brauchte, der ihm zeigte, wie man sich angenehm die Zeit vertrieb.«

HIKMET, NÂZIM (1902–1963)

Die Romantiker. (Mensch, Das Leben ist schön!) (Yaşmak Güzel Şey Be Kardeşim)

Ahmet wird Anhänger Mustafa Kemal Paschas, verlässt die Türkei wegen seiner politischen Ansichten, um sich im leninistischen Moskau in Sachen Kommunismus schulen zu lassen, verliebt sich in Anuschka – eine Liebe, die untrennbar mit seiner Eifersucht auf den Chinesen SI-YA-U verbunden ist –, geht nach Istanbul, um den Kommunismus zu verbreiten, muss in den Untergrund und wird von einem Hund gebissen, den er der Tollwut verdächtigt – weshalb er 29 panische Tage in seinem Versteck abwartet, ob die Krankheit ausbricht.

Bester Satz: »Die überwiegende Mehrheit der Menschen denkt überhaupt nicht darüber nach, ob die Welt schön ist oder nicht.«

HILSENRATH, EDGAR (1926)

Der Nazi & der Friseur

Der Nazi und Massenmörder Max Schulz gibt sich nach dem Zweiten Weltkrieg als sein ehemaliges jüdisches Opfer Itzig Finkelstein aus, wird Friseur, profitiert vom Verkauf der Goldzähne seiner früheren Opfer und kann seine neue Identität aufgrund seines Äußeren und seiner Vertrautheit mit dem Judentum so glaubhaft machen, dass er einen ›jüdischen Minderwertigkeitskomplex‹ bekommt, nach Palästina auswandert, eine Jüdin heiratet und, als er die Wahrheit über sich preisgibt, nur auf Unglauben stößt.

Beste Stelle: »Es geht ihnen gut, den Massenmördern! Die sind Friseure. Oder was andres.«

HOFFMANN, E.T.A. (1776–1822)

Die Elixiere des Teufels. Nachgelassene Papiere des Bruders Medardus eines Kapuziners. Herausgegeben von dem Verfasser der Fantasiestücke in Callots Manier

Der Mönch Medardus kann seine Triebe nicht im Zaum halten, verliebt sich in Aurelie, tötet deren Stiefmutter und Bruder, soll hingerichtet werden, was durch Medardus' verrückten Doppelgänger, der die Schuld auf sich nimmt, verhindert wird; dann will Medardus Aurelie umbringen, erwacht in einem Kloster, erfährt, dass Aurelie, die in das Kloster eintreten möchte, seine Stiefschwester ist – und muss ihre Ermordung durch seinen Doppelgänger mit ansehen.

Bester Satz: »So wie ich Aurelien erblickte, fuhr ein Strahl in meine Brust, und entzündete all' die geheimsten Regungen, die wonnevollste Sehnsucht, das Entzücken der inbrünstigen Liebe, alles was sonst nur gleich einer Ahnung aus weiter Ferne im Innern erklungen, zum regen Leben; ja das Leben selbst ging mir nun erst auf farbigt und glänzend, denn alles vorher lag kalt und erstorben in öder Nacht hinter mir. –«

Lebens-Ansichten des Katers Murr nebst fragmentarischer Biographie des Kapellmeisters Johannes Kreisler in zufälligen Makulaturblättern

Murr, Kater des Kapellmeisters Kreisler, erzählt seine Lebensgeschichte, von der Jugendfreundschaft zum Pudel Ponto, seiner Liebe zur Katze Miesmies und dem Versuch, eine bedeutende Rolle bei den Hunden einzunehmen; unterbrochen vom fragmentarischen Lebensbericht Kreislers, der überall scheitert: an der Liebe zu Julia, dem schlechten Gewissen wegen der physischen Hingezogenheit zur Prinzessin Hedwiga und dem Vorhaben, im Kloster rein und nur der Musik ergeben zu leben und zwischen aristokratischen und künstlerischen Kreisen seinen Platz zu finden.

Bester Satz: »In eine neue Welt sollte ich treten, die Leere im Inneren sollte ausgefüllt, ein anderer Kater sollte ich werden, mir klopfte das Herz vor banger freudiger Erwartung.«

HÖLDERLIN, FRIEDRICH (1770–1843)

Hyperion oder der Eremit in Griechenland

Der Grieche Hyperion studiert die politischen Lebensumstände anderer Völker, begeistert sich mit seinem Freund Alabanda an der Möglichkeit drastischer politischer Veränderungen, kann sich jedoch nicht für die Revolution entscheiden, trifft auf seiner Heimatinsel die ›schöne Seele‹ Diotima, nimmt am Freiheitskampf gegen die Türken teil, zieht sich nach Plünderungen durch seine Truppen wieder zurück, muss Alabandas und Diotimas Tod betrauern, reist nach Deutschland, findet dort noch bestürzendere politische Verhältnisse vor und will fortan als Dichter für Versöhnung eintreten.

Bester Satz: »Es giebt ein Vergessen alles Daseyns, ein Verstummen unsers Wesens, wo uns ist, als hätten wir alles gefunden.«

HORIA, VINTILĂ (1915–1992)

Gott ist im Exil geboren (Dieu est né en exil)

Fiktiver Bericht des nach Tomi verbannten Ovid, der zuerst über das an ihm begangene Unrecht reflektiert, später jedoch durch genauere Kenntnis der getischen Landschaft und ihrer Bewohner die Erkenntnis gewinnt, nun frei für ein neues Leben zu sein, aber stirbt, bevor er diese Erkenntnis in die Praxis umsetzen kann.

Bester Satz: »Wozu diese ganze ermüdende Reise, wenn ich nur Dinge erfahre, die ich kenne, die aber, vom tönenden Echo der Höhle wiederholt, eine endgültige, unauslöschliche Gestalt annehmen?«

HORNBY, NICK (1957)

High Fidelity (High Fidelity)

Weil er von seiner Lebensgefährtin Laura verlassen wurde, trifft sich der Musikfanatiker und Plattenladenbesitzer Rob nacheinander mit sämtlichen Exfreundinnen, um zu erfahren, weshalb sie ihm den Laufpass gegeben haben, was ihn allerdings nicht klüger macht und woraufhin er eine kurze Affäre mit der Musikerin Marie LaSalle hat, bevor er durch das Begräbnis von Lauras Vater wieder mit Laura zusammenkommt, sie sein Comeback als Club-DJ arrangiert und er ihr einen Heiratsantrag macht.

Bester Satz: »Wir sprechen nicht miteinander, verstehst du nicht, Frau?«

HORVÁTH, ÖDÖN VON (1901–1938)

Jugend ohne Gott

Ein humanistischer Lehrer, der seine Schüler durch den Faschismus verrohen sieht, löst unabsichtlich während eines Zeltlagers einen Streit aus, der mit dem gewaltsamen Tod eines Schülers endet, und bringt erst während des darauffolgenden Prozesses den Mut auf, diesen aus Feigheit verschwiegenen Umstand zu gestehen, was zur Entlarvung des Schülers T. als Mörder führt, den Lehrer jedoch seine Stelle kostet, weswegen er beschließt, nach Afrika zu gehen.

Beste Stelle: »In einer Kiste neben der Fahnenstange liegt der Krieg. Ja, der Krieg.«

Ein Kind unserer Zeit

Der Ich-Erzähler wird vom Arbeitslosen zum Soldaten und im Krieg schwer verwundet, weil er seinen Hauptmann zu retten versucht, verbringt anschließend eine Nacht mit der Witwe des Hauptmanns, was ihm die Invalidität seines Armes beschert, und kann danach keinen

Halt mehr im Leben finden, erst recht nicht, als er erfährt, das Mädchen, das er zu sehen hoffte, sitze wegen Abtreibung im Gefängnis, worauf er sich auf einer Bank dem Erfrieren preisgibt.

Bester Satz: »Überhaupt hat das Militär eine starke Ähnlichkeit mit dem Sport.«

HOUELLEBECQ, MICHEL (1958)

Ausweitung der Kampfzone (Extension du domaine de la lutte)

Der nahezu ohne soziale Kontakte lebende Ich-Erzähler wird von seiner Firma mit dem unglückseligen, hässlichen Tisserand zusammengespannt, der allen Anstrengungen zum Trotz noch Jungfrau ist und den der Erzähler dazu überredet, ein junges, attraktives Paar zu ermorden, wovon Tisserand im letzten Moment ablässt, um kurz darauf mit seinem Auto tödlich zu verunglücken – worauf der Erzähler sich einer Therapie unterzieht.

Beste Stelle: »Der Wirtschaftsliberalismus ist die erweiterte Kampfzone, das heißt, er gilt für alle Altersstufen und Gesellschaftsklassen. Ebenso bedeutet der sexuelle Liberalismus die Ausweitung der Kampfzone, ihre Ausdehnung auf alle Altersstufen und Gesellschaftsklassen.«

Elementarteilchen (Les particules élémentaires)

Die Halbbrüder Bruno und Michel finden nach Jahrzehnten der Einsamkeit ein wenig Liebesglück, indem Bruno die seine Sexsucht teilende Christiane kennenlernt, die aber bald Selbstmord begeht, da sie nicht mehr gehen kann und da Bruno zu lange mit der Entscheidung für eine feste Beziehung zu ihr zögert, während Michel seine Jugendliebe Annabelle und das gemeinsame ungeborene Kind durch Annabelles Krebserkrankung verliert, was ihn als Genforscher weiter an der Entwicklung einer neuen, von Emotionen befreiten menschlichen Rasse arbeiten lässt.

Bester Satz: »Manche Menschen glauben, auch wenn sie schon siebzig oder achtzig sind, daß es immer noch etwas Neues zu erleben gibt und das Abenteuer, wie man so schön sagt, an der nächsten Ecke lauert; man muß sie letztlich praktisch umbringen oder sie wenigstens in einen Zustand fortgeschrittener Gebrechlichkeit versetzen, damit sie endlich Vernunft annehmen.«

HRABAL, BOHUMIL (1914–1997)

Ich habe den englischen König bedient
(Obsluhoval jsem anglického krále)

Der Kellnerlehrling Dítě erkennt die Macht des Geldes, eignet sich dieses durch Betrügereien an, landet während des Zweiten Weltkriegs in einer Zuchtanstalt zur Erzeugung reinrassiger Arier, germanisiert sich, lernt seine Frau Lisa kennen, mit der er den geistig zurückgebliebenen Siegfried zeugt, überlebt, kann durch den Erlös einer einst Juden gehörenden Briefmarkensammlung ein Luxushotel aufbauen, das ihm von den Kommunisten weggenommen wird, und gelangt als Straßenkehrer zur Zufriedenheit.

Bester Satz: »Und diese Krüppel verursachten mir zuweilen eine umgekehrte Vision: Weil ich dauernd die Glieder vor mir sah, die sie verloren hatten, erblickte ich zwar die fehlenden Glieder, doch dafür entschwanden die wirklichen meinem Blick, und so fragte ich mich erschrocken, was ich da eigentlich sah ...«

HUGO, VICTOR (1802–1885)

Der Glöckner von Notre Dame (Notre-Dame de Paris)

Dramatische Geschichte um die schöne Zigeunerin Esmeralda, die die Avancen des Dompropstes Frollo nicht erwidert, von ihm systematisch in die Arme der Inquisition getrieben und schließlich an den Galgen gebracht wird, was weder ein Aufstand der Unterwelt noch der in Esmeralda verliebte, missgestaltete Glöckner Quasimodo verhindern können, der aber immerhin Esmeraldas Tod durch die Ermordung Frollos rächt und später am Grab seiner Angebeteten stirbt.

Bester Satz: »Quasimodo sah die wütenden Gesichter näher näher und näher kommen; er war ohnmächtig gegen so viele Feinde, zitterte für die Zigeunerin, rang die Hände in Verzweiflung und flehte den Himmel an.«

Die Elenden (Les Misérables)

Nach 19 Jahren im Zuchthaus bringt es Jean Valjean zu gesellschaftlicher Anerkennung und Reichtum, muss diese jedoch aufgeben, um einen Unschuldigen zu retten, wird erneut verurteilt, flieht, kann sich unerkannt mit seiner Ziehtochter Cosette nach Paris zurückziehen und verbietet ihr später die Heirat mit Marius, worauf dieser als Revolutionär kämpft, durch Valjean vor dem Tod gerettet wird, nach dessen Geständnis über seine Vergangenheit aber Cosette den Umgang mit ihrem Ziehvater bis kurz vor dessen Ableben untersagt.

Bester Satz: »Die Städte machen den Menschen grausam und erzeugen Verderbnis, das Gebirge aber, das Meer, der Wald bringen wilde, menschenscheue Leute hervor, sie entwickeln den rauhen Charakter, ertöten aber nicht alle Menschlichkeit.«

HUXLEY, ALDOUS (1894–1963)

Schöne neue Welt (Brave New World)

Die von Verhaltensdrogen, Promiskuität und genetischer Auslese geprägte ›schöne neue Welt‹ gerät ins Wanken, als Bernhard Marx aus seinem Urlaub den im Indianerreservat aufgewachsenen Michel mitbringt, der sich wegen seiner Emotionalität, seiner Religion und der Lektüre Shakespeares nicht anpassen kann, was zum Rücktritt des Direktors der Brut- und Normungsanstalt Berlin – seines Vaters – führt, zur Verbannung Bernhards auf eine Wissenschaftsinsel und zur Verbannung Michels auf einen Leuchtturm, wo er Selbstmord begeht.

Bester Satz: »Rosen und elektrische Schläge, das Khaki der Deltas und ein Hauch von Asafötida, unlöslich miteinander verknüpft, noch bevor das Kind sprechen gelernt hat.«

INNERHOFER, FRANZ (1944–2002)

Schöne Tage

Der dem Realismus verpflichtete, stark autobiografisch geprägte Roman erzählt die Kindheit und Jugend von Holl, der als Sechsjähriger auf den Hof seines Vaters kommt und dort umgehend in die brutale Arbeitswelt integriert wird, die aus ihm und allen anderen Sklaven macht, wobei Holl sich erst als Teenager eine gewisse Achtung erringt, weil er die modernen Landwirtschaftsmaschinen bedienen kann, während er durch die Köchin Helga und den Melker Klein auf seine Menschenrechte aufmerksam gemacht wird, was seine Rebellion auslöst, die im Verlassen des Hofes und im Beginn einer Schmiedlehre besteht.

Bester Satz: »Seine Umwelt wurde durchkämmt und verdächtigt, denn nach wie vor rechnete man Holl dem Besitz zugehörig, obwohl er nicht im Grundbuch stand, sondern nur in einem Fürsorgeverzeichnis, aber in der Sprechweise ließ man deutlich durchblicken, daß sein Körper und dessen Arbeitsvermögen zu 48 gehöre, und niemand habe das Recht, dem Bauern diesen jungen Körper streitig zu machen, ihm etwas von seinem Besitz wegzunehmen, aber er wollte auch nicht wahrhaben, daß Holl seinen Körper besitze, daß Holl ihm immer deutlicher ins Gesicht schrie, er solle ihn endlich in Ruhe lassen.«

Schattseite

Die Fortsetzung des Romans *Schöne Tage* schildert nüchtern die Lehrzeit Holls, in der er zunächst das Leben der Lehrlinge teilt, sich dann aber durch den Einfluss von Helene, der Mutter seines Schmiedemeisters, intellektuell weiterentwickelt, zu lesen und sich somit zu bilden beginnt, bis er Fabrikarbeiter in der Stadt wird und anfängt, die Matura an der Abendschule nachzuholen.

Beste Stelle: »Da Maria Wiesinger von Kind auf hatte lernen müssen, sich vor Arbeitgebern so weit wie möglich in Sicherheit zu bringen, durchschaute sie diese nun immer schneller und fand sie ab einem gewissen Zeitpunkt so unerträglich, daß sie von einer Stunde auf die andere ihre Sachen zusammenpackte, zur Konkurrenz ging und sich bewarb. Da man ihre Arbeitsleistung und ihr Aussehen schätzte, fand sie meistens sofort eine Arbeit, aber die Erleichterung war nur vorübergehend, denn häufiges Arbeitsplatzwechseln macht eine ländliche Umwelt böse.«

INOUE, YASUSHI (1907–1991)

Der Stierkampf (Tôgyû)

Um für seine Zeitung Geld einzutreiben, organisiert der Chefredakteur Tsugami einen drei Tage dauernden Wettkampf der Stiere, wird jedoch im Zuge der Organisation von einem Strudel aus Problemen, gegenseitigen Abhängigkeiten, Intrigen und Fehlentscheidungen mitgerissen, bevor das schlechte Wetter für ein horrendes Defizit sorgt und Tsugami von seiner – von ihm offiziell nie anerkannten – Freundin Sakiko beinahe verlassen wird.

Bester Satz: »Mochte diese Liebe auch grausam und verlogen sein, so hoffte sie doch, schon durch ein einziges, wenn auch unaufrichtiges Wort liebevoller Besorgtheit getröstet zu werden.«

Die Eiswand (Hyōheki)

Kurz vor der Besteigung der Hodaka-Wand wird Uozu von der Geliebten seines Freundes Kosaka gebeten, diesem mitzuteilen, dass sie ihn nicht liebe, was Kosaka erschüttert und vielleicht eine Rolle spielt bei seinem kurz darauf folgenden tödlichen Absturz, der akribisch untersucht wird, bis Uozu als Schuldiger dasteht, ohne dass dies noch jemanden interessieren würde, außer Kaoru, die Schwester des Toten, die Uozu bittet, sie zu heiraten, worüber dieser während einer erneuten Besteigung des Hodaka nachdenken will, bei der er allerdings umkommt.

Bester Satz: »Wenn ein Mensch die Fünfzig überschritten hat, will er nicht mehr das sein, was im Grunde außerhalb seiner selbst liegt.«

IRVING, JOHN (1942)

Das Hotel New Hampshire (The Hotel New Hampshire)

Win Berry scheitert mehrmals bei dem Versuch, ein erfolgreicher Hotelbesitzer zu werden, muss den Tod seiner Frau, seiner Tochter und seines Freundes Freud hinnehmen, ebenso die Vergewaltigung einer zweiten Tochter, die Kleinwüchsigkeit einer dritten – die später zur berühmten Schriftstellerin wird, sich aber trotzdem umbringt – und die Homosexualität seines Sohnes, und verliert selbst bei der Verhinderung eines Anschlags auf die Wiener Staatsoper sein Augenlicht, sodass seine Kinder später ein Heim für vergewaltigte Frauen eröffnen und dem zufrieden betrogenen Vater vorgaukeln, es wäre ein Hotel.

Bester Satz: »›Behalt deine Hände für dich, Kleiner‹, sagte der Bär zu Frank, und mit einem flinken, kurzen Hieb schlug er Franks Arme auseinander.«

ISHERWOOD, CHRISTOPHER (1904–1986)

Leb' wohl, Berlin. Ein Roman in Episoden (Goodbye, Berlin)

Der Roman zerfällt in sechs unabhängige Teile, die nur dadurch verbunden sind, dass sie in Berlin kurz vor und unmittelbar nach der

Machtergreifung der Nationalsozialisten spielen, und bietet unter anderem die Porträts der amüsanten, freilebigen Nachtklubsängerin Sally Bowles, deren Freundschaft zum Ich-Erzähler auch daran zerbricht, dass beide sich in denselben Mann verlieben; des Arbeitersohnes Otto Nowak, der mit allen Mitteln versucht, seinem Milieu zu entrinnen; und eines jungen jüdischen Großkaufhausbesitzers, der trotz seiner Voraussicht nicht imstande ist, aus seinem Leben auszubrechen, und beim Versuch, dies zu tun, vom Ich-Erzähler nicht ernst genommen wird.

Bester Satz: »Ich bin eine Kamera mit ihrem Verschluss offen, ziemlich passiv, aufnehmend, nicht denkend.«

ISHIGURO, KAZUO (1954)

Was vom Tage übrigblieb (The Remains of the Day)

Rückblickend entfaltet sich die Lebensgeschichte des alt gewordenen Butlers Steven, der es versäumt hat, die einzige Liebe seines Lebens, seine Exkollegin Miss Kenton, an sich zu binden, und 24 Jahre nach der ersten Begegnung bei einem erneuten Treffen von ihr erfährt, dass sie nur geheiratet habe, um ihn, Steven, aus seiner Starrheit zu wecken, was ihn erst zusammenbrechen, nach der Tröstung durch einen Fremden aber beschließen lässt, seine restliche Lebenszeit zu nutzen.

Bester Satz: »Wahrhaftig – warum sollte ich es nicht zugeben –, in diesem Augenblick brach mir das Herz.«

JAHNN, HANS HENNY (1894–1959)

Fluss ohne Ufer

Im ersten Teil des Buches entdeckt der blinde Passagier Gustav Anias Horn, dass seine Verlobte verschwunden ist, was zu einer Meuterei und zum Untergang des Schiffes führt; im zweiten Teil gesteht Alfred

Tutein Gustav den Mord an dessen Verlobter, doch es kommt zu einer sehr engen Freundschaft zwischen den beiden, die bis zu Alfreds Tod dauert; im dritten Teil erpresst Ajax von Uchri Gustav, entdeckt Alfreds Sarg bei ihm, tötet ihn und trifft später Gustavs unehelichen Sohn Nikolaj.

Bester Satz: »Das Ungewöhnliche ist eine Stufe, die zum Verbrechen führt.«

JAMES, HENRY (1843–1916)

Daisy Miller (Daisy Miller. A Study)

Der dem gesellschaftlichen Konservatismus verpflichtete Amerikaner Frederick Winterbourne verliebt sich in die unkonventionelle, freiheitsliebende Daisy Miller, kann aber ihr vergleichsweise zügelloses Leben und ihre Beziehung zu dem Italiener Giovanelli nicht gutheißen, bricht mit ihr und muss kurz vor Daisys Malaria-Tod von ihr selbst erfahren, dass sie innerlich nicht Giovanelli, sondern Frederick zugetan war, der jedoch ihre Zuneigung nicht erkannte.

Bester Satz: »Aus ihrem Ton hörte er sofort heraus, daß Miß Daisy Miller in der gesellschaftlichen Rangordnung einen der unteren Plätze einnahm.«

Porträt einer jungen Dame (The Portrait of a Lady)

Durch eine Erbschaft wohlhabend geworden, gibt Isabel Archer allen Warnungen zum Trotz ihre Unabhängigkeit auf und heiratet den egozentrischen Gilbert Osmond, von dem sie später erfährt, dass er seine Tochter Pansy im Kloster erziehen lässt, um sie bald darauf zur Heirat mit dem erfolgreichen Lord Walburton zu zwingen, was Isabel aus der Ehe ausbrechen und zu ihrem todkranken Cousin Ralph fliehen lässt, wo sie einen erneuten Heiratsantrag des in sie verliebten Caspar Goodwood ablehnt und beschließt, zu Osmond und Pansy zurückzukehren, auch wenn dies ihre Selbstaufgabe in der Ehe bedeutet.

Bester Satz: »In Wirklichkeit war ihr die Welt noch nie so weit vorgekommen; sie schien sich rings um sie herum aufzutun und die Gestalt eines riesigen Meeres anzunehmen, wo sie in unergründlichen Wassern dahintrieb.«

JARRY, ALFRED (1873–1907)

Messalina (Messaline)

In kaum zusammenhängenden Abschnitten verfasstes Werk über Messalina, die dritte Gattin des sich geistig kaum auf der Höhe befindenden römischen Kaisers Claudius, der wegen Messalinas ausufernden sexuellen Verhaltens sämtliche Liebhaber und Messalina selbst töten lässt, wobei Letztere sogar ihren Tod noch als sexuelles Erlebnis wahrnimmt.

Bester Satz: »Und es kamen Männer, Männer und Männer.«

JEAN PAUL (1763–1825)

Blumen-, Frucht- und Dornenstücke oder Ehestand, Tod und Hochzeit des Armenadvokaten F. St. Siebenkäs im Reichsmarktflecken Kuhschnappel

Der Dichter Siebenkäs lebt in zerrütteter Ehe mit Lenette, verlässt sie, um sich in München für seine »Teufelspapiere« feiern zu lassen, verliebt sich dabei in Natalie, täuscht seinen Tod vor, erreicht, dass sowohl Lenette als auch Natalie eine Witwenpension erhalten, und kann Natalie nach Lenettes Tod für sich gewinnen.

Bester Satz: »Ich wollte, Gott fristete mir nach diesem Leben das zweite, und ich könnte in der andern Welt mich an Realien machen; denn diese ist wahrlich zu hohl und zu matt, ein miserabler Nürnberger Tand – nur der fallende Schaum eines Lebens – ein Sprung durch den Reif der Ewigkeit – ein mürber stäubender Sodomsapfel, den ich gar nicht aus dem Maule bringen kann, ich mag sprudeln, wie ich will.«

JELINEK, ELFRIEDE (1946)

Die Liebhaberinnen

Die Teenager Brigitte und Paula versuchen ihrem tristen Leben als Fabrikangestellte zu entkommen, indem sie sich Männer suchen, sich schwängern und heiraten lassen, wobei Brigitte den Geschäftsbesitzer Heinz bekommt, mit dem sie eine erfolgreiche Ehe führt, während Paula als Frau des Holzarbeiters Erich kaum Zukunftsaussichten hat und später aus finanziellen Gründen zur Prostituierten wird, von der sich Heinz scheiden lässt, weshalb Paula auch die Kinder verliert und in der Fabrik endet, in der ihr Arbeitsleben begonnen hatte.

Bester Satz: »brigitte wird immer älter und immer weniger frau, die konkurrenz wird immer jünger und immer mehr frau.«

Die Klavierspielerin

Die Klavierlehrerin Erika Kohut, die mit ihrer sie terrorisierend umsorgenden Mutter zusammenlebt, wird von dem Musikstudenten Walter Klemmer umworben, den Erika erst ablehnt und dann mit einem Brief, in welchem sie sadistische Praktiken auflistet, die Klemmer an ihr begehen soll, zunächst verschreckt, schließlich aber dazu bringt, sie zu verprügeln, wobei er den Ritualcharakter ihres Begehrens nicht erkennt, was sie dazu zwingt, sich den Stich in die Schulter mit dem Messer, das Klemmer hätte benutzen sollen, selbst zuzufügen.

Bester Satz: «Damit ich nicht vor Schmerz winseln kann, stopfe mir bitteschön Nylons und Strumpfhosen u. dergl. ähnliches mit Genuß als Knebel in den Mund.«

JEROFEJEW, WENEDIKT (1938–1990)

Die Reise nach Petuschki. Ein Poem (Moskva – Petuški)

Wenedikt tritt von Moskau aus die Reise ins gelobte Petuschki an, das den Gegensatz zur moralisch und sozial völlig auf den Hund gekommenen UdSSR-Hauptstadt bildet, trifft im Zug auf betrunkene Hilfsarbeiter, die ihm ihre Geschichte erzählen, wird von Visionen und unheilverkündenden Dämonen heimgesucht und findet sich plötzlich in Moskau wieder, wo er erst zusammengeschlagen und schließlich getötet wird.

Bester Satz: »Ich wiederhole: man muss die geheimen Winkel der menschlichen Seele achten, man muss in sie hineinsehen, auch wenn es nichts zu sehen gibt, wenn da nichts anderes ist als Scheiße, trotzdem: sieh hin und achte, was du siehst, sieh hin, ohne auszuspucken …«

JOHNSON, UWE (1934–1984)

Das dritte Buch über Achim

Der westdeutsche Journalist Karsch soll ein drittes Buch über den berühmten DDR-Radfahrer Achim schreiben, in dem dieser als menschliches, sportliches und politisches Vorbild präsentiert wird, ein Bild, das allerdings den Recherchen Karschs zuwiderläuft, die ergeben, dass Achim nicht nur in der Hitlerjugend war, sondern auch aktiv am Aufstand des 17. Juni 1953 teilgenommen hat, woraufhin Karsch, des Widerspruchs von Seiten des Verlags und Achims müde, die Arbeit aufgibt und nach Westdeutschland zurückkehrt.

Bester Satz: »Sie […] sagten einander noch mehr was schnell vergessen wird am Vormittag auf der Autobahn an den Holzhäusern der Kontrolle beim Abschied von den Uniformen und in Achims stellvertretendem Leben nach wenigen Tagen auch.«

JOYCE, JAMES (1882–1941)

Ein Porträt des Künstlers als junger Mann
(A Portrait of the Artist as a Young Man)

Die Geschichte des Stephen Dedalus, der vom schmächtigen Kind einer verarmten Familie zum selbstbewussten, rebellischen Künstler wird, welcher mit der Kirche, seiner Familie, der bürgerlichen Konvention und sogar mit Irland bricht, um sich seinen zukünftigen großen Werken zu widmen – erzählt in einer Sprache, die sich dem Bewusstsein des jeweiligen Alters von Stephen anpasst.

Bester Satz: »Ich will nicht dem dienen, an das ich nicht länger glaube, ob es sich mein Zuhause nennt, mein Vaterland oder meine Kirche: und ich will versuchen, mich in irgendeiner Art Leben oder Kunst so frei auszudrücken wie ich kann, und so vollständig wie ich kann, und zu meiner Verteidigung nur die Waffen benutzen, die ich mir selbst gestatte – Schweigen, Verbannung und List.«

Ulysses (Ulysses)

Der Roman schildert den Ablauf des 16. Juni 1904 in Dublin im Leben von Leopold Bloom, dessen Frau Molly und dem Lehrer und Schriftsteller Stephen Dedalus, dabei noch unzählige andere Figuren integrierend, und stellt eine Sammlung unterschiedlichster Erzähltechniken – darunter vor allem der Bewusstseinsstrom – dar, wobei die Bezüge zu Homers Odyssee bis heute umstritten sind.

Bester Satz: »Welche Gehirntätigkeit begleitete seinen frequentativen Akt?«

Finnegans Wake (Finnegans Wake)

Bis heute nicht entschlüsselter Roman, bei dem es nicht einmal Klarheit über die Handlung gibt, da Joyce phonetisch stark verschliffene Wörter zum Zweck der Wortspielerei und Vieldeutigkeit und zahlreiche verschlungene Handlungsebenen einführte, aus denen sich den meisten Interpretationen zufolge nur festmachen lässt, dass der gesamte Roman ein Traum Humphrey Chimpden Earwickers ist; allerdings lässt das Buch sich mit Mühe auch auf einer realistischen Ebene lesen und wird dann zu einem Familienroman um Earwicker, seine Frau Anna Livia Plurabelle, deren Tochter Issy und die verfeindeten Söhne Shem und Shaun.

Bester Satz: »Der fall (bababadalgharaghtakamminarronnkonnbronntonn erronntuonnthunntrovarrhounawnskawntoohoohoordenenthurnuk!) eines ehmals wallstraiten oparrs wird auf und rumgeschwätzt früh im bett und später im leben quer durch die ganze christliche minstrelsängerei.«

JÜNGER, ERNST (1895–1998)

In Stahlgewittern

Umstrittenes Kriegstagebuch von Ernst Jünger, der im Ersten Weltkrieg von 1915 bis 1918 an der Westfront kämpfte und seine Eindrücke oftmals mit teilnahmsloser Präzision und Gleichgültigkeit wiedergibt, die im Gegensatz zu den schreckenerregenden Ereignissen um ihn herum stehen – inklusive der Beschreibung der letzten großen Offensive, in der Jünger schwer verletzt und in deren Folge er mit dem ›Pour le mérite‹ ausgezeichnet wird.

Bester Satz: »Hier herrschte der große Schmerz, und zum ersten Male blickte ich wie durch einen dämonischen Spalt in die Tiefe seines Bereichs.«

KADARE, ISMAIL (1936)

Der General der toten Armee (Gjenerali i ushtërisë së vdekur)

Ein General und ein Priester fahren nach Albanien, um die körperlichen Überreste der italienischen Armee des Zweiten Weltkriegs zu sammeln, was der albanischen Bevölkerung missfällt, durch das grauenvolle Wetter erschwert wird und den General zermürbt, der am Ende die Knochen eines in Italien verehrten Generals findet, welcher ein 14-jähriges Mädchen vergewaltigt und in den Selbstmord getrieben und ihren Vater hängen lassen hat, was dem General die Absurdität der Ausgrabungen vor Augen führt.

Bester Satz: »Sagten Sie denn nicht, Ihnen fehle ein Skelett, einszweiundachtzig lang?«

KAFKA, FRANZ (1883–1924)

Der Prozeß

Nachdem Josef K. an seinem 30. Geburtstag verhaftet und ohne Bekanntgabe der Anklage vor ein offensichtlich nicht reguläres Gericht gestellt worden ist, schwinden seine Verfahrensaussichten in dem Maße, in welchem ihm der Anwalt Huld, die Beziehungen zu nützlich scheinenden Frauen und der die Richter malende Künstler Titorelli die zunehmende Ausweglosigkeit seiner Situation verdeutlichen, was K. dazu bringt, sich am Ende völlig passiv zu seiner Exekution durch Erstechen am Vorabend seines 31. Geburtstags führen zu lassen.

Bester Satz: »Jemand mußte Josef K. verleumdet haben, denn ohne daß er etwas Böses getan hätte, wurde er eines Morgens verhaftet.«

Das Schloß

Der Landvermesser K. kommt in ein Dorf, das vom Schloss, von dem er vermutlich bestellt worden ist, beherrscht wird, geht eine Beziehung mit Frieda, der Geliebten des hohen Schlossbeamten Klamm, ein, um die offizielle Aufenthaltserlaubnis durch das Schloss zu erhalten, und verstrickt sich immer mehr in das Dorfleben und dessen soziale Ordnung, deren Durchbrechung ihn seine Beziehung zu Frieda kostet, weshalb er sich mit dem Zimmermädchen Pepi anfreundet.

Bester Satz: »Der direkte Verkehr mit den Behörden war ja nicht allzu schwer, denn die Behörden hatten, so gut sie auch organisiert sein mochten, immer nur im Namen entlegener, unsichtbarer Herren entlegene, unsichtbare Dinge zu verteidigen, während K. für etwas lebendigst Nahes kämpfte, für sich selbst; überdies, zumindest in der allerersten Zeit, aus eigenem Willen, denn er war der Angreifer; und nicht nur er kämpfte für sich, sondern offenbar noch andere Kräfte, die er nicht kannte, aber an die er nach den Maßnahmen der Behörden glauben konnte.«

Amerika

Der 16-jährige Karl Roßmann wird, nachdem er ein Diestmädchen geschwängert hat, von Prag nach Amerika zu seinem reichen Onkel geschickt, der ihn jedoch auf die Straße setzt, was Karl dazu zwingt, unter unmenschlichen Bedingungen als Liftboy zu arbeiten, bis er eine Stelle als Diener bei der Sängerin Brunelda erhält, bei der er buchstäblich versklavt wird – um am Ende in das ›Naturtheater von Oklahoma‹ zu gelangen, wo er wie alle Künstler eine Beschäftigung findet.

Bester Satz: »Aber plötzlich, nach einem Augenblick unachtsamen, schweigenden Dastehens, fühlte er wieder ihre wachsende Kraft an seinem Leib, und sie hatte sich ihm entwunden, faßte ihn mit gut ausgenütztem Obergriff, wehrte seine Beine mit Fußstellungen einer fremdartigen Kampftechnik ab und trieb ihn vor sich, mit großartiger Regelmäßigkeit Atem holend, gegen die Wand.«

KÄSTNER, ERICH (1899–1974)

Fabian. Die Geschichte eines Moralisten

Im Berlin der 1920er Jahre führt der Germanist und Werbetexter Dr. Jakob Fabian ein Lotterleben, verliebt sich in die Juristin Cornelia, welche – auch um Fabian finanziell zu helfen – die Geliebte eines Filmmagnaten wird, was Fabian ebenso wie der Selbstmord seines Freundes Labude seelisch so zerstört, dass er in die Provinzstadt seiner Eltern zurückgeht, eine Stelle bei einer politisch rechts stehenden Zeitung ablehnt und beim Versuch, ein Kind aus einem Fluss zu retten, ertrinkt, während das Kind ans Ufer schwimmt.

Bester Satz: »»Nie ist er da, und wenn er da ist, lohnt sich's auch nicht.‹«

KAWABATA, YASUNARI (1899–1972)

Tausend Kraniche (Senbazuru)

Der alleinstehende Kikuji soll gegen seinen Willen durch Vermittlung von Chikako, einer Geliebten seines verstorbenen Vaters, verheiratet werden, lernt Frau Oota, eine andere Geliebte des Vaters, kennen, beginnt ein Verhältnis mit ihr, das durch ihren überraschenden Tod endet, und nähert sich ihrer Tochter Fumiko, was jedoch von Chikako erfolgreich hintertrieben wird, so dass offen bleibt, wie die Beziehung zwischen Kikuji und Fumiko enden wird.

Bester Satz: »Und der Tod verhindert erst recht, daß man den Toten versteht, und darum wird das, was geschehen ist, nie und von niemandem verstanden und gebilligt werden.«

KAZANTZAKIS, NIKOS (1883–1957)

Alexis Sorbas, Abenteuer auf Kreta (Vios ke politia tu Alexi Zorbà)

Ein namenloser englischer Intellektueller pachtet ein Bergwerk auf Kreta und führt es gemeinsam mit dem ungebildeten Arbeiter und Hausierer Alexis Sorbas, der im Gegensatz zu dem Engländer nur für den Moment lebt, immer eine Antwort auf philosophische Fragen hat und direkt auf die Menschen zugeht, was das Unternehmen der beiden zwar scheitern, sie aber zu Freunden und den lebensbejahenden Sorbas zum Vorbild des Engländers werden lässt.

Bester Satz: »Wir wollen uns in den Bergen herumtreiben, Kohle fördern, Erz, Eisen und Zink, und einen Haufen Geld verdienen, damit die Verwandten uns respektieren, die Freunde uns schmeicheln und die Bonzen uns mit dem Hut in der Hand grüßen.«

KEHLMANN, DANIEL (1975)

Die Vermessung der Welt

Geschildert werden abwechselnd die Lebensläufe des unermüdlich Daten sammelnden Alexander von Humboldt, der sein Leben der Arbeit widmet, immerzu reist und allein bleibt, und des sesshaften, aber seine erotischen Triebe auslebenden Familientyrannen Carl Friedrich Gauß, der sich dem Weltverständnis mathematisch nähert, wobei die beiden Berühmtheiten erst als alte Männer zusammentreffen, dauernd aneinander vorbeireden und auch noch versuchen müssen, Gauß' naiven Sohn Eugen, der in revolutionäre Umtriebe gerät, vor der Justiz zu retten, was mit Eugens Verbannung in die USA endet.

Bester Satz: »Die Welt könne notdürftig vermessen werden, aber das heiße noch lange nicht, dass man irgendetwas verstehe.«

KELLER, GOTTFRIED (1819–1890)

Der grüne Heinrich

Von Kindheit an ist Heinrich Lee überwältigt von seiner Fantasie, muss jedoch im Laufe seines Lebens, in dem er sich nicht zwischen der vergeistigten Anna und der sinnlichen Judith entscheiden kann, bis Anna stirbt und er vor Judith flieht, erkennen, dass er sich zu spät der Realität zugewandt hat, woraufhin er …

… in der ersten Fassung des Romans bei seiner Heimkehr die Mutter tot vorfindet.

… in der zweiten Fassung die Mutter noch antrifft, Beamter wird und mit der aus Amerika zurückgekehrten Judith ein glückliches, bescheidenes Leben führt.

Bester Satz: »Diese beiden Vermögen bilden ja das Geheimnis aller Erziehung: unverwischte lebendige Jugendlichkeit, welche allein die Jugend kennt und durchdringt, und die sichere Überlegenheit der Person in allen Fällen.«

KEMAL, YAŞAR (1923)

Memed mein Falke (İnce Memed)

Als Halbwaise bereits in seiner Kindheit der Brutalität des Grundbesitzers Abdi Ağa ausgeliefert, erschießt Memed Ağas Neffen, den Ağa mit Memeds Geliebter Hace verheiraten will, woraufhin Hace ins Gefängnis geht, von Memed befreit wird, ein Kind bekommt und – gerade als Memed amnestiert werden könnte – erschossen wird, weshalb Memed Ağa tötet und spurlos verschwindet.

Bester Satz: »Das einzige Zeichen von Leben in seinen düsteren, erstarrten Zügen waren die Augen mit ihrem trotzigen Funkeln.«

KEMPOWSKI, WALTER (1929)

Tadellöser & Wolff. Ein bürgerlicher Roman

Darstellung der großbürgerlichen Familie Kempowski in den 1930er und 1940er Jahren, die auf Familienrituale ebenso eingeht wie auf die Sympathien der Familie für die Nationalsozialisten, die Hoffnung auf ein Weiterkommen, die Enttäuschung über die Schulden, die der Großvater anstelle eines Vermögens hinterlässt, und die Schwierigkeiten mit der Tochter Ulla, die Deutschland den Rücken kehrt, und schließlich den Krieg beschreibt, in dem Sohn Robert in Gefangenschaft gerät und die Familie am Ende in Rostock auf die nahenden Sowjetsoldaten wartet.

Bester Satz: »Das sei ja großartig organisiert, sagte mein Vater, Tadellöser & Wolff, da brauche man ja nur auszusuchen.«

KENNEDY, A.L. (1965)

Also bin ich froh (So I Am Glad)

Die in Glasgow lebende Radiosprecherin Jennifer macht die Bekanntschaft von Cyrano de Bergerac, der nach kurzem Verschwinden bei ihr einzieht, jedoch Schwierigkeiten hat, sich dem Lebensstil des ausgehenden 20. Jahrhunderts anzupassen, verliebt sich in Cyrano und reist mit ihm nach Paris, wo er nach der ihn erzürnenden Lektüre seiner verstümmelten Werke mit ihr die Straße seines Todes vor über 300 Jahren aufsucht und sich, nur seine Kleidung zurücklassend, auflöst.

Bester Satz: »Erste und letzte Gelegenheiten für dies und das verstreichen unbemerkt, und in der Welt passiert das Leben.«

KEROUAC, JACK (1922–1969)

Unterwegs (On the Road)

Der angehende Schriftsteller Sal Paradise wird in den Bann des wagemutigen, alle gesellschaftlichen und auch einige legale Konventionen verachtenden Dean Moriarty gezogen, der rastlos mit dem Auto durch die USA und Mexiko hetzt, an nichts gebunden ist und selbst die Freundschaft zu Sal aufs Spiel setzt, als er diesen krank in Mexiko zurücklässt, wobei Sal ihn trotzdem noch bewundert, auch wenn er sein Leben – bestehend aus Schnelligkeit, Drogen, Sex und endlosen Gesprächen – auf Dauer nicht teilen kann.

Bester Satz: »Muß zu meinem Leben zurück.«

Be-Bop, Bars und weißes Pulver (The Subterraneans)

Liebesgeschichte zwischen dem erfolglosen Schriftsteller Leo Percepied und der schwarz-indianischen Mardou Fox, die so leidenschaftlich beginnt, wie sie rasch endet, da Leo der Schwierigkeit einer Bindung zur psychisch nicht gesunden Mardou die Sicherheit seiner partygeschwängerten Freizeit und des Lebens bei seiner Mutter vorzieht.

Bester Satz: »Sie sitzt da und starrt jedermann an, die üblichen sexhungrigen Typen haben nicht den Mut zurückzustarren, denn von ihren Augen geht ein wildes Pulsieren aus und sie spüren so etwas wie eine lebendige Gefahr in der Apokalypse ihres angespannten gierigen Nackens und ihrer zitternden drahtigen Hände.«

KERTÉSZ, IMRE (1929)

Roman eines Schicksallosen (Sorstalanság)

Als 15-Jähriger wird György Köves nach Auschwitz und Buchenwald deportiert, wo er sich langsam des grauenvollen Alltags im Lager bewusst wird, den er nüchtern und aus seiner noch kindlichen Perspektive beschreibt, bis er – schon krank – befreit wird und bei seiner Rückkehr nach Budapest feststellt, dass die Wohnung seiner Eltern von einer fremden Familie bewohnt wird und seine Mutter wieder geheiratet hat.

Bester Satz: »Ich sagte ihnen, im Konzentrationslager hätten die Menschen im allgemeinen keinen Namen.«

Liquidation (Felszámolás)

Der Lektor Keserü forscht neun Jahre nach dem Selbstmord des in Auschwitz geborenen B., mit dessen Lebensgefährtin Judit er ein Verhältnis gehabt hatte, nach einem verlorenen Romanmanuskript B.s, von dem Judit schließlich zugibt, es auf B.s Verlangen hin verbrannt zu haben.

Bester Satz: »Auf einmal begriff ich die Absurdität unserer Situation, begriff, daß unsere Geschichte wie alle Geschichten uninterpretierbar und unwiederbringlich, vorbei, vergangen, verflogen war und daß wir nichts mehr mit ihr zu tun hatten, so wie wir auch mit unserem Leben kaum noch etwas zu tun hatten.«

KESEY, KEN (1935–2001)

Einer flog über das Kuckucksnest (One Flew Over the Cuckoo's Nest)

Der Taubstummheit simulierende Indianer Chief Bromden lernt in der Nervenheilanstalt den unangepassten R. P. McMurphy kennen, der die übrigen Insassen zu mehr Selbstbewusstsein herausfordert und in Konflikt mit der Aufseherin »Große Schwester« gerät, weshalb er mit dem Chief zu fliehen beschließt, die Flucht aber nach einer Party versäumt und bei einer Schlägerei »Große Schwester« zu erwürgen versucht, wofür er durch eine Hirnoperation seiner Persönlichkeit beraubt wird, bevor der Chief ihn aus Mitleid erstickt und allein flieht.

Bester Satz: »Und als der Nebel um meinen Kopf endlich verschwunden war, kam es mir so vor, als sei ich eben nach einem langen tiefen Untertauchen wieder aufgetaucht, als habe ich nach hundert Jahren unter Wasser endlich die Oberfläche durchstoßen.«

KIPLING, RUDYARD (1865–1936)

Kim (Kim)

Kim, Sohn eines in Indien verstorbenen irischen Soldaten, wächst als Inder auf, wird von einem weisen Lama erzogen, später aber durch Schulbildung und Aufnahme in den englischen Geheimdienst wieder in die englische Gesellschaft eingegliedert, bis der Lama den Ursprung jenes Flusses entdeckt, der durch einen Pfeilschuss Buddhas entsprang, und so vom »Rad der Dinge« befreit wird – eine Erlösung, die er auch für Kim, der zwischen aktivem englischen und kontemplativem indischen Leben schwankt, kommen sieht.

Bester Satz: »›Bevor unser aller Herr Erleuchtung gewann‹, der Lama faltete mit Ehrfurcht alles wieder zusammen, ›nahte ihm die Versuchung.‹«

KIŠ, DANILO (1935–1989)

Sanduhr (Peščanik)

Zusammengesetzt aus Zeugenaussagen, dokumentarischem Material, Briefen und Beschreibungen des Wahnsinns ergibt sich das Porträt von ES, einem 53-jährigen jüdischen Eisenbahnkontrolleur, der in bitterer Armut mit seiner kranken Frau unter völlig unzureichenden Bedingungen lebt, von seinen Verwandten verspottet wird und zunehmend dem Irrsinn verfällt.

Bester Satz: »Seht genau hin: ich zeige auf mein Herz!«

KLÍMA, IVAN (1931)

Liebe und Müll (Láska a smeti)

Der Erzähler, ein Schriftsteller, kehrt aus den USA in die kommunistische Tschechoslowakei zurück und wird Straßenkehrer, wobei ihm der Müll zum Symbol einer geistigen Haltung der Gesellschaft wird, er über seine Zeit im KZ Theresienstadt nachdenkt, privat eine heftige Schuldgefühle auslösende, gleichzeitig sinnlich-befreiende Liebesbeziehung mit der Bildhauerin Darja eingeht, es aber nicht schafft, seine Frau Lída zu verlassen, und so langsam beide Beziehungen vergiftet.

Bester Satz: »Du bist außerstande, dich dem Leben hinzugeben.«

KOEPPEN, WOLFGANG (1906–1996)

Das Treibhaus

Nach dem Zweiten Weltkrieg kehrt Keetenheuve aus dem Exil als Abgeordneter nach Westdeutschland zurück, muss aber feststellen, dass seine politische Arbeit ohne Wirkung ist, dass er sich als Bohemien seiner Partei entfremdet hat und dass er seine Frau, die im Krieg zur Alkoholikerin geworden ist, nicht retten kann – ein Scheitern auf ganzer Linie, das ihn das Angebot, Botschafter in Guatemala zu werden, ausschlagen und stattdessen den Suizid wählen lässt.

Bester Satz: »Niemand hatte ihn gesehen, niemand hatte ihn sehen können, denn leider hatte er die Tat nicht getan, er hatte wieder nur geträumt, am hellen Tag geträumt und sich nicht aufgerafft, er hatte gedacht, statt zu handeln, es war ewig, ewig das alte Lied.«

Der Tod in Rom

Der ehemalige SS-General Gottlieb Judejahn trifft sich in Rom mit seinem Schwager Pfaffrath, der, inzwischen Oberbürgermeister, klären soll, ob eine Rückkehr Judejahns in die BRD möglich ist, wobei durch das Treffen so unglückselige Vorgänge ausgelöst werden, dass Judejahn versehentlich die jüdische Frau des Dirigenten erschießt, der die Symphonie von Pfaffraths Sohn uraufführt, ebenjene Frau, deren Vater durch Pfaffrath ins KZ gekommen ist.

Bester Satz: »Aber gerade weil er den Mann nicht versteht, unterhält er sich gern mit ihm.«

KOESTLER, ARTHUR (1905–1983)

Sonnenfinsternis (Darkness at Noon)

Der ranghohe Kommunist Rubaschow wird während der Stalin-Ära
verhaftet und in endlosen Verhören durch psychische Foltermetho-

den dazu getrieben, Verbrechen zu gestehen, die er nicht begangen hat; er tut dies einerseits in dem Bewusstsein, sich anderer Verbrechen schuldig gemacht zu haben, und andererseits, um der Partei, die Konterrevolutionäre als Sündenböcke braucht, einen letzten Dienst zu erweisen.

Bester Satz: »Ihn, Nicolai Salmonowitsch Rubaschow, hatte man nicht auf den Gipfel des Berges geführt; und wohin immer sein Auge blickte, sah er nichts als die Wüste und die Finsternis der Nacht.«

KÖHLMEIER, MICHAEL (1949)

Telemach

Der sanftmütige Telemach begibt sich, angewidert von der Sympathie seiner verheirateten Mutter Penelope für den Freier Antinoos, auf die Suche nach seinem Vater Odysseus, stößt auf den alten Nestor, der ihn zu Menelaos schickt, worauf Telemach und sein Freund Peisistratos ausgeraubt werden, Peisistratos fast getötet, aber durch Athenes Eingreifen gerettet wird, und die beiden Freunde schließlich beim von Drogen zerstörten Menelaos über griechische Kriegsverbrechen, die Odysseus nicht verhindert hat, informiert werden, worauf Telemach die Suche angeekelt abbricht.

Bester Satz: »Ich bin verwunschen zu gewinnen, gewinnen, gewinnen – zuletzt das ewige Leben.«

KONWICKI, TADEUSZ (1926)

Die polnische Apokalypse (Mała apokalipsa)

Der Ich-Erzähler, halb entschlossen, sich aus Protest gegen das polnische Zentralkomitee öffentlich zu verbrennen, trifft auf einer Wanderung durch Warschau Freunde und Geliebte wieder, hat zweimal Sex mit einer jungfräulichen Russin, die sich anbietet, ihm in den Tod zu folgen, wird zwischendurch unter Drogen gesetzt und verhört, nimmt an einem zur Orgie ausartenden Bankett für hohe Funktionäre teil und trifft sich mit seinen Freunden wie verabredet zu seiner geplanten Verbrennung, vor der er seine Erleuchtung erfährt.

Bester Satz: »Meine Zeit zwang mich zur Monotonie, zu einem beständigen Stammeln, zu einer abstoßenden Hysterie, zu einem hastigen Gemurmel, zu einseitigen Beschuldigungen, zu einer wenig anziehenden Häßlichkeit.«

KRACHT, CHRISTIAN (1966)

Faserland

Der namenlose, anscheinend noch junge, wohlhabende Erzähler reist – häufig alkoholisiert – von Sylt quer durch das ihn anwidernde Deutschland bis in die Schweiz, gescheiterte Freundschaften hinter sich lassend, nie emotionalen Kontakt zu seinen Mitmenschen findend und innerlich zu schwach, den Suizid seines einst besten Freundes zu verhindern, bis er sich am Ende auf den Zürcher See hinausrudern lässt.*

KUNDERA, MILAN (1929)

Der Scherz (Žert)

Ein politischer Scherz unterbricht für mehrere Jahre die Karriere des Studenten Ludvík Jahn, doch es gelingt Ludvík nicht nur, sich in der kommunistischen Tschechoslowakei wieder nach oben zu arbeiten, sondern auch Rache an seinem politischen Gegner Pavel Zemanek zu üben, indem er mit dessen Frau schläft – was seinen Zweck aber nicht erfüllt, da die Frau ihren Mann längst verlassen hatte und infolge der Zurückweisung durch Ludvík einen Selbstmordversuch unternimmt.

138   * *Kein Abdruck von Textauszügen aus dem Werk Christian Krachts möglich.*

Bester Satz: »Der Mensch kann dem Menschen nur vergeben, weil er sich auf Gottes Vergebung beruft.«

Die unerträgliche Leichtigkeit des Seins (Nesnesitelná lehkost bytí)

Nach dem Prager Frühling geht der Chirurg und Frauenheld Tomas mit seiner Geliebten Teresa in die Schweiz, wo auch seine Exgeliebte, die Malerin Sabina, mit dem Dozenten Franz lebt, den sie aber verlässt, um in die USA zu emigrieren, während Tomas bald seiner Teresa in die ČSSR nachfolgt, wo er Fensterputzer werden und mit Teresa aufs Land ziehen muss und mit ihr bei einem Autounfall ums Leben kommt, gerade als beide sich ihrer Liebe endlich sicher waren.

Bester Satz: »Ohne es zu wissen, komponiert der Mensch sein Leben nach den Gesetzen der Schönheit, sogar in Momenten tiefster Hoffnungslosigkeit.«

Die Unsterblichkeit (L'immortalité)

Aufgrund seiner zahlreichen Episoden zwischen dem Paris der Gegenwart, Goethes Beziehung zu Bettina von Arnim, einem Treffen Goethes mit Hemingway und der Einbeziehung Kunderas selbst kaum wiederzugebender Roman, der sich vorrangig um die Informatikerin Agnes dreht, ihre Liebesverhältnisse, ihre Ehe und ihre missglückten, für andere tödlichen Selbstmordversuche; dazu um Agnes' Schwester Laura, die nach Agnes' Tod eine Affäre mit deren Mann Paul hat.

Bester Satz: »Dieser Augenblick, als Agnes plötzlich und ohne Vorbereitung den Arm mit einer fließend leichten Bewegung in die Luft warf, ist wunderbar.«

Die Identität (L'identité)

Weil die Männer sich nicht mehr nach Chantal umdrehen, beginnt ihr Lebensgefährte Jean-Marc ihr anonyme erotische Briefe zu schreiben, was Chantal bald aufdeckt, wie auch Jean-Marc diese Entdeckung klar wird, womit ein Zerrüttungsprozess des Paares in Gang gesetzt wird, da beide sich vom anderen belogen fühlen, bis Chantal nach London fährt, dort an einer Sexparty teilnimmt, einen Nervenzusammenbruch erleidet, bei dem sie ihre Identität verliert, und von Jean-Marc gerettet wird.

Bester Satz: »Sie sagt sich, daß die Liebe, selbst wenn sie existiert, nicht existieren soll, und dieser Gedanke macht sie nicht bitter, im Gegenteil, sie empfindet dabei ein Glücksgefühl, das sich in ihrem Körper ausbreitet.«

LAGERKVIST, PÄR (1891–1974)

Barabbas (Barabbas)

Von seiner Mutter verflucht, wird aus Barabbas jener Mörder, der am Kreuz enden soll, an dessen Stelle aber Jesus Christus hingerichtet wird, worauf Barabbas versucht zu glauben, sich dieses Glaubens aber nie sicher ist und erst sein Leben dafür aufs Spiel setzt, als er die Ausbreitung des Feuers in Rom unterstützt – in der Annahme, es sei die Tat der Christen –, wofür er tatsächlich gekreuzigt wird.

Bester Satz: »Wir haben kein Recht, einen Menschen zu verurteilen, weil er keinen Gott hat.«

LAO SHE (1899–1966)

Rikscha Kuli (Luotuo Xiangzi)

Der Bauernjunge Xiangzi kommt nach Peking, um als Rikscha-Kuli zu arbeiten, doch erst wird die Rikscha gestohlen, dann verliert Xiangzi seine Stelle als Kuli, und die erzwungene Ehe mit Huniu, der hässlichen Tochter eines Rikschaverleihers, führt nicht nur zu Not, sondern auch zum Tod der schwangeren Frau und dieser wiederum zum Aufbrauchen aller Ersparnisse für das Begräbnis – Xiangzi bleibt nicht einmal die Liebe zu einer Prostituierten, da diese sich umbringt.

Bester Satz: »Das Geld zerfloß wie Wasser, er konnte es nicht aufhalten.«

LAWRENCE, D. H. (1885–1930)

Lady Chatterley (Lady Chatterley's Lover)

Verheiratet mit dem invaliden, impotenten Clifford, hat Connie Chatterley die Erlaubnis ihres Mannes, sich sexuelle Abenteuer zu gönnen und dürfte sogar – ihrem Stand entsprechend – schwanger werden, was sie in die Arme des Wildhüters Mellors führt, bei dem sie nicht nur sexuelle Erfüllung, sondern auch wahre Liebe findet, worauf sie schwanger wird, Clifford verlässt und zu ihrer Schwester zieht, während Mellors auf sie wartet.

Bester Satz: »Sie rannte, und er sah nichts als den runden, nassen Kopf, den im Fliehen vorgebeugten, nassen Rücken, die runden, regenglänzenden Hinterbacken: eine wunderbare, geduckte weibliche Nacktheit auf der Flucht.«

LAXNESS, HALLDÓR (1902–1998)

Atomstation (Atómstöðin)

Ugla wird Dienstmädchen im Haus des Parlamentariers Bui Arland und trifft sich in ihrer Freizeit mit einem genialen, aber armen Organisten, bis sie von einem Polizisten schwanger wird, Reykjavík verlässt, nach der Geburt des Kindes zurückkommt und erfährt, dass der Polizist wegen Betrugs im Gefängnis sitzt, worauf der Organist sein Haus verkauft und Ugla das für die Freilassung nötige Geld gibt, während sie das Angebot des Parlamentariers, sein Leben für sie aufzugeben, nach einer Liebesnacht ausschlägt.

Bester Satz: »Das Bad war rosarot gefliest, und das Wasser aus den heißen Quellen dampfte in der Wanne, die eine Wand war ein Spiegel vom Boden bis zur Decke; ich starrte gebannt auf dieses große, starke Frauenzimmer, das dort mit Milch in den Brüsten stand, und fürchtete mich davor, wieder meine Kleider anzuziehen und ein armes Mädchen aus dem Nordland zu werden, und tat alles, um möglichst viel Zeit zu vertrödeln.«

Das Fischkonzert (Brekkukotsannáll)

Der von seiner Mutter verlassene Alfgrimur wächst in Reykjavík auf einem Bauernhof auf, lernt den berühmten Sänger Gardar Holm kennen, der zum ersten Mal in Island auftreten soll, aber vor dem Konzert in einer Kirche nur für seine Mutter und Alfgrimur singt, anschließend flieht und Selbstmord begeht, weshalb Alfgrimur beim Konzert für Holm einspringt und ein fünfjähriges Stipendium erlangt, das er ablehnt, um mit dem Geld seines Großvaters, der den Hof verkauft hat, nach Dänemark zu gehen.

Bester Satz: »Aber vielleicht näherte sich diese unsinnige Mischung von Lachen und Schluchzen mehr der wahren Melodie als irgendein anderer Gesang, enthielt mehr Seele der Kreatur als die schonungslose Zucht, die auf der Bühne bei uns im Brekkukot geübt wurde – bis schließlich der Sänger nur noch stoßweise atmen konnte, wie er da vor dem Altar stand mit krampfhaften Zuckungen im Gesicht, nach Luft rang, keinen Laut mehr hervorbrachte, zu Füßen seiner Mutter in die Knie sank und sein Gesicht in ihrem Schoß verbarg.«

LE CARRÉ, JOHN (1931)

Der Spion, der aus der Kälte kam
(The Spy Who Came In from the Cold)

Die letzte Chance zur Rettung seiner Karriere besteht für den Geheimdienstchef Leamas darin, sich von den Ostdeutschen anwerben zu lassen und durch Falschinformationen den Ost-Agenten Mundt als Doppelagenten zu brandmarken, was auch beinahe gelingt, als Leamas enttarnt wird und erfährt, dass Mundt tatsächlich als Doppelagent tätig und der ganze Auftrag nur ein Bluff war, um Mundt mehr Sicherheit zu bieten, woraufhin Leamas bewusst in den Tod geht.

Bester Satz: »Ich würde Mundt getötet haben, wenn ich gekonnt hätte, ich hasse seinen Charakter.«

LEM, STANISŁAW (1921–2006)

Eden (Eden)

Sechs Astronauten lassen sich von der Schönheit des Planeten Eden blenden, müssen dort notlanden und erkunden das bizarre Leben auf Eden, zu dem auch die Doppelts gehören, in der Fabrik hergestellte Wesen ohne Hirn, Blutkreislauf und Nervensystem, dafür mit drei Lungen, die nur durch ein spezielles Gerät denken und durch einen Übersetzungsautomaten miteinander reden können – ein Zerrbild menschlichen Lebens, das die Astronauten die Flucht ergreifen lässt.

Bester Satz: »Schon so viele Male hatte er bei sich beschlossen, auf diese wirklichkeitsnahen Ahnungen, die ihn so oft überfielen, nicht zu achten.«

Solaris

Der mysteriöse Planet Solaris sorgt offenbar dafür, dass jeder der Bewohner einer Raumstation von dem Abbild einer früher gekannten Person verfolgt wird – im Falle des Wissenschaftlers Kelvin ist dies seine tote Frau –, doch gelingt es den Forschern, sich von dieser Last zu befreien, während sie weiterhin vergeblich auf einen deutbaren Kontakt zu Solaris warten und bevor der Roman mit Kelvins erstem, beeindruckendem Spaziergang auf dem Planeten endet.

Bester Satz: »Dies alles ließ die Wissenschaftler zu der Überzeugung neigen, ein denkendes Monstrum vor sich zu haben, etwas wie ein millionenfach auseinandergewuchertes, den ganzen Planeten umfangendes protoplasmatisches Hirn-Meer, das die Zeit hinbringt mit gespenstisch ausgedehnten theoretischen Betrachtungen über das Wesen des Alls; all das aber, was unsere Apparate herausgreifen, das sind kleine, zufällig aufgeschnappte Bruchstücke dieses ewig in den Tiefen abrollenden, jegliche Möglichkeit unseres Begreifens überschreitenden gigantischen Monologs.«

LENZ, SIEGFRIED (1926)

Deutschstunde

Auch nach Ende der Nazi-Zeit überwacht und verfolgt der Polizist Jepsen den Maler Nansen, während Jepsens Sohn Siggi Nansens Bilder in Sicherheit bringen will, deshalb eines stiehlt, dafür drei Jahre in einer Besserungsanstalt für Schwererziehbare absitzen soll, aber nach Schreiben des Aufsatzes »Die Freuden der Pflicht«, in dem er seine Geschichte aufrollt, frühzeitig entlassen wird.

Bester Satz: »Ich dachte: mal sehen, wie lange er ihn stehenläßt, und dachte: mal sehen, wie lange der Maler es abwartend aushält; sie sind ja groß im Wegsehn bei uns, und von dem, der nachgibt, einlenkt, aufgibt, sagen sie schnell: er hat verloren.«

LEONOW, LEONID (1899–1994)

Der Weg nach Ozean (Doroga na Okean)

Der Vorzeigekommunist Kurilow erkennt als Todkranker, dass er sein Leben zu sehr der Pflicht gewidmet hat, und ändert sich; er beginnt eine Beziehung mit der Frau des Chirurgen Ilja, wird milder gegenüber Mitmenschen und Gegnern, muss aber eine Intrige von Iljas Bruder überstehen, der versucht, Ilja dahingehend zu manipulieren, dass er Kurilow tötet, was Ilja allerdings aufdeckt, worauf es zu einer entscheidenden Operation kommt, die Kurilow – dessen Visionen eines perfekten sozialistischen Lebens in der Stadt Ozean ausführlich geschildert werden – jedoch nicht überlebt.

Bester Satz: »Die glücklichen Liebenden gibt es nicht mehr, aber das verschafft dem Dritten, dem Betrogenen keine Genugtuung.«

LERMONTOW, MICHAIL (1814–1841)

Ein Held unserer Zeit (Geroj našego vremeni)

In unzusammenhängenden Erzählungen erfährt man von Petschorins Liebe zu der Fürstentochter Bela, die bald abkühlt; von Petschorins Konfrontation mit einer Schmugglerbande; vom bald gelangweilten Werben um eine Prinzessin, das zu einem tödlichen Duell mit Petschorins einzigem Freund führt; und vom Zusammentreffen mit einem Soldaten, der das russische Roulette überlebt, kurz darauf aber von einem Verrückten umgebracht wird.

Bester Satz: »Alle lasen in meinem Gesicht Anzeichen von schlechten Eigenschaften, die nicht vorhanden waren; aber man setzte sie voraus, und so entstanden sie.«

LEROUX, GASTON (1868–1927)

Das Phantom der Oper (Le fantôme de l'opéra)

Die Pariser Oper wird von einem Phantom terrorisiert, das nebenbei aber auch die Schwedin Christine zu einer großen Sängerin ausbildet, die sich allerdings in den Vicomte Raoul de Chagny verliebt, weshalb das Phantom Christine entführt und so den Tod von Raouls Bruder bei der Suche nach ihr verursacht, Raoul selbst aber im Tausch gegen Christines Versprechen, es zu heiraten, rettet, gerührt durch Christines Mitleid auch sie freigibt und kurz darauf stirbt.

Bester Satz: »Dann stiegen die Töne in einem gewaltigen und bedrohlichen Schwarm aus dem Abgrund zum Himmel empor wie ein Adler zur Sonne, und eine Symphonie schien eine Welt so triumphal in Brand zu setzen, daß ich begriff, daß das Werk vollendet war und die von Liebe beflügelte Häßlichkeit es gewagt hatte, der Schönheit ins Angesicht zu schauen!«

LESAGE, ALAIN-RENÉ (1668–1747)

Die Geschichte des Gil Blas von Santillana (Histoire de Gil Blas de Santillane)

Extrem ereignisreiches Werk über den Lebensweg Gil Blas', der vom Sohn mittelloser Eltern unter anderem zum Räuber, Kurpfuscher, Diener, Vermögensverwalter und korrupten Sekretär eines Herzogs wird, nach einer Intrige ins Gefängnis kommt, sich aufs Land zurückzieht, in die Politik zurückkehrt, geadelt wird, nach dem Fall seines Gönners erneut aufs Land geht und glücklich mit seiner Familie seinen Lebensabend beschließt.

Bester Satz: »Ich fiel in einem Augenblick von einem Extrem ins andere, und ein tödlicher Haß trat an die Stelle der glühendsten Liebe, die ich noch ein paar Minuten vorher für meine Frau empfunden hatte.«

LESSING, DORIS (1919)

Das goldene Notizbuch (The Golden Notebook)

Politisch desillusioniert, mit einer Schreibkrise und psychischen Problemen konfrontiert, beginnt die Schriftstellerin Anna Wulf vier thematisch getrennte Tagebücher, um ihrer Krise auf den Grund zu gehen, wodurch der Leser vom Scheitern einer langjährigen Beziehung und von einer schwierigen zweiten Beziehung erfährt und den Roman ›Free Women‹ zu lesen bekommt, bis Anna ihre Tagebücher beendet und – gestärkt – nur noch in ein goldenes Notizbuch schreibt.

Bester Satz: »Das erste Buch, das schwarze Notizbuch, begann mit Gekritzel, verstreuten musikalischen Zeichen, Violinschlüsseln, die sich zum £-Zeichen verschoben und wieder zurück; dann ein kompliziertes Muster von ineinandergreifenden Kreisen, dann Wörter:

schwarz
　　dunkel, es ist so dunkel
　　　es ist dunkel
　　　　es ist so etwas wie Dunkelheit hier«

Die Ehen zwischen den Zonen Drei, Vier und Fünf (The Marriage between Zones Three, Four and Five)

Dieser Band schildert die von überirdischen Mächten befohlene Ehe zwischen der intellektuellen Königin der dritten Zone, Al-Ith, und dem barbarischen Anführer der kriegerischen vierten Zone, Ben Ata, die nach Desinteresse und gegenseitiger Verletzung zu Harmonie führt, jedoch durch die Mächte jäh wieder auseinandergerissen wird und Al-Ith in die fünfte Zone führt, in der sie, völlig vergeistigt, zur spirituellen Führerin einer neuen Bewegung wird und am Ende Ben Ata wiedertrifft.

Bester Satz: »Sie fand ihn grob, diesen großen Soldaten mit seinem massigen erhitzten Körper, den wilden, zornigen Augen und den dicken sonnengebleichten Haaren, die sie an das Fell gewisser, sehr wertvoller Schafe erinnerten, die auf einem bestimmten Berg gezüchtet wurden.«

LEVI, CARLO (1902–1975)

Christus kam nur bis Eboli (Cristo si è fermato a Eboli)

Während des Faschismus wird der Arzt Levi in die abgelegene Provinz Lukanien verbannt, wo er auf starrsinnige, verhärtete Menschen trifft, die sich der Staatsmacht subversiv zu entziehen versuchen, sich als von Gott verlassen betrachten und ihren eigenen Glauben pflegen, wobei sie ihre Rohheit nur während der Zeit aufgeben, in der Levi versucht, die Malaria zu besiegen.

Bester Satz: »Die passive Brüderlichkeit, dies gemeinsame Leiden, diese resignierte, allgemeine, jahrhundertealte Geduld ist das tiefe Gemeinschaftsgefühl der Bauern, ein nicht religiöses, aber natürliches Band.«

LEWIS, SINCLAIR (1885–1951)

Babbitt (Babbitt)

Als der Geschäftsmann George F. Babbitt durch liberalere Ansichten und eine außereheliche Affäre aus seinem festgefahrenen Alltagsleben ausbricht, bekommt er sofort die Strenge seiner Umwelt in Form von Misstrauen und weniger gut laufenden Geschäften zu spüren, bis er durch den Eintritt in die »Good Citizens League« seine alte Position wiedergewinnen kann, seine geheimen Wünsche aber aufgeben muss.

Bester Satz: »Also, jetzt, um's Himmels willen, wiederhole das nur deiner Mutter nicht, sonst reißt sie mir noch meine letzten Haare aus, aber es ist ein Faktum, daß ich nie auch nur eine einzige Sache zustande gebracht habe, die ich mir vorgenommen, nein, in meinem ganzen Leben nicht!«

LEZAMA LIMA, JOSÉ (1910–1976)

Paradiso (Paradiso)

Inhaltlich kaum wiederzugebender Roman über José Cemí, dessen paradiesische Kindheit mit dem Tod des Vaters endet, der die ganze Familie auseinanderdriften lässt, worauf José Freundschaft mit den Studenten Fronesis und Focíon schließt, die jedoch einerseits durch eine Reise, andererseits durch den Wahnsinn ihr Ende findet, was José nähere Bekanntschaft mit Oppiano Licario schließen lässt, den Josés

Vater gebeten hatte, sich nach seinem Tod um den Jungen zu kümmern, und der José in die Welt der Poesie einführt.

Bester Satz: »Das Alles oder Nichts in Bekenntnissen verbirgt stets die andere Hälfte, bei der einer fühlt, daß ein Falke ihm auf der Spur ist, und das zerstört die Wahrheit.«

LINS, OSMAN (1924–1978)

Avalovara (Avalovara)

Scheinbar abstruser Roman, der die Suche Abels nach einer Frau mit unaussprechlichem Namen beschreibt, wobei Abel zahlreiche Bekanntschaften macht und ebenso scheinbar unzusammenhängende Episoden – wie die der eine bruchstückhafte Scarlatti-Melodie spielenden Uhr – in Wirklichkeit durch das Muster eines magischen Quadrats und einer Spirale miteinander verknüpft sind, bis Abel und seine Geliebte am Ende von deren Mann erschossen werden.

Bester Satz: »Zwischen uns eine Wechselbeziehung, wir gehen von mir zu mir, ich ich wir ich ich von mir zu mir, Schlinge und Acht, Mund und Mund, durchdringen uns und existieren, eine Kugel schließt uns ein, und wir selbst sind Kugel, Mund und Mund (wessen?) Hüften Arme Knie Gesäß Ohren (wessen?) Glied Schlund betaute Scheiden Lust die sich gestaltet brennendes Skrotum Haare Seufzer.«

LIPUŠ, FLORJAN (1937)

Der Zögling Tjaž (Zmote dijaka Tjaž)

Polyperspektivischer Bericht über das Leben des katholischen Internatsschülers Tjaž, der gegen die extreme, alles umfassende Ordnung rebelliert, indem er ein Liebesverhältnis mit Nini eingeht, aber auch beginnt, alles um sich herum zu zerkratzen, zerhacken oder zu zersägen, was zu seinem Rauswurf und Suizid führt.

Bester Satz: »Wahrscheinlich fiel es dem Tjaž unter allen Internatlingen noch am leichtesten, der Hausordnung nachzuleben, die unerbittlich tierische Unterwerfung gefordert hat.«

LOBO ANTUNES, ANTÓNIO (1942)

Fado Alexandrino (Fado Alexandrino)

Zehn Jahre nach der Nelken-Revolution treffen sich fünf rangunterschiedliche, ehemals in Mosambik eingesetzte Soldaten zu einem Abendessen mit Besäufnis und erzählen sich ihre größtenteils von Zerrüttung, Enttäuschung und Scheitern geprägten Geschichten, bis ihre vom Alkohol gesteigerte Frustration so stark wird, dass sie einen der ihren, den Funker, umbringen.

Bester Satz: »dann (sic!) sehe ich den Funker nicht, wie er eine der Schwestern grunzend gegen ein Bord drückt, das quietscht und wackelt, dann höre ich ihre Rufe, ihre kleinen Schreie, ihre gespielte Begeisterung, ihren nachgemachten Orgasmus nicht, der rüttelnd Rahmen, alte Münzen, kleine Elfenbeingegenstände umwirft, dann erlebe ich die steinerne, enttäuschte Stille hinterher nicht, auch die Mulattin nicht, die ihre riesigen Schenkel wegzieht, und den Soldaten nicht, der, den Hintern in der Luft, unermüdlich wie ein Insekt auf allen vieren um die Puddingumrisse ihrer Brust und ihres Bauchnabels summt, und ich sehe Sie nicht, Herr Hauptmann [...]«

LONDON, JACK (1876–1916)

Martin Eden (Martin Eden)

Der ungebildete Seemann Martin Eden verliebt sich in die Bürgerstochter Ruth Morse und beginnt sich zu bilden und zu schreiben, was Ruth ihm wegen seiner Erfolglosigkeit auszureden versucht; sie löst die Verlobung mit ihm, versucht aber nach seinem überraschenden Erfolg sich ihm wieder zu nähern, was misslingt, da Martin – ernüchtert über das heuchlerische Verhalten der einst von ihm bewunderten Bürgerschicht – als Matrose anheuert und auf See Selbstmord begeht.

Bester Satz: »Wenn das Leben ihm mehr bedeutete, dann durfte er auch mehr vom Leben fordern; aber eine Gesellschaft wie diese konnte ihm nicht mehr geben.«

LOWRY, MALCOLM (1909–1957)

Unter dem Vulkan (Under the Volcano)

Der ehemalige Konsul Geoffrey Firmin ist dem Alkohol verfallen; seine Exfrau Yvonne und sein Bruder Hugh, die ein Verhältnis miteinander hatten, wollen ihn zwar retten, doch Geoffreys Denken kreist nur um sein kaputtes Leben und den nächsten Drink, bis er während eines Ausflugs in einem mexikanischen Dorf im Streit wegläuft, sich betrinkt, in einen Disput mit einem dubiosen Mann verwickelt, von diesem für einen Spitzel gehalten und erschossen wird.

Bester Satz: »Er konnte gerade noch sein Glas vom Tablett nehmen und hielt es jetzt wägend in den Händen, war aber unfähig, es an den Mund zu führen, denn er zitterte wieder, nicht leicht, sondern heftig wie ein an Zitterlähmung oder Parkinsonscher Krankheit Leidender.«

MACHFUS, NAGIB (1911–2006)

Der Dieb und die Hunde (Al-Liss wa al-kilab)

Der Dieb Said will Rache nehmen an seiner Frau und deren Geliebtem Ulays, tötet jedoch den Nachmieter des Paares, wird von der Polizei verfolgt, kommt bei einer Prostituierten unter und will nun seinen reich und konservativ gewordenen Freund Raouf umbringen, der eine Pressekampagne gegen Said führt, erschießt aber dessen Portier, muss untertauchen, verfällt psychisch und wird, als er notgedrungen auf die Straße geht, von der Polizei gestellt und erschossen.

Bester Satz: »»Könnt ihr mir einen einzigen Platz auf der Erde nennen, wo man die Ruhe wirklich auskosten kann?«»

Ehrenwerter Herr (Hadrat al-Muhtaram)

Aus der untersten Schicht stammend, kennt der intelligente Osman nur das Ziel, in die höchste Besoldungsklasse seines Ministeriums aufzusteigen, wofür er arbeitet, lernt, stets zu Diensten ist und allein bleibt, bis er frustriert erst eine Prostituierte heiratet und anschließend eine junge Mitarbeiterin, von der er bald erkennt, dass sie ihn ausnutzt; immerhin wird er, nach Jahrzehnten der Entbehrung, endlich Ministerialdirektor, kann diesen Posten aber, dem Tode nah, nicht mehr ausüben.

Bester Satz: »Entweder wurde sein Platz durch Beförderung frei oder durch Pensionierung oder … durch Tod.«

Die Kinder unseres Viertels (Awlad haratina)

Allegorischer Roman über einen Mann, der sein Vermögen durch eine Stiftung an seine vier Kinder weitergibt und den Ältesten übergeht, wodurch ein heftiger Streit um die Erträge der Stiftung ausbricht und der daraus zu ziehende Gewinn von Gewalttätern beansprucht wird, bis zwei Söhne und die Jünger des dritten die Erträge wieder an sich bringen können – womit nichts anderes gemeint ist als das Erbe Gottes, um das Adam, Moses, Jesus und Mohammed kämpfen müssen.

Bester Satz: »Es gehört zu meinem Unglück, daß ich den Menschen, denen ich begegne, auf die eine oder andere Weise Kummer bringe.«

MALAPARTE, CURZIO (1898–1957)

Die Haut (La pelle)

Der Roman, der keine eigentliche Handlung besitzt, erzählt durch Hauptmann Malaparte vom sittlichen Verfall der Neapolitaner, die den Krieg überlebt haben und sich an die amerikanischen Sieger verkaufen, von der Homosexualität unter den Italienern, einer schrecklichen päderastischen Orgie, einem beinahe aus dem Ruder laufenden Dinner und dem Einzug der Amerikaner in Rom, die einen Menschen mit Panzern überfahren – ein Panorama menschlicher Abgründe.

Bester Satz: »Stimmt es, dass das Fleisch eines schwarzen Amerikaners mehr kostet als das eines weißen Amerikaners?«

MALERBA, LUIGI (1927)

Die nackten Masken (Le maschere)

Noch bevor der neu gewählte Papst Hadrian VI. nach Rom zurückkommen kann, versuchen die vergnügungssüchtigen und geldgierigen Kardinäle sich gegenseitig auszuspielen, darunter besonders Valerio Ottoboni Cosimo und Rolando della Torre, der beim Versuch, Ottoboni mit Hilfe seines Diakons Baldassare zu töten, auch vor Hexerei nicht zurückschreckt, bis beide Kardinäle sich gegenseitig durch gedungene Mörder umbringen.

Bester Satz: »Wenn man nach der Bibel ginge, wer bliebe dann noch in Rom verschont?«

MALRAUX, ANDRÉ (1901–1976)

So lebt der Mensch (La condition humaine)

Nach der Machtübernahme in Shanghai 1927 verfolgt der chinesische General Tschiangkaischek die dortigen Kommunisten, deren Widerstand anhand einer Gruppe gezeigt wird, deren Mitglieder – kaum bewaffnet – ihr Leben einsetzen und es sinnlos verlieren wie Tschen, der sich mit einem Auto in die Luft sprengt, in dem der General jedoch nicht saß, oder Katow, der Folterungen erliegt, oder Kyo, der nach seiner Verhaftung Zyankali nimmt.

Bester Satz: »›Ein Mensch, der einen vermutlich töten lassen wird, gleicht natürlich jedem beliebigen andern‹, fuhr es Kyo durch den Kopf.«

MANKELL, HENNING (1948)

Mörder ohne Gesicht (Mördare utan ansikte)

Belastet durch Familien- und Alkoholprobleme versucht Kommissar Kurt Wallander den Doppelmord an dem Bauernehepaar Lövgren aufzuklären, zu dem auch noch der Mord an einem Farbigen kommt, der begangen wurde, weil die Mörder des alten Ehepaares angeblich Ausländer waren, wobei Wallander erst den Mörder des Farbigen findet, als Täter im ersten Fall später den illegitimen, verheimlichten Sohn Lövgrens verdächtigt, schließlich aber zwei Asylanten der Tat überführt.

Bester Satz: »Als er einmal einen Krimi gelesen hatte, mußte er seufzend feststellen, daß es da nicht anders aussah: Polizisten waren geschieden.«

MANN, HEINRICH (1871–1950)

Der Untertan

Der opportunistische, skrupellose und konservative Diederich Heßling arbeitet sich an die Spitze der Gesellschaft seiner Heimatstadt Netzig hoch, wobei er eine Geliebte zurücklässt, einen jüdischen Mitbürger zur Majestätsbeleidigung treibt, die Verlobte seines Freundes heiratet, es durch Zusammenarbeit mit dem ihm verhassten Sozialdemokraten Fischer zum Stadtverordneten und Besitzer einer Papierfabrik bringt und das neu errichtete Kaiser-Wilhelm-Denkmal einweihen darf.

Bester Satz: »Das strahlende Bild echt deutschen Wesens aber erhebt sich auf dem Boden des Christentums, und das ist der einzig richtige Boden, denn jede heidnische Kultur, mag sie noch so schön und herrlich sein, wird bei der ersten Katastrophe erliegen; und die Seele deutschen Wesens ist die Verehrung der Macht, der überlieferten und von Gott geweihten Macht, gegen die man nichts machen kann.«

MANN, KLAUS (1906–1949)

Mephisto. Roman einer Karriere

Der einst politisch linke Schauspieler und Regisseur Hendrik Höfgen macht unter den Nationalsozialisten Karriere, opfert dafür die Ehe mit Barbara, durch die er Akzeptanz im Großbürgertum erlangt hatte, scheitert an der Rolle des Hamlet und wird sich trotz seines allgemeinen Erfolges seiner Ehrlosigkeit bewusst, was aber nur Selbstmitleid in ihm auslöst.

Bester Satz: »Ich muß mich häufig so entsetzlich stark schämen – mich so in die Hölle hinunter schämen … Verstehst du denn, was ich meine, Barbara?«

MANN, THOMAS (1875–1955)

Die Buddenbrooks. Verfall einer Familie

Aufstieg, vorübergehende Schwäche, Höhepunkt und Niedergang einer Lübecker Kaufmannsfamilie unter der Führung von Johann Buddenbrook, dessen Sohn Konsul Johann (Jean) und dem Enkel Senator Thomas Buddenbrook, der nicht lange genug lebt, um den Verfall aufhalten zu können, welcher sich in der Figur seines künstlerisch begabten, lebensuntüchtigen Sohnes Hanno ausdrückt, der jung an Typhus stirbt, während sein Onkel Christian, vergnügungssüchtiger und arbeitsscheuer Hypochonder, in der Anstalt endet, und seine Tante

Tony – ungeachtet des geschäftlichen Niedergangs, zweier gescheiterter Ehen und sonstiger Schicksalsschläge – sich ihren unerschütterlichen Familienstolz bewahrt hat.

Bester Satz: »Es war genau, als würde sein Gehirn ergriffen und von einer unwiderstehlichen Kraft mit wachsender, fürchterlich wachsender Geschwindigkeit in großen, kleineren und immer kleineren konzentrischen Kreisen herumgeschwungen und schließlich mit einer unmäßigen, brutalen und erbarmungslosen Wucht gegen den steinharten Mittelpunkt dieser Kreise geschmettert …«

Der Zauberberg

Sehr umfangreiches Buch über den 23-jährigen Hans Castorp, der für drei Wochen ins Sanatorium nach Davos geht und – auch wegen einer falschen Diagnose – sieben Jahre bleibt, währenddessen unter anderem den Tod seines Cousins, eine Liebschaft mit der Russin Clawdia Chauchat und die Freundschaft und den Tod von deren Geliebtem Mynheer Peeperkorn erlebt und jeden Bezug zur Außenwelt verliert, am Ende aber geheilt in den Ersten Weltkrieg zieht.

Bester Satz: »Ein Mensch, der als Kranker lebt, ist nur Körper, das ist das Widermenschliche und Erniedrigende, – er ist in den meisten Fällen nichts Besseres als ein Kadaver.«

Doktor Faustus. Das Leben des deutschen Tonsetzers Adrian Leverkühn erzählt von einem Freunde

Leverkühn wendet sich seiner einzigen Leidenschaft, der Musik, zu, sieht aber bald kaum Möglichkeiten, etwas Neues zu entwickeln, bis er – durch die Liebesnacht mit einer syphiliskranken Frau mit dem Teufel im Bunde – Inspiration erhält, allerdings um den Preis nicht nur seiner Seele, sondern auch völliger Lieblosigkeit, worauf Leverkühn seine bedeutendsten Werke komponiert, eines Abends zusammenbricht und Jahre später geistig umnachtet stirbt.

Bester Satz: »Denn wir liefern das Äußerste in dieser Richtung: Aufschwünge liefern wir und Erleuchtungen, Erfahrungen von Enthobenheit und Entfesselung, von Freiheit, Sicherheit, Leichtigkeit, Macht- und Triumphgefühl, daß unser Mann seinen Sinnen nicht traut, – eingerechnet noch obendrein die kolossale Bewunderung für das Gemachte, die ihn sogar auf jede fremde, äußere leicht könnte verzichten lassen, – die Schauer der Selbstverehrung, ja des köstlichen Grauens vor sich selbst, unter denen er sich wie ein begnadetes Mundstück, wie ein göttliches Untier erscheint.«

MAO DUN (1896–1981)

Schanghai im Zwielicht (Zīye)

Das Ziel des Großindustriellen Wu Sunfu, die chinesische Industrie zu stärken, führt dazu, dass er mit anderen Industriellen eine Gesellschaft gründet, die jedoch von ständigen politischen Unruhen bedroht und letztlich durch die Geschäfte des Bankiers Zhang Botao zerstört wird, wodurch Wu sein Vermögen verliert.

Bester Satz: »Er, der überzeugte Vertreter und Vorkämpfer produktiver Wirtschaft, bislang bewusster Gegner jenes unproduktiven Finanzmanntyps vom Schlag seines Schwagers Tschu Tschai, dessen Horizont nicht über Effektenhandel, Goldarbitrage und Terrainspekulation hinausreichte, er war nun selber Spekulant geworden!«

MÁRAI, SÁNDOR (1900–1989)

Die Glut (A gyertyák csonkig égnek)

41 Jahre nach seinem plötzlichen Verschwinden sucht Konrád den General auf, seinen einst besten Freund, den er mit dessen Frau Krisztina betrogen hat, wozu der General ihm zwei Fragen stellt: erstens, ob Krisztina wusste, dass Konrád ihn erschießen wollte – eine Ant-

wort darauf lehnt Konrád ab – und zweitens, ob der Sinn ihrer beiden Leben tatsächlich in der Sehnsucht nach der verstorbenen Krisztina besteht – was Konrád indirekt bejaht.

Bester Satz: »Man nimmt einen Menschen den anderen nicht ungestraft weg.«

MARÍAS, JAVIER (1951)

Mein Herz so weiß (Corazón tan blanco)

Neben ausführlichen Reflexionen über die Ehe, die Sprache und seinen Beruf lüftet der Dolmetscher Juan ein Familiengeheimnis, welches darin besteht, dass die zweite Frau seines Vaters sich erschossen hat (während Juan an einen Herzinfarkt geglaubt hatte), dass sie tatsächlich die zweite, nicht die erste Frau war (wie Juan geglaubt hatte) und dass der Grund ihres Selbstmordes im Geständnis ihres Mannes lag, seine erste Frau getötet zu haben, um für sie frei zu sein.

Bester Satz: »Das größte und häufigste Problem zu Beginn einer annehmbar konventionellen Ehe besteht darin, daß trotz ihrer Anfälligkeit in den heutigen Zeiten und trotz der Möglichkeiten, welche den Eheschließenden gegeben sind, ihre Bindung zu lösen, es traditionsgemäß unvermeidlich ist, das unangenehme Gefühl zu empfinden, an ein Ziel und damit an einen Endpunkt gelangt zu sein, oder, besser gesagt, (da die Tage gleichmütig aufeinander folgen und es kein Ende gibt), daß der Augenblick gekommen ist, sich mit etwas anderem zu beschäftigen.«

MAUGHAM, W. SOMERSET (1874–1965)

Der Menschen Hörigkeit (Of Human Bondage)

Mit einem Klumpfuß geboren, verliert der sarkastische Philip Carey jeglichen Glauben an Gott, beginnt zahlreiche Ausbildungen, die er

alle kurz vor dem Ende abbricht, verliebt sich in die ihn ausnützende

Mildred, um schließlich sein Medizinstudium doch abzuschließen und als mit Sally verheirateter Landarzt sein Leben zu akzeptieren.

Bester Satz: »In seinem eiskalten Zimmer angekommen, sank er in die Knie, vergrub sein Gesicht in die Hände und betete zu Gott mit aller Kraft und Inbrunst, er möge ihn von seinem Klumpfuß befreien.«

MAUPASSANT, GUY DE (1850–1893)

Bel-Ami (Bel ami)

Skrupellos und machtbesessen arbeitet sich der Journalist George Duroy hinauf, indem er die Witwe seines verstorbenen Freundes heiratet, sie betrügt, ihren Ehebruch mit dem Außenminister zu seinen Gunsten ausnützt, die Tochter eines reichen Zeitungsbesitzers entführt und so eine Heirat mit ihr erzwingt, die seinen Schwiegervater keineswegs verstimmt, da er George eine große Zukunft zutraut.

Bester Satz: »Das Duell hatte bewirkt, dass Duroy unter die ersten Redakteure der ›Vie Française‹ aufrückte, doch da es ihm unendliche Mühe bereitete, Einfälle zu finden, spezialisierte er sich auf Deklamationen über den Verfall der Sitten, über das Absinken der Ethik, über Schwächung der Vaterlandsliebe und über die Anämie der französischen Ehre.«

Die Brüder Pierre und Jean (Pierre et Jean)

Nachdem Jean durch einen Freund der Familie ein Vermögen geerbt hat, wächst in seinem Bruder Pierre der Verdacht, dass Jean einer außerehelichen Affäre entstammt, was die Mutter Jean gegenüber auch zugibt, diesen aber kaum bewegt, weil er nun in Wohlstand lebt und die von Pierre umworbene Rosémilly gewinnen kann, was wiederum Pierre dazu veranlasst, lange Zeit als Schiffsarzt auf See zu gehen.

Bester Satz: »Wie fühlt der Sohn, der Geld und Glück erbt und der, dank dieses Glücks, dank dieses Geldes, tausend Freuden genießen wird, die er bis dahin durch den Geiz des habgierigen Vaters (habgierig und doch geliebt) entbehren mußte?«

MAY, KARL (1842–1912)

Winnetou

Der erste Band schildert die Entstehung der Blutsbrüderschaft zwischen Winnetou und dem Auswanderer Old Shatterhand, der zweite Abenteuer wie das Abwehren eines Angriffs der Poncas, Winnetous Bekanntschaft mit dem Sohn seiner Jugendliebe und die Gefangennahme durch Santer; der dritte Band schließlich enthält Winnetous Tod im Kampf gegen die Sioux und den Untergang Santers, des Mannes, der Winnetous Schwester und Vater getötet hatte.

Bester Satz: »Doch lag auf seinen männlich schönen Zügen trotz dieses Ernstes stets ein Ausdruck der Güte und des Wohlwollens und sein dunkles Auge konnte bei Gelegenheit überaus freundlich blicken.«

McCOURT, FRANK (1930)

Die Asche meiner Mutter (Angela's Ashes)

Romanhafte Autobiografie McCourts, die seine von Armut gezeichnete Kindheit im irischen Limerick erzählt, geprägt von einer Mutter, die sich für ihre Kinder sogar prostituiert, einem arbeitslosen Vater, Franks Jugendliebe, der lungenkranken, jung sterbenden Theresa, und der wohlhabenden Mrs. Finucane, für die er Drohbriefe schreibt und die er bestiehlt, um das Geld für die Auswanderung in die USA zu sparen.

Bester Satz: »Sie schickt das Geld, sie hofft, daß die Messen gelesen werden, aber ganz sicher ist sie nie, und wenn sie nicht sicher ist, warum soll ich das Geld den Priestern überreichen, wo ich doch das Geld brauche, um nach Amerika zu gehen, und wenn ich ein paar Pfund für mich übrigbehalte und auf das Postsparbuch einzahle, wer wird je den Unterschied bemerken, und wenn ich ein Gebet für Mrs. Finucane spreche und Kerzen für ihre Seele anzünde, wenn sie stirbt, wird Gott etwa nicht zuhören, nur weil ich ein Sünder bin, dessen letzte Beichte lange zurückliegt?«

McCULLERS, CARSON (1917–1967)

Das Herz ist ein einsamer Jäger (The Heart Is a Lonely Hunter)

Die einzige Verbindung zwischen der jungen Mick Kelley, dem schwarzen Arzt Benedict Copeland, dem Marxisten Jake Blount und dem Kaffeehausbesitzer Biff Brannon besteht in den Besuchen dieser Kleinstadtbewohner bei dem taubstummen John Singer, dem sie von ihren persönlichen und politischen Problemen erzählen – eine Verbindung, die sofort zerbricht, als Singer sich aus Verzweiflung über den Verlust seines ehemaligen Mitbewohners und engen Freundes Spiros Antonapoulos, der in der Psychiatrie stirbt, umbringt.

Bester Satz: »Dann formten seine dicken Finger die Worte ›Heiliger Jesus‹ oder ›Gott‹ oder ›Liebste Maria‹ – die einzigen Worte, die Antonapoulos überhaupt sagte.«

McEWAN, IAN (1948)

Der Zementgarten (The Cement Garden)

Nachdem der Vater bei dem Vorhaben, den Garten mit Zement zuzudecken, einem Herzanfall erlegen ist, stirbt bald darauf auch die Mutter und hinterlässt die Kinder Sue, Jack, Tom und Julie in einem emotionalen und organisatorischen Chaos, das von Julies erwachsenem Freund Derek erkannt, aber erst publik gemacht wird, nachdem er Julie und Jack beim Inzest ertappt hat.

Bester Satz: »Als wir fertig waren, und von dem Haufen nur noch ein feuchter Fleck auf dem Boden übrig war, floß der Zement in der Kiste beinahe über.«

Abbitte (Atonement)

Aufgrund der Falschaussage der 13-jährigen Briony wird Robbie, der fast als Mitglied der Familie Tallis betrachtet wird, wegen Vergewaltigung zu mehrjähriger Haft verurteilt und anschließend während des Zweiten Weltkriegs an die Front geschickt, wo er grauenvolle Dinge erlebt, während seine Jugendliebe, Brionys Schwester Cecila, als Krankenschwester arbeitet und Briony einen Roman zu schreiben beginnt, der 50 Jahre später die Geschichte ihrer Schuld darstellt, eben *Abbitte*.

Bester Satz: »Entsetzliches gab es genug, doch es waren die unvermuteten Einzelheiten, die ihn zermürbten und nicht mehr losließen.«

MELVILLE, HERMAN (1819–1891)

Moby Dick (Moby Dick; Or, the Whale)

Auf See wird Ismael klar, dass sein Kapitän Ahab von der Tötung des weißen Wales Moby Dick, der Ahab ein Bein abgebissen hat, besessen ist, und zwar so sehr, dass er das Leben der gesamten Besatzung aufs Spiel setzt, bis diese samt Ahab tatsächlich umkommt und nur Ismael sich durch den im Wasser treibenden Sarg seines Freundes Queequeg retten kann.

Bester Satz: »Er wirkte wie einer, der vom Scheiterhaufen heruntergeholt worden ist, nachdem die Flammen sengend an seinem Leib emporgeleckt haben, ohne ihn indessen zu verzehren oder ihm auch nur das geringste von seiner ehernen Rüstigkeit zu rauben.«

Billy Budd (Billy Budd, Sailor. An Inside Narrative)

Der leicht sprachgestörte, bei der Schiffsmannschaft überaus beliebte

Billy Budd weiß einer Verleumdung nur dadurch gegenüberzutreten, dass er deren Urheber, Waffenmeister Claggart, erschlägt und so den Kapitän zwingt, ihn zu hängen, was beinahe eine Meuterei auslöst, die Billy jedoch selbst verhindert, um sich bereitwillig hinrichten zu lassen.

Bester Satz: «Langsam nahm er die Hand vom Gesicht; es war wie wenn der Mond nach einer Finsternis mit ganz verändertem Antlitz wieder auftaucht.«

MENASSE, ROBERT (1954)

Die Vertreibung aus der Hölle

Im 17. Jahrhundert wandelt sich der zwangschristianisierte Menasseh vom Überangepassten zum ehrgeizigen, gebildeten Juden, der erfolgreiche Bücher verfasst und Oliver Cromwell die Bürgerrechte für Juden in England abringt; während 400 Jahre später der auf Anpassung gedrillte Viktor Abravanel erst als Jugendlicher von seiner jüdischen Herkunft erfährt, eine akademische Karriere beginnt und die 20-Jahr-Feier seiner Matura durch die Anschuldigung, seine Lehrer seien NSDAP-Mitglieder gewesen, platzen lässt, worauf ein Lehrer die Falschheit dieser Behauptung beweist und Viktor so die von ihm verehrte Hildegund verliert.

Bester Satz: »Und wenn man weiß, wie die Zeit war, dann weiß man, wie der Mensch war, solange man sonst nichts weiß.«

MEYRINK, GUSTAV (1868–1932)

Der Golem

Fantastisches, wirres Buch, in dem der Gemmenschneider Athanasius Pernath in eine Intrige zwischen Vater und Sohn hineingezogen wird, seine Jugendliebe Gräfin Angelina wiedertrifft und den sagenhaften Golem entdeckt, dann fälschlich wegen Mordes verhaftet und unter grauenvollen Umständen eingekerkert wird, nach seiner Entlassung von einem brennenden Haus zu Tode stürzt – und aus seinem Traum erwacht, dessen Ereignisse sich nach Recherchen aber als historische Wahrheit herausstellen.

Bester Satz: »Die Überlieferung erzählt, dass einmal drei Männer hinabgestiegen seien ins Reich der Dunkelheit, der eine wurde wahnsinnig, der zweite blind, nur der dritte, Rabbi ben Akiba, kam heil wieder heim und sagte, er sei sich selbst begegnet.«

MILLER, ARTHUR (1915–2005)

Brennpunkt (Focus)

Der Nicht-Jude Lawrence Newman kauft sich eine Brille und entspricht nun perfekt dem Bild, das seine Umgebung von einem Juden hat, weswegen man ihm kündigt, ihn belästigt, bei einer antisemitischen Versammlung hinauswirft und schließlich sogar verprügelt, weil er dem einzigen Juden seiner Umgebung bei einem Überfall zur Seite steht, worauf Newman einem Polizisten gegenüber sein Judentum beteuert.

Bester Satz: »Alle die betrügerischen Vorspiegelungen, vor allem aber die sinnliche Gier nach Frauen – all dies war in ihm, und er hatte es auf die Juden übertragen.«

MILLER, HENRY (1891–1980)

Wendekreis des Krebses (Tropic of Cancer)

In dem zu einem beträchtlichen Teil autobiografischen Roman schildert ein erfolgloser amerikanischer Journalist seine Zeit in Paris, wo

er sich freier fühlt, in den Tag hineinlebt, mit obskuren Künstler-
freunden debattiert und keine Gelegenheit zu einem sexuellen Abenteuer auslässt, dabei den krassen Gegensatz zu seiner kleinbürgerlichen Herkunft verkörpernd.

Bester Satz: »Sie würde einem den Pint abschneiden und ihn für immer
drin behalten, wenn man es ihr erlaubte.«

MISHIMA, YUKIO (1925–1970)

Der Tempelbrand (Kinkakuji)

Mizoguchi, ein hässlicher, stotternder Priesterschüler, ist von Kindheit an von der Schönheit des Tempels Kinkakuji fasziniert und hegt
den Gedanken, während des Krieges gemeinsam mit ihm unterzuge-
hen, was jedoch nicht passiert, weshalb er den Tempel niederbrennt
und sich selbst im letzten Moment rettet, zum ersten Mal ein Gefühl
von Normalität verspürend.

Bester Satz: »Nachdem ich des Grübelns überdrüssig wurde, wußte ich
nicht mehr, ob ich eigentlich meine Keuschheit verlieren wollte, um die
Goldene Halle zu verbrennen, oder ob ich die Goldene Halle verbrennen
wollte, um meine Keuschheit zu verlieren.«

MITCHELL, MARGARET (1900–1949)

Vom Winde verweht (Gone With the Wind)

Scarlett O'Haras Liebe zu Ashley Wilkes übersteht zwei Ehen, das
erste Kind, die Wirren des amerikanischen Bürgerkriegs, das zweite
Kind und beinahe ihre dritte Ehe mit dem abenteuerlichen Kriegs-
gewinnler Rhett Butler, mit dem sie ein Kind hat, das zu Tode stürzt,
wobei die Einsicht, nur Rhett Butler und nicht mehr den fast ver-

rückt gewordenen Ashley zu lieben, zu spät kommt, da Butler sie verlässt.

Bester Satz: »Ich habe Babys gern und kleine Kinder auch, bis sie heranwachsen und die Denkgewohnheiten der Großen annehmen mitsamt ihrer Fähigkeit zu lügen, zu betrügen und sich gemein zu benehmen.«

MŇAČKO, LADISLAV (1919–1994)

Der Tod heißt Engelchen (Smrt' sa volá Engelchen)

Eine slowakische Widerstandsgruppe kann der SS gerade noch entkommen, liefert aber damit das Dorf Ploština der Gewalt der Nationalsozialisten aus, was der Partisan Volod'a später als grauenvolle Fehlentscheidung erkennt und was ihn, der durch die Liebe zu der Krankenschwester Eliška wieder Mut zum Leben hat, dazu anspornt, den verantwortlichen Deutschen Engelchen zu finden – um diesen der Justiz, nicht der Rache auszuliefern.

Bester Satz: »Einmal wird der Krieg doch enden, und dann werde ich lesen wie ein normaler Mensch und werde mir schöne Bücher kaufen …«

MODIANO, PATRICK (1945)

Eine Jugend (Une jeunesse)

Beschreibung der Jugend von Odile und Louis, die sich als 20-Jährige in Paris einerseits erfolglos als Nachtklubsängerin, andererseits als Handlanger eines Halbkriminellen durchschlagen, bis Louis seinen Chef bei einer illegalen Geldausfuhr um fast 500 000 Francs betrügt und diese nützt, um mit Odile eine bürgerliche Existenz aufzubauen.

Bester Satz: »Wie er da saß, mit seinen energischen, regelmäßigen Gesichtszügen, dem gewellten Schwarzhaar, dem in der Prinz-von-Wales-Jacke aufgerichteten Oberkörper, hatte er etwas von einem bedeutenden Advokaten, und Louis kam dazu der Ausdruck ›Gerichtssaaltenor‹ in den Sinn, vielleicht auch wegen der Pracht des Möbelstücks, hinter dem er verschanzt war, und vor allem wegen seiner sonoren Stimme.«

MONTHERLANT, HENRY DE (1896–1972)

Das Chaos und die Nacht (Le chaos et la nuit)

Celestino Marcilla, ein alter Kämpfer des Spanischen Bürgerkriegs, der noch immer Pläne zur Zerschlagung des Franco-Regimes schmiedet, fährt nach dem Tod seiner Schwester von Paris nach Madrid, wo es ihn erstaunt, dass er nicht verhaftet wird, und er endlich wieder einen Stierkampf sehen kann; das Ende des Stieres wird zur Metapher seines eigenen Todes, und obgleich er an einer Lungenentzündung stirbt, weist sein Leichnam mysteriöserweise vier Einstiche auf.

Bester Satz: »Es war nicht die Freiheit, es war die Verlogenheit, die über die Welt herrschte, und sie hielt wie die trauernden Eroten in ihrer Hand eine umgekehrte Fackel: drückte ingrimmig die Flamme der Wahrheit und der Gerechtigkeit auf dem Boden aus.«

MOODY, RICK (1961)

Der Eissturm (The Ice Storm)

Darstellung einer durchschnittlichen US-Provinz-Familie zu Beginn der 1970er Jahre, in der Benjamin Hood sich mit Alkohol und außerehelichen Affären betäubt, seine Frau Elena in die Esoterik flüchtet, die 16-jährige Tochter erste sexuelle Erfahrungen mit einem Jungen macht, der dem Eissturm zum Opfer fällt, und der Höhepunkt der Ehekrise in einer »Schlüsselparty« besteht: Elena schläft mit ihrem Nachbarn; Benjamin betrinkt sich, um nicht mit der Frau schlafen zu müssen, auf die sein Los gefallen ist.

Bester Satz: »In jeder modernen Familiengeschichte kommt das Martyrium und die Demontage eines Vaters vor.«

MORAVIA, ALBERTO (1907–1990)

La Noia (La noia)

Künstlerisch in der Krise und von seiner Mutter abhängig, gerät der Maler Dino an die sinnliche Cecilia, die sich von ihm trotz der Möglichkeit eines sozialen Aufstiegs nicht bändigen lässt und andere Affären hat, was Dino zu einem missglückten Suizidversuch treibt, in dessen Folge er einsieht, dass die von ihm angestrebte Authentizität nur durch Verzicht auf andere Menschen, ja auf Beziehungen überhaupt möglich ist.

Bester Satz: »Das Ganze erweckte in mir von neuem den Eindruck, als sei sie ein Gefäß, eine schöne Vase mit zwei Henkeln, schlank und gewölbt und voll Begierde, ihren Inhalt über mich auszugießen und mich darin zu ertränken.«

MÖRIKE, EDUARD (1804–1875)

Maler Nolten

Tragische Ereignisse um den Maler Theobald Nolten, der sich – enttäuscht von der vermeintlichen Untreue Agnes' – in Gräfin Konstanze verliebt, sich Agnes wieder nähert, mit seinem Freund Larkens anlässlich eines satirischen Theaterstücks auf den König verhaftet wird und nach der Freilassung eine idyllische Zeit mit Agnes verlebt, die aber mit Agnes' Selbstmord endet, was wiederum den Tod Noltens zur Folge hat – all das gekreuzt mit dem mehrmaligen Auftauchen einer mysteriösen Zigeunerin, die sich als Noltens Verwandte entpuppt.

Bester Satz: »O daß ein Schlaf sich auf mich legte, wie Berge so schwer und so dumpf!«

MORITZ, KARL PHILIPP (1756–1793)

Anton Reiser. Ein psychologischer Roman

Anton wird von gefühllosen Eltern erzogen und an einen ihn ausbeutenden Hutmacher weitergereicht, kann durch seine intellektuellen Leistungen auf sich aufmerksam machen, wird unterstützt, was sein Minderwertigkeitsgefühl nur noch verstärkt, und scheitert immer wieder dabei, sein Ziel, als Schauspieler Clavigo, Lear oder Hamlet zu verkörpern, zu erreichen.

Bester Satz: »Wie traurig ist doch das Dasein der Menschen – und dieses nichtige Dasein machen wir uns noch selbst einander unerträglich, statt daß wir durch vertrauliche Geselligkeit uns in dieser Wüste des Lebens einander unsre Last erleichtern sollten. —«

MORRISON, TONI (1931)

Menschenkind (Beloved)

Die zwölfjährige Beloved taucht bei der ehemaligen Sklavin Sethe auf und scheint den Geist des Kindes zu besitzen, das Sethe – aus Angst vor neuer Versklavung – einst auf der Flucht getötet hatte, wobei Beloved Sethe emotional mehr und mehr aussaugt, bis diese aus Furcht, das Mädchen erneut zu verlieren, einen Weißen fast tötet, was das Verschwinden von Beloved zur Folge hat.

Bester Satz: »So fing es an: lachende Kinder, tanzende Männer, weinende Frauen, und dann vermischte es sich.«

MULISCH, HARRY (1927)

Die Entdeckung des Himmels (De ontdekking van de hemel)

Einem göttlichen Plan zufolge soll ein Mensch die Tafeln mit den zehn Geboten wieder zu ihrem Ursprung bringen, wofür es den Astronomen Max braucht sowie dessen Lebensgefährtin Ada, die Max' Freund Onno Quist heiratet und Quinten zur Welt bringt, der mit 17 Jahren mit Onno die Gesetzestafeln aus der römischen Kapelle Sancta Sanctorum stiehlt und nach Jerusalem reist, wo die Tafeln am Heiligen Felsen zerbrechen und ihre Buchstaben Quinten in ein neues Leben überführen.

Bester Satz: »Langsam öffnet er die Arme, legt den Kopf in den Nacken und sieht die Arabesken auf der Innenseite der Kuppel: ein Netzwerk unzähliger, ineinander verflochtener Achten – und im selben Augenblick hüllt Moses' Buchstabenschwarm seinen nackten Körper mit einem so grenzenlosen, blendenden Licht ein, daß er darin versinkt wie der Schein einer Kerze in der Sonne – «

MUÑOZ MOLINA, ANTONIO (1956)

Beatus ille oder Tod und Leben eines Dichters (Beatus ille)

Während der Franco-Zeit fährt der Student Minaya in das andalusische Dorf seines Onkels, um dort über den vom Franco-Regime ermordeten Dichter Solana zu forschen, nur um zu erkennen, dass seine Recherche teilweise unerwünscht ist, teilweise keine Erkenntnisse bringt und teilweise die Vergangenheit auf den Kopf stellt, da in Wahrheit nicht Solana ermordet wurde, sondern ein namenloser anderer, womit Solanas Ruhm grundlos, aber beständig weiterexistiert.

Bester Satz: »Ohne es zu wissen, taten sie mir den größten Gefallen, den mir nie jemand hätte tun können, als sie sagten, sie hätten mich umgebracht, und das Gesicht der Leiche eines anderen Mannes zerstörten, ihm meine Brille aufsetzten, eine Hose und ein Hemd anzogen, die mir nicht einmal gehörten, sondern Manuel, und ihm meinen Namen gaben, vielleicht, weil der Leutnant, der sie kommandierte, den strikten Befehl hatte, mit meiner Leiche nach Mágina zurückzukommen, und nicht zuzugeben wagte, daß sie sie am Fluß nicht hatten finden können, oder weil sie wollten, daß man in Mágina von meinem Tod erfuhr, als Warnung oder öffentliche Drohung.«

MURAKAMI, HARUKI (1949)

Gefährliche Geliebte (Kokkyo no minami, taiyo no nishi)

In seiner Jugend verliebt sich Hajime in Shimamoto, verliert sie aber aus den Augen, heiratet mit 30 Yukiko, hat Kinder mit ihr, eröffnet zwei erfolgreiche Jazzklubs und verfällt augenblicklich wieder Shimamoto, die öfter unvermutet auftaucht, sich Hajime aber nur so weit öffnet, dass er bei der Bestattung ihres Kindes dabei sein darf, und sich ihm viel später zwar in einer Liebesnacht hingibt, aber erneut untertaucht, weshalb Hajime und seine Frau Yukiko wieder zueinander finden.

Bester Satz: »›Seltsam‹, sagte sie, ›du willst diese leere Zeitspanne auffüllen, und ich möchte, daß sie vollkommen leer bleibt.‹«

MURDOCH, IRIS (1919–1999)

Das Meer, das Meer (The Sea, the Sea)

Der gealterte Theatermacher Charles Arrowby lebt allein am Meer, denkt daran, ein halbautobiografisches Buch zu schreiben, und beschließt plötzlich, seine längst verheiratete Jugendliebe Mary zurückzuerobern, lässt dafür ihren Adoptivsohn kommen, der jedoch in der gefährlichen Brandung ertrinkt, ohne vorher gewarnt worden zu sein, und muss Mary aufgeben, die von ihrem Mann nach Australien geschickt worden ist.

Bester Satz: »Seit diesen schrecklichen Tagen habe ich mich davor gefürchtet, daß je wieder etwas in meinem Leben zu einer Quelle überwältigenden Schmerzes werden könnte, und ich bin schonend mit mir umgegangen, um nicht zu sehr leiden zu müssen.«

MUSCHG, ADOLF (1934)

Der rote Ritter. Eine Geschichte von Parzivâl

Überaus komplexe Geschichte um Parzivâl, der – von seiner Mutter bewusst falsch informiert – zunächst nur Spott erntet, als er in die Welt zieht, um Ritter zu werden, trotzdem Erfolg hat, Condwîr âmûrs heiratet, schwängert und verlässt, die Grâlsburg findet, den Grâlskönig Anfortas aber nicht nach dem Grund seines Leidens fragt, von Kundry verflucht wird, später seine Sünden einsieht, Grâlskönig wird, Anfortas erlöst, zu Frau und Kindern zurückkehrt und das Verschwinden der Grâlsburg Munsalvaesche bewirkt.

Bester Satz: »Wer des Grâls würdig ist, bestimmt der Grâl!«

MUSIL, ROBERT (1880–1942)

Die Verwirrungen des Zöglings Törleß

Der junge Törleß, Zögling eines Militärinternats, beginnt gemeinsam mit Beineberg und Reiting den Mitschüler Basini zu foltern, wogegen dieser sich wegen eines aufgedeckten Diebstahls nicht wehren kann, macht mit Basini sexuelle Erfahrungen und muss sich am Ende vor einem Tribunal verantworten, da Basini von den übrigen Schülern zu Tode gelyncht worden ist, was mit Törleß' Austritt aus dem Internat endet.

Bester Satz: »Alles ist unsicher, was von der Welt behauptet wird, alles geht

anders zu.«

Der Mann ohne Eigenschaften

Es ist nicht möglich, *Der Mann ohne Eigenschaften* in einem Satz wiederzugeben, da dieser zweibändige Roman mit mehr als 2000 Seiten unvollendeten Materials eine riesige Sammlung von Diskursen, Reflexionen und weit verzweigten Geschichten darstellt.

Bester Satz: »Und verwaltet wurde dieses Land in einer aufgeklärten, wenig fühlbaren, alle Spitzen vorsichtig beschneidenden Weise von der besten Bürokratie Europas, der man nur einen Fehler nachsagen konnte: sie empfand Genie und geniale Unternehmungssucht an Privatpersonen, die nicht durch hohe Geburt oder einen Staatsauftrag dazu privilegiert waren, als vorlautes Benehmen und Anmaßung.«

MUSSET, ALFRED DE (1810–1857)

Bekenntnis eines jungen Zeitgenossen
(La confession d'un enfant du siècle)

Von seiner Geliebten enttäuscht, zieht der dandyhafte Octave aufs Land, geht dort mit Brigitte Pierson eine zunächst glückliche Beziehung ein und zerstört diese dann systematisch, indem er Brigitte seelisch quält, ihre Vergangenheit erforscht und alles Schlechte aus seinem Leben kundtut, bis Brigitte dem Werben eines anderen Mannes nachgibt, den auch Octave für den Richtigen für sie hält.

Bester Satz: »Die Frauen schlagen sich nicht; aber so wie die Gesellschaft ist, gibt es doch keinen Menschen, ob Mann oder Frau, der nicht in gewissen Augenblicken seines Lebens alles in Frage gestellt sieht, mag dieses Leben auch wie eine Uhr geregelt und hart wie Eisen sein.«

NABL, FRANZ (1883–1974)

Ödhof. Bilder aus den Kreisen der Familie Arlet

Der tyrannische Hofbesitzer Johannes Arlet wird zum Übervater für seinen Sohn Heinz, dessen einzige Rebellion darin besteht, mit Arlets Frau Elisabeth zu schlafen, woraufhin Arlet eine Heirat zwischen Heinz und seiner Geliebten unterbindet, Heinz in den Selbstmord treibt und am Ende jämmerlich an einer selbst verschuldeten Blutvergiftung stirbt.

Bester Satz: »Er fiel nicht vor ihm auf die Kniee, nein, er setzte sich ihm ganz leise und zärtlich zu Füßen, er schmiegte sich mit dem Oberkörper und mit dem Kopf an ihn an und zog seinen Arm, der schwer und entschlossen auf der Schreibtischplatte lag, zu sich herab.«

NABOKOV, VLADIMIR (1899–1977)

Die Gabe (Dar)

Der russische Exildichter Tscherdintsew versucht sich im Berlin der 1920er Jahre an einer Biografie seines Vaters, scheitert jedoch dabei, das Faszinierende, das der Vater als Biologe und Schmetterlingsfanatiker für ihn hatte, einzufangen, und erarbeitet stattdessen ein Buch über einen russischen Literaturwissenschaftler, für das er teils äußerst abfällige Kritiken von seinen Exil-Kollegen bekommt.

Bester Satz: »Es ist seltsam, wie eine Erinnerung zu einer Wachsfigur wird, wie der Cherub auf verdächtige Weise im selben Maße hübscher wird, wie sein Rahmen nachdunkelt – seltsam, seltsam sind die Pannen der Erinnerung.«

Lolita (Lolita)

Besessen von einem bestimmten Mädchentyp, heiratet Humbert Humbert Charlotte Haze, um in der Nähe ihrer 12-jährigen Tochter

Lolita sein zu können, lässt sich nach Charlottes Tod von dem Mädchen verführen, reist mit ihr durch die USA und stellt nach ihrem Verschwinden erfolglos Nachforschungen an, bis die schwangere Lolita sich drei Jahre später meldet, Humbert ihren Liebhaber erschießt und vor Prozessbeginn stirbt und Lolita die Geburt ihres Kindes nur kurze Zeit überlebt.

Bester Satz: »Wie kommt es, dass die Art, wie sie geht – ein Kind, wohlgemerkt, ein bloßes Kind –, mich so erbärmlich aufregt?«

NADOLNY, STEN (1942)

Die Entdeckung der Langsamkeit

Auf Fakten basierende, diese aber fiktiv erweiternde Lebensbeschreibung des Seefahrers John Franklin, der nach seiner Zeit als Soldat versucht, auf drei Arktisexpeditionen die Nordwest-Passage, die Verbindung von Atlantik und Pazifik, zu finden, und schließlich die dritte Expedition mitsamt seiner Besatzung nicht überlebt.

Bester Satz: »Es gibt zweierlei Arten: einen Blick für die Einzelheiten, der das Neue entdeckt, und einen starren Blick, der nur dem gefaßten Plan folgt und beschleunigt für den Moment.«

NAIPAUL, V. S. (1932)

An der Biegung des großen Flusses (A Bend in the River)

Der muslimisch-indische Afrikaner Salim zieht in den Nachbarstaat, um dort ein Geschäft aufzubauen, erlebt die radikale Modernisierung des postkolonialen Afrikas unter einem teilweise irrationalen Präsidenten, geht vorübergehend nach London, wird in Afrika enteignet, eingesperrt und von einem Freund aus dem Gefängnis gerettet und beobachtet eine Phase des Verfalls, die wahrscheinlich in neuerliche Massaker münden wird.

Bester Satz: »Auf der ganzen Welt ist der Reichtum auf der Flucht.«

NATSUME, SŌSEKI (1867–1916)

Das Graskissen-Buch (Kusamakura)

Ein 30-jähriger Maler bricht zu einer langen Wanderung durch den Wald auf, um das Ideal der Emotionslosigkeit zu erreichen, begegnet der attraktiven Onami, die er porträtieren möchte, was ihm aber erst gelingt, als er einen Zug von Mitleid mit ihrem in den Krieg ziehenden Neffen auf ihrem Gesicht wahrnimmt.

Bester Satz: »Gelassene Spontaneität und Naivität sind Anzeichen einer Seele, die noch über Freiraum verfügt.«

NIZON, PAUL (1929)

Das Jahr der Liebe

Ein Mann sitzt in einem kleinen Pariser Zimmer und denkt schreibend über sein Leben nach: seine letzte gescheiterte Beziehung, die dadurch ruinierte Ehe und seinen Willen, ins Leben, auch in das der Großstadt, zurückzukehren.

Bester Satz: »Die Nachtangst, die ich zuletzt in dem toskanischen Haus meiner Freunde verspürt hatte, konnte mir längst nichts mehr anhaben, aber in meiner ersten Zeit in Paris war diese Erlöschensfurcht da, ein Aussetzen des Ein- und Ausatmens der Seele.«

NOOTEBOOM, CEES (1933)

Rituale (Rituelen)

Drei Männer leben für ihre Rituale, wobei für Inni Wintrop das Erotische im Vordergrund steht, was in einem Suizidversuch nach dem

Verlassenwerden durch seine Frau gipfelt, für den Exzentriker Arnold Taads wiederum ein exakt geregelter Tagesablauf alles bedeutet, und für dessen verlassenen Sohn der Sinn seines Lebens in Auflösung besteht, verdeutlicht durch das jahrelange Sparen auf eine kostbare Teeschale, die Durchführung der Teezeremonie, die Zerstörung der Schale und den darauf folgenden Selbstmord.

Bester Satz: »Dann sagte er leise: ›Ich will's loswerden, dieses Ding, das ich selber bin.‹«

Die folgende Geschichte (Het volgende verhaal)

In Amsterdam zu Bett gegangen, wacht Herman Mussert in einem Lissabonner Zimmer auf, in dem er 20 Jahre zuvor seinen Kollegen Arend Herfst mit dessen Frau Maria Zeinstra betrogen hat – auf Marias Initiative hin, da ihr Mann ein Verhältnis mit der hinreißenden, brillanten Schülerin Lisa d'India hatte, was zum Zerwürfnis zwischen Arend und Herman und zu dem von Arend verschuldeten Tod Lisas führte, wobei der offensichtlich bereits verstorbene Herman diese Geschichte Lisa auf der Fahrt ins Totenreich erzählt.

Bester Satz: »Nach Maria Zeinstra hatte ich nie wieder die Nacht mit jemandem verbracht, es war, dachte ich damals, meine letzte Chance auf ein wirkliches Leben gewesen, was immer das bedeuten mochte.«

Allerseelen (Allerzielen)

Nach zehn Jahren immer noch am Tod seiner Frau und seines Kindes leidend, lernt der Dokumentarfilmer Arthur Daane in Berlin Elik Oranje kennen, die sich ihm hingibt, gleich wieder entzieht und nach Spanien flüchtet, wo Arthur sie findet, sie ihm das Ende der Beziehung mitteilt, aber verschweigt, dass sie inzwischen sein Kind abgetrieben hat, und Arthur, nachdem er nach einem Überfall zwei Wochen im Koma gelegen hat, sich wiederum entscheidet Elik aufzugeben, obwohl diese ihm ihren Aufenthaltsort hinterlassen hat.

Bester Satz: »Von allen Kleidungsstücken konnten Schuhe noch am besten Demütigungen ausdrücken.«

NOTHOMB, AMÉLIE (1967)

Mit Staunen und Zittern (Stupeur et tremblements)

Die in Japan geborene Belgierin Amélie beginnt mit großem Optimismus bei der japanischen Firma Yumimoto zu arbeiten, scheitert aber am streng hierarchischen System, ihrer despotischen Vorgesetzten, deren noch despotischerem Vorgesetzten, und erfüllt die zunehmend degradierenden Arbeiten immer schlechter, bis sie als Klofrau eingesetzt wird und wieder für Unordnung sorgt, weil ein mitfühlender Kollege einen Toilettenboykott organisiert, sodass Amélie nach Ablauf ihrer Vertragsdauer die Firma und Japan verlässt.

Bester Satz: »Ich verbrachte den Tag in den Toiletten der vierundzwanzigsten Etage in einer religiösen Gemütsverfassung: Die geringsten Handlungen verrichtete ich mit priesterlicher Feierlichkeit.«

O'BRIEN, FLANN (1911–1966)

Auf Schwimmen-zwei-Vögel (At Swim-Two-Birds)

Der Ich-Erzähler, Student und Schriftsteller, erfindet eine Figur namens Trellis, die einen Roman schreibt, dessen Figuren – darunter ein Pooka (ein Teufel), der gewaltige Sagenheld Finn MacCool, eine aggressive Gute Fee und eine stattliche Anzahl an Cowboys und unablässig Diskutierenden – sich gegen ihren Autor zu verschwören beginnen und ihn wahrscheinlich auch zu Tode brächten, wenn nicht das Dienstmädchen einen Teil des Manuskripts ins Feuer würfe.

Bester Satz: »Nach einiger Zeit machte er sich wieder auf in die Luft, bis er zur Kirche in Snámh-dá-én (oder Schwimmen-zwei-Vögel) am Shannon gelangte, und zwar am Freitag, um es genau zu sagen; hier waren die Geistli-

chen damit beschäftigt, ihre Mittagsoffizien abzuhalten, Flachs wurde ge-
hechelt, und hier und da brachte eine Frau ein Kind zur Welt, und Sweeny
hielt nicht inne, bevor er einen weiteren Sang in voller Länge vorgetragen
hatte.«

Der dritte Polizist (The Third Policeman)

Überaus erstaunliche Geschichte des ermordeten E., der zusammen
mit Divney den Viehhändler Mathers umgebracht hat, im Streit um
die versteckte Beute ebenfalls ermordet wurde, es aber nicht merkt,
weiter nach dem Geld sucht, unter anderem den schon toten Mathers trifft und kriminelle Polizisten, einen dritten Polizisten (der wie
Mathers aussieht), ein menschenähnliches Fahrrad und am Ende
noch einmal Divney sieht, den der Schlag trifft, worauf beide zur Po-
lizeistation gehen.

Bester Satz: »›Sind Sie eigentlich gegenwärtig tot?‹ fragte ich.«

ŌE, KENZABURŌ (1935)

Eine persönliche Erfahrung (Kojinteki na taiken)

Der Englischlehrer Bird wird durch die Geburt eines hirngeschädig-
ten Babys aus der Bahn geworfen, entlassen, beginnt ein Verhältnis
mit der schwer verstörten Himiko und geht unter ihrem Einfluss fast
so weit, das Kind – dieses Monster – töten zu lassen, bis er einsieht,
dass sein Leben ohnehin wertlos war und nicht durch das Baby ruiniert wurde – und eine spätere Operation es ermöglicht, dass das
Kind normal aufwachsen wird.

Bester Satz: »›Ich kann es doch nicht mit eigener Hand herausholen und
umbringen!‹ lehnte Bird sich auf.«

OKOPENKO, ANDREAS (1930)

Lexikon einer sentimentalen Reise zum Exporteurtreffen in Druden

In Lexikon-Form geschriebener Roman, von »A.« über »Achselhöhle«, »Orangehafter-Brand-Paradoxon« und »Zukunft des Rotgebrauchs« bis »Zz.«, dessen Handlung der Leser im Grunde selbst zusammensetzt, indem er sich von Stichwort zu Stichwort hangelt, unabhängig davon, wo er beginnt oder aufhört.

Bester Satz: »([…] Ich kann viele Beispiele aus meiner Jugend anführen:

(Raum für einschlägige Erinnerungen des Lesers.)

)«

ONDAATJE, MICHAEL (1943)

Der englische Patient (The English Patient)

Ein fast völlig Verbrannter liegt Ende des Zweiten Weltkriegs allein in einer verlassenen Villa in der Toskana und erzählt in seinen letzten Tagen der Krankenschwester Hana die Geschichte seiner Liebe zu der verheirateten Katharine, die er in einer Wüstenhöhle zurücklassen musste, um Hilfe zu holen, und deren Leichnam er erst drei Jahre später bergen konnte, wobei das dazu verwendete Flugzeug Feuer fing und ihn schwer verletzte.

Bester Satz: »Gleichzeitig kämpfte ich mit ihrer Nähe, weit besessener, um die Wahrheit zu sagen, davon, wie wohl ihr Mund war, die Glätte der Kniekehlen, die weiße Ebene des Bauches, während ich da mein Buch schrieb, siebzig Seiten lang, knapp und präzise, ergänzt durch Reisekarten.«

ORWELL, GEORGE (1903–1950)

1984 (Nineteen Eighty-Four)

1984 ist die Welt in drei pausenlos Krieg führende Machtblöcke aufgeteilt und Winston Smith wird plötzlich klar, dass jegliche Information falsch ist und nur der Unterdrückung dient, worauf er beginnt Tagebuch zu führen, ein verbotenes Verhältnis mit Julia eingeht, verhaftet und von O'Brien gefoltert wird, bis er – von Ratten, die sein Gesicht zerfressen werden, bedroht – sich selbst und Julia verrät, um wieder ein funktionierendes Mitglied der Gesellschaft zu werden.

Bester Satz: »Jeder weiß, was in Zimmer 101 ist.«

OZ, AMOS (1939)

Mein Michael (Mikhael sheli)

Hannah heiratet im Israel der 1950er Jahre den wenig heldenhaften Michael, doch die Ehe wird schnell zum Gefängnis für beide und nach der Geburt von Yair verstärken sich Hannahs Depressionen, wohingegen sie immer wieder von arabischen Zwillingen träumt, die ihr zum Symbol für Gewalt, Freiheit und Sexualität werden, während Michael als Soldat an der Eroberung des Sinai teilnimmt.

Bester Satz: »Mein Mann und ich sind wie zwei Fremde, die sich zufällig beim Verlassen einer Klinik treffen, in der sie sich einer körperlich unangenehmen Behandlung unterziehen mußten.«

PAMUK, ORHAN (1952)

Schnee (Kar)

Ka kehrt zu Beginn der 1990er Jahre in die Türkei zurück, um über eine Gruppe junger Frauen zu berichten, die wegen des Kopftuchverbots Selbstmord begangen haben soll, stößt im Dorf Kars auf seine frühere Geliebte Ipek, wird in eine Intrige um den Islamisten Lapis-lazuli, den Schauspieler und Atatürk-Darsteller Sunay Zaim und Ipeks Schwester Kadife hineingezogen, erlebt den Staatsstreich in Kars, wird gefoltert, damit er Lapislazulis Versteck verrät, reist ab und wird Jahre später von Islamisten erschossen, worauf der Schriftsteller Orhan nach Kars fährt und Kas Geschichte schreibt.

Bester Satz: »Manchmal glaube ich, was mir mangelt, bist nicht nur Du, sondern die ganze Welt.«

PASOLINI, PIER PAOLO (1922–1975)

Vita Violenta (Una vita violenta)

Der junge Kleinkriminelle Tommasino Puzzilli verliebt sich in Irene, ersticht bei einer für sie organisierten, in eine Schlägerei ausartenden Serenata einen Mann, verbringt zwei Jahre im Gefängnis und versucht anschließend, ein anständiges Leben zu führen, erkrankt aber an Tuberkulose, wird während der Behandlung Kommunist und rettet nach seiner Entlassung aus dem Krankenhaus eine Frau vor dem Tod, was ihn das Leben kostet.

Bester Satz: »Tommaso bemühte sich, seine Stellung nicht zu verändern; aber es war, als ob er in einem Sturm stillstehen wollte.«

PASTERNAK, BORIS (1890–1960)

Doktor Schiwago (Doktor Živago)

Im zaristischen Russland aufgewachsen, für eine medizinische Karriere prädestiniert und durch die Ehe versorgt, findet der Arzt, Dichter und Wissenschaftler Juri Andrejewitsch Schiwago in der neuen sowjetischen Ordnung trotz der Liebe zur Lehrerin Lara, die er zweimal verliert, keinen Halt mehr, lässt sich auch nicht umerziehen und stirbt schließlich gebrochen an einem Herzanfall.

Bester Satz: »Sie waren hier alle zusammen – sie standen nebeneinander, aber die einen erkannten sich nicht wieder, die anderen aber hatten sich nie gekannt.«

PAVESE, CESARE (1908–1950)

Junger Mond (La luna e il falò)

Erfolgreich geworden, aber unzufrieden geblieben, kehrt Anguilla aus Amerika nach Italien zurück, erinnert sich an seine entbehrungsreiche Kindheit, lässt sich von seinem Jugendfreund Nuto über die Ereignisse seiner Abwesenheit informieren und freundet sich mit dem Jungen Cinto an, der wie einst er selbst unter harten Bedingungen heranwächst.

Bester Satz: »Wo ich geboren bin, weiß ich nicht – hier jedenfalls sagt kein Haus, kein Stück Land oder Totengebein: ›Du gehörtest mir, noch ehe du geboren warst.‹«

PEREC, GEORGES (1936–1982)

Das Leben Gebrauchsanweisung (La vie mode d'emploi)

Die Bewohner und Gegenstände eines aus 100 Räumen bestehenden Mietshauses werden vorgestellt und ihre Geschichten erzählt, unter denen die des Milliardärs Bartlebooth heraussticht, der 500 Aquarelle von Häfen malt, diese von seinem Angestellten Winckler zu Puzzles verarbeiten lässt und beim Zusammensetzen der Puzzles stirbt.

Bester Satz: »Vor einigen Jahren hat Morellet versucht, ihn zu entmutigen, indem er ihn darüber aufklärte, daß die Zahl, die 9^{9^9} geschrieben wird, das heißt neunte Potenz hoch neun in der neunten Potenz, welche die größte Zahl ist, die man unter Benutzung von nur drei Zahlen schreiben kann, ganz ausgeschrieben dreihundertneunundsechzig Millionen Zahlenzeichen hätte, daß man, bei einer Zahl pro Sekunde, elf Jahre daran schriebe und **183**

daß sie, rechne man einen Zentimeter für zwei Zahlen, eine Länge von tausendachthundertfünfundvierzig Kilometern erreichen würde!«

PIÑERA, VIRGILIO (1912–1979)

Kleine Manöver (Pequeñas maniobras)

Sebastiáns Leben besteht aus dem Ausweichen vor schwierigen Situationen und Entscheidungen, weswegen er häufig Beruf und Wohnort wechselt, ja selbst seine Braut vor dem Altar stehen lässt, um sich nicht festlegen zu müssen, und deshalb am Ende Spiritist wird, da er Geistern gegenüber unverbindlich bleiben kann.

Bester Satz: »Ich glaube nicht, daß dieses Leben ein Geheimnis birgt.«

PLATH, SYLVIA (1932–1963)

Die Glasglocke (The Bell Jar)

Hochintelligent und literarisch talentiert kommt Esther Greenwood nach New York, um bei einer Zeitschrift zu arbeiten und Erfahrungen persönlicher, intellektueller und sexueller Natur zu suchen – immer das Angstbild der Hausfrau vor Augen –, was jedoch scheitert, worauf Esther nach ihrer Rückkehr zu den Eltern zunehmend depressiv wird, einen Selbstmordversuch unternimmt und erst dann wieder langsam Halt im Leben findet.

Bester Satz: »In New York wurden wir so oft zu Essen mit Leuten von der Zeitschrift und verschiedenen durchreisenden Prominenten eingeladen, daß ich es mir angewöhnte, die großen, handgeschriebenen Speisekarten, auf denen eine winzige Erbsenbeilage schon fünfzig oder sechzig Cents kostete, gründlich durchzulesen, bis ich die schwersten und teuersten Gerichte gefunden hatte, und mir dann eine ganze Reihe von ihnen zu bestellen.«

PLENZDORF, ULRICH (1934)

Die neuen Leiden des jungen W.

Der in einem kleinen Ort in der DDR aufgewachsene Edgar Wibeau bricht seine Lehre ab, zieht nach Ostberlin in eine Schrebergartenlaube, versucht sich als Maler zu verwirklichen, bringt es aber nur zum Anstreicher, entdeckt bei der Lektüre von Goethes *Werther* erstaunliche Parallelen zu seinem eigenen Leben, in dem er eine unglückliche Liebesbeziehung zu der Kindergärtnerin Charlie anfängt, die bereits mit dem ordentlichen, obrigkeitsgläubigen Studenten Dieter zusammen ist, und erfindet schließlich eine Farbspritze, deren Erprobung ihn tötet.

Bester Satz: »Ich analysierte mich kurz und stellte fest, daß ich eigentlich lesen wollte, und zwar wenigstens bis gegen Morgen.«

POE, EDGAR ALLAN (1809–1849)

Umständlicher Bericht des Arthur Gordon Pym von Nantucket (The Narrative of Arthur Gordon Pym of Nantucket)

Arthur Gordon Pym gerät als blinder Passagier in eine Meuterei, um bald darauf mit dem Halbindianer Peters einen Sturm zu überleben, worauf beide von einem Antarktisschiff aufgenommen werden, dessen übrige Besatzung zur Gänze von vollkommen schwarzen Inselbewohnern getötet wird, ein Schicksal, dem Arthur und Peters durch die Flucht in einem Kanu entgehen, woraufhin das Kanu jedoch auf einen Wasserfall zutreibt, über dem als letzte Wahrnehmung Arthurs eine riesige weiße Gestalt schwebt.

Bester Satz: »Das Haar auf dem Kopf stand mir zu Berge – ich fühlte das Blut in meinen Adern gerinnen – mein Herz hörte buchstäblich auf zu schlagen – und ohne auch nur 1 Mal die Augen in die Höhe gerichtet zu haben, um die Quelle meines Schrecks kennen zu lernen, sackte ich längelang & gefühllos über den Körper meines in sich zusammengesunkenen Gefährten.«

POTOCKI, JAN GRAF (1761–1815)

Die Handschrift von Saragossa
(Le manuscrit trouvé à Saragosse)

Von ineinander verschachtelten Geschichten überbordendes Werk, dessen Grundlage die erstaunlichen, übernatürlichen Ereignisse sind, die dem Hauptmann Alphonse van Worden auf seinem Weg durch die Sierra Morena zustoßen und die als Test der maurischen Untergrundorganisation der Gomelez erklärt werden, die herausfinden wollte, ob Alphonse sich als Anführer für die Welteroberung eignet.

Bester Satz: »Ich weiß nur, daß ich unter dem Galgen von Los Hermanos erwachte, und diesmal mit einer Art Freude, denn ich hatte zumindest die Genugtuung zu wissen, daß ich nicht tot war.«

PREDA, MARIN (1922–1980)

Schatten über der Ebene (Moromeții)

Nachdem drei seiner Söhne ihn betrogen haben, verkauft der Bauer Ilie Moromete in den 1930er-Jahren die Hälfte seines Grundes, damit der jüngste Sohn das Gymnasium besuchen kann, muss aber nach dem Zweiten Weltkrieg, nun auch von seiner Frau verlassen, feststellen, dass es gerade dieser Sohn ist, der die neue Zeit der sozialistischen Bodenreform und der staatlichen Erschwernisse für die Bauern verkörpert, an die Moromete sich nicht anpassen kann.

Bester Satz: »Und die Hoffnung, diese Welt der Händler, der Steuereinnehmer und Gendarmen, diese Ordnung, in der es irgendwo auch ein Parlament, Zeitungen und Gesetze gab, könne eine gerechte Ordnung sein, ja, diese Hoffnung war nichts anderes als der Köder der Falle.«

PRÉVOST, ABBÉ (1697–1763)

Geschichte des Chevalier des Grieux und der Manon Lescaut
(Histoire du Chevalier des Grieux et de Manon Lescaut)

Geschichte um den Chevalier des Grieux, der Manon Lescaut verfällt, von ihr betrogen und zum Verbrecher ausgebildet wird, was beide ins Gefängnis bringt, dem sie nach Amerika entfliehen, wo sie wieder glücklich zusammenleben, bis Manon Avancen durch den Neffen des Gouverneurs gemacht werden, der – vermeintlich – von des Grieux im Duell getötet wird, was des Grieux und Manon zur Flucht zwingt, auf der Manon entkräftet stirbt.

Bester Satz: »Trotz des Wohllebens, mit dem er sie umgab, war sie bei ihm niemals glücklich gewesen, nicht nur, weil sie die Zartheit meiner Gefühle und meine angenehmen Manieren vermißte, sondern weil mitten in dem Strudel von Vergnügungen mein Bild in ihrem Herzen lebendig blieb und die Selbstvorwürfe über ihre Untreue sie nicht zur Ruhe kommen ließen.«

PROUST, MARCEL (1871–1922)

Auf der Suche nach der verlorenen Zeit
(A la recherche du temps perdu)

Sieben teilweise zweibändige Teile füllt Proust mit den Erinnerungen des Ich-Erzählers, die sich vage an der unglücklichen Liebe zu Albertine, die den Erzähler schließlich flieht und bei einem Unfall ums Leben kommt, orientieren, sich jedoch hauptsächlich um die Jahrzehnte umfassenden Veränderungen unterschiedlichster Gesellschaftskreise und Figuren wie den Baron de Charlus, den bürgerlichen Swann oder die Künstler Elstir und Bergotte drehen, ihre gegenseitigen Verbindungen und Verstrickungen gesellschaftlicher wie amouröser Natur, deren Darstellung für sich genommen schon wieder beinahe romanhafte Ausmaße annimmt, bis der Ich-Erzähler am Ende des letzten Teils beschließt, ein Buch zu schreiben, das ebendiese *Suche nach der verlorenen Zeit* ist.

Bester Satz: »Aber alle Dinge des Lebens, die einmal existiert haben, zeigen die Tendenz, wieder zu erstehen, und wie ein verendendes Tier, das von einem letzten Anfall des Krampfes geschüttelt wird, der schon beendet schien, so zeichnete in Swanns einen Augenblick lang schon weniger versehrtes Herz noch einmal das gleiche Leiden das gleiche schneidende Kreuz.«

PRUS, BOLESŁAW (1847–1912)

Die Puppe (Lalka)

Der verarmte Adlige Stanislaw Wokulski arbeitet sich unstandesgemäß nach oben, wird verbannt und steigt zu einem der reichsten Männer Warschaus auf, muss aber hinnehmen, dass eine geplante Handelsgesellschaft nicht zustande kommt, weil die Adligen sich weigern, mit den Bürgerlichen Geschäfte zu machen, wobei erst die Liebe zu der schönen, egozentrischen Izabela ihn ins Unglück treibt: zunächst durch ihre Verachtung, später durch ihre Untreue, die Stanislaw die für Izabela gekaufte Ritterburg sprengen und dabei sterben lässt.

Bester Satz: »Für die ganze Menschheit und die ganze Zukunft der Welt, für meine eigene Unsterblichkeit möchte ich keinen ihrer Küsse hingeben.«

PUIG, MANUEL (1932–1990)

Der Kuß der Spinnenfrau (El beso de la mujer araña)

Der Homosexuelle Molina und der Revolutionär Arregui teilen sich im diktatorisch regierten Argentinien eine Gefängniszelle, wo der brutale Alltag nur durch Molinas Nacherzählungen alter Hollywoodfilme unterbrochen wird und Arregui nicht weiß, dass Molina ihn bespitzeln soll, sich jedoch in Arregui verliebt, ihn vor der Gefängnisleitung schützt, frühzeitig entlassen wird und auf Bitten Arreguis dessen Kameraden kontaktiert, aber von ihnen erschossen wird, da sie Verrat fürchten.

Bester Satz: »Und plötzlich sieht man ihr Gesicht in Großaufnahme mit Tränen in den Augen, aber mit einem Lächeln auf den Lippen ... und wenn sie nicht gestorben ist, dann lebt sie noch heute.«

PUSCHKIN, ALEXANDER (1799–1837)

Jewgeni Onegin. Roman in Versen (Evgenij Onegin)

Angeekelt vom Großstadtleben in Petersburg zieht der junge Jewgeni Onegin aufs Land, wo er sich in Olga verliebt, von deren Schwester Tatjana begehrt wird, diese rüde zurückweist, nach einem Tanz mit Olga von deren Verlobten Lenskij zum Duell gefordert wird und diesen tötet, woraufhin er abreist und später in Moskau die nun verheiratete Tatjana wiedersieht, sich in sie verliebt, aber – obwohl auch sie ihn noch liebt – von ihr verschmäht wird.

Bester Satz: »Wie früh verstand er schon zu heucheln,
Vor Eifersucht fast zu vergehn,
Sich ein- und Mißtraun fortzuschmeicheln,
Bald schroff, bald leidend auszusehen,
Stolz mit Devotheit zu vereinen,
Bald aufmerksam, bald kalt zu scheinen!«

Die Hauptmannstochter (Kapitanskaja dočka)

Der Gardesergeant Pjotr Andrejew Grinjew lernt unwissentlich den Bauernrebellen Pugatschew kennen, verliebt sich in die Tochter seines Festungskommandanten, entgeht nach der Festungseroberung durch Pugatschew dem Tod, weil dieser ihn wiedererkennt, kann anschließend mit Pugatschews Hilfe seine Geliebte befreien, wird nach Ende des Bauernaufstandes wegen Verrats angeklagt und überlebt, weil seine Braut die Zarin gnädig stimmen kann.

Bester Satz: »Als aber einer der Invaliden seine Hände ergriff, sie sich um den Hals legte, und den Alten auf seine Schultern hob, und Julaj mit der

Knute ausholte – da fing der Baschkire an, mit schwacher, flehender Stimme zu wimmern und öffnete kopfschüttelnd den Mund, in dem anstatt einer Zunge ein kurzer Stumpf sich bewegte.«

PYNCHON, THOMAS (1937)

Die Enden der Parabel (Gravity's Rainbow)

Komplexe Verstrickung paralleler Handlungsabläufe um die V2-Rakete der Nationalsozialisten, wie zum Beispiel die Geschichte des US-Soldaten Tyrone Slothrop, der herausfinden will, warum er in der Nähe einer V2 eine Erektion bekommt, oder des deutschen Wissenschaftlers Franz Pökler, der bereitwillig an der Entwicklung der V2 arbeitet, um seine Visionen realisieren zu können, oder des Majors Weissmann und seines Geliebten Gottfried, der sich als Braut in eine V2 einbauen lässt und, von Weissmann beobachtet, startet.

Bester Satz: »Es ist der warme, romantische Sommer von 1945, und, Zusammenbruch oder nicht, die Kultur des Todes herrscht noch immer: was Großmutter ›Verbrechen aus Leidenschaft‹ nannte, ist heute, da kaum irgendjemand Leidenschaft für irgendetwas aufzubringen vermag, zur Methode der Wahl bei der Lösung interpersoneller Zwistigkeiten geworden.«

QUENEAU, RAYMOND (1903–1976)

Die blauen Blumen (Les fleurs bleues)

Der mittelalterliche Herzog von Auge und der im Jahr 1964 lebende Cidrolin haben nicht nur jeweils drei Töchter und denselben Vornamen, sondern träumen auch voneinander, sodass unklar bleibt, wer wessen Traum entstammt, wobei der Herzog im Abstand von 175 Jahren bei einer jeweils neuen Begebenheit gezeigt wird, bis er 1964 Cidrolin trifft, sich dessen Boot ausborgt und zu einem Ort aufbricht, an dem blaue Blumen blühen sollen.

Bester Satz: »So bilde ich aus dem Altirischen gann, dem Altisländischen kani Kahn, aus dem Lateinischen sexta hora das spanische Siesta und anstelle von Schneuztuch, das ich vulgär finde, leite ich nach den akzeptiertesten und diachronistischsten Regeln aus dem Wort Tasche ein anständiges Kompositum ab.«

Der Flug des Ikarus (Le vol d'Icare)

Ikarus, die vom Schriftsteller Hubert Lubert erfundene Romanfigur, flieht aus Langeweile aus dem Manuskript, verliebt sich in die Prostituierte LN, kehrt ins Manuskript zurück, wird von Luberts Schriftstellerkollegen entführt – nachdem andere Figuren ebenfalls aus Überdruss die Geschichte verlassen haben – und besteigt mit LN ein Flugzeug, das kurz darauf abstürzt und so das Ende des vom Autor geschriebenen Romans herbeiführt.

Bester Satz: »Auf jeden Fall ist die Zahl mauve.«

RABELAIS, FRANÇOIS (1494*–1553)

Gargantua und Pantagruel (Gargantua et Pantagruel)

Hauptfiguren sind die beiden Riesen Gargantua – groß genug, Gefangene in seinem hohlen Zahn zu verwahren – und dessen Sohn Pantagruel, die durch teilweise kaum zusammenhängende Abenteuer Rabelais' satirische Kritik an Jurisprudenz (würfelnde Richter), Universität (gelehrte Bücher mit obszönen Titeln), Papsttum oder Disputen (Pantomime-Debatten) seiner Zeit wiedergeben und Rabelais' Diktum »Tu, was du willst!« ausleben.

Bester Satz: »Als er das Mannesalter erreicht hatte, vermählte er sich mit Gargamella, der Tochter des Schmetterlingskönigs, einer schönen, pausbackigen Dirn, und sie spielten oft das Tier mit dem doppelten Rücken und

---

* Andere Quellen geben 1483, um 1483 oder 1493 an.

rieben sich lustig aneinander, bis sie mit einem tüchtigen Jungen schwanger wurde, den sie bis zum elften Monat trug.«

RANSMAYR, CHRISTOPH (1954)

Die letzte Welt

Der junge Römer Cotta kommt nach Tomi, um den verbannten Ovid zu suchen, von dessen *Metamorphosen* keine Abschrift mehr existiert, findet aber nur dessen verrückten Diener Pythagoras, der für die Worte Ovids Denkmäler errichtet, trifft auf zahlreiche, der Mythologie entlehnte Figuren, wie Echo, deren Körper von einer schmerzenden Wunde überwuchert wird, oder den Filmvorführer Cyparis, und endet als Seiler, der das verschollene Manuskript der *Metamorphosen* zu rekonstruieren versucht.

Bester Satz: »Ein Orkan, das war ein Vogelschwarm hoch oben in der Nacht; ein weißer Schwarm, der rauschend näher kam und plötzlich nur noch die Krone einer ungeheuren Welle war, die auf das Schiff zusprang.«

REGENER, SVEN (1961)

Herr Lehmann

Frank, der nur »Herr Lehmann« genannt wird, existiert als Kellner diverser Alternativlokale ziellos in West-Berlin vor sich hin, verliebt sich in die schöne Köchin Katrin, wird von ihr betrogen, muss feststellen, dass sein bester Freund, der verkrachte Künstler Karl, drogensüchtig geworden ist, und beschließt während des Mauerfalls, seinem Leben eine neue Richtung zu geben.

Bester Satz: »Ist das Leben ein Glas oder eine Flasche oder ein Eimer, irgendein Behälter, in den man was hineinfüllt, etwas hineinfüllen muß sogar, denn irgendwie scheint sich ja die ganze Welt einig zu sein, daß man so etwas wie einen Lebensinhalt unbedingt braucht.«

REIMANN, BRIGITTE (1933–1973)

Franziska Linkerhand

Als idealistische Architektin droht Franziska während der Konzeption eines Stadtzentrums an dem bürokratischen Vorgesetzten Schafheutlin zu scheitern, bewirkt bei ihm jedoch eine langsame Annäherung, während die Liebe des ausgebrannten Exuniversitätsassistenten Wolfgang »Ben« Trojanowicz zu Franziska zerbricht, weil der schuldlose Exhäftling Ben seine Einstellung, sich aus allem herauszuhalten, ebenso wenig aufgibt wie Franziska ihren Zukunftsglauben.

Bester Satz: »Morgens lag das zerknüllte Laken auf dem Boden, der Himmel deckte mich zu, er war blau wie die Steppdecke auf meinem Kinderbett, und ich zog die Knie hoch und lachte, ich weiß nicht, warum.«

REMARQUE, ERICH MARIA (1898–1970)

Im Westen nichts Neues

Paul Bäumer meldet sich mit seinen Schulkollegen begeistert für den Einsatz im Ersten Weltkrieg, erlebt das inhumane Schinden unter seinem Vorgesetzten Himmelstoß und nimmt Töten und Sterben im Krieg bald nur noch als Gewohnheit wahr, aus der einzig und allein die Kameradschaft herausragt – bis auch Bäumer im Oktober 1918 stirbt.

Bester Satz: »Es ist, als ob nicht mehr die Geschosse brüllen; es ist, als ob die Erde selbst tobt.«

RIBEIRO, JOÃO UBALDO (1941)

Brasilien, Brasilien (Viva o Povo Brasileiro)

Kaum zu überblickende Chronik der bahianischen Geschichte vom 17. Jahrhundert bis in die 1970er Jahre, wobei der größte Teil sich mit dem 19. Jahrhundert beschäftigt und so unter anderem die Geschichte Perilo Ambrósios enthält, der als Held aus dem Unabhängigkeitskrieg zurückkehrt, weil er einen Sklaven getötet, sich in dessen Blut getränkt, anschließend eine Sklavin vergewaltigt und so die Anführerin einer Revolte gezeugt hat.

Bester Satz: »Was geschieht einem Menschen, der etwas ganz verzweifelt braucht, und wenn es dann kommt, ist es nichts von dem, was dieser Mensch sich gewünscht hatte.«

RICE, ANNE (1941)

Interview mit einem Vampir. Roman aus der Chronik der Vampire (Interview With the Vampire)

Der 200 Jahre alte Vampir Louis berichtet von seiner Initiation durch den blutgierigen Lestat, von der durch Lestat herbeigeführten Erweckung der im Körper einer Fünfjährigen gefangenen Claudia, die später mit Louis versucht, Lestat zu töten, der Reise nach Europa, dem Pariser »Theater der Vampire«, Claudias Tod und seiner Rückkehr in die USA, wo er den verkommenen Lestat erneut trifft.

Bester Satz: »Wenn ich verdammt bin, muß ich den Wunsch haben, sie zu töten, nichts in ihr zu sehen als Nahrung für eine verdammte Existenz, denn wenn ich verdammt bin, bin ich gezwungen, sie zu hassen.«

RILKE, RAINER MARIA (1875–1926)

Die Aufzeichnungen des Malte Laurids Brigge

Tagebuch des adeligen Dänen Malte, der nach Paris kommt, mit den überwältigenden Eindrücken der Stadt fertig werden muss, einerseits jeglichen Halt verliert, andererseits zu denken lernt und sich die Frage stellt, ob tatsächlich noch nichts Bedeutendes gedacht worden sei, wobei sein weiteres Schicksal offen bleibt.

Bester Satz: »Ich liege in meinem Bett, fünf Treppen hoch, und mein Tag, den nichts unterbricht, ist wie ein Zifferblatt ohne Zeiger.«

ROBBE-GRILLET, ALAIN (1922)

Die Jalousie oder Die Eifersucht (La jalousie)

Frank beginnt mit Frau A. eine Beziehung, die A.s Mann eifersüchtig registriert, was der Leser allerdings nur durch die Beschreibung oberflächlicher Dinge wahrnehmen kann, da Robbe-Grillet keinen Einblick in die Psyche der Figuren bietet und selbst die An- oder Abwesenheit des Ehemanns nur durch Gegenstände wie einen vorhandenen dritten Sessel erschlossen werden kann.

Bester Satz: »Auf der nackten Wand ist der Rest des zerquetschten Tausendfüßlers noch ganz deutlich zu sehen.«

RÖGGLA, KATHRIN (1971)

wir schlafen nicht

Eine Praktikantin, ein Key Account Manager, ein Senior Associate, eine Online-Redakteurin und ein IT-Supporter unterhalten sich während einer Messe; dabei wird das immer unmenschlicher werdende Geschäftsleben spürbar, das zu totaler Entfremdung führt.

Bester Satz: »er habe aber nichts als dieses mckinsey-klischee im kopf gehabt und so auch nicht sich aus dem kopf schlagen können, für ihn gebe es nur den mckinsey-king und mckinsey-flure, die man diesbezüglich entlangschleichen könne mit nichts als rationalisierungsfuror und kündigungswahnsinn in der hand.«

ROIDIS, EMMANUIL (1836–1904)

Päpstin Johanna (I Papissa Ioanna)

Historischer Roman über die Tochter eines englischen Priesters, die Bibliothekarin wird, sich als Mann in ein Kloster einzuschleichen versucht, ertappt wird, flieht, über die Schweiz und Frankreich nach Griechenland findet, es dort zu Ansehen bringt, nach Italien reist und Karriere am Hof des Papstes macht, bis sie selbst Päpstin wird, wobei ihr Geschlecht erst aufgedeckt wird, als sie öffentlich ein Kind zur Welt bringt und mit diesem stirbt.

Bester Satz: »Oft passierte es Johanna, wenn sie sich nach einer dreimal glücklichen Nacht aus den Armen ihres Geliebten gewunden hatte, daß sie wie das Kredo auch das Paternoster änderte, indem sie den Vater im Himmel statt um das tägliche Brot um den täglichen Florus bat.«

ROLLAND, ROMAIN (1866–1944)

Johann-Christoph (Jean-Christophe)

Zehn Bände reichen Rolland, um den Lebensweg eines deutschen Musikers darzustellen, der erfolgshungrig nach Paris kommt, im Dichter Olivier einen Freund findet, diesen bei einer Revolte verliert, dabei einen Polizisten tötet, in die Schweiz fliehen muss, sich verliebt, mit Gott hadert, seiner großen Liebe Grazia wiederbegegnet, mit ihr nach Paris zurückkehrt und sich nach ihrem Tod dem Leben entfremdet.

Bester Satz: »Aber selbst, wenn sie von einem Toren gehandhabt werden, lebt in den Tönen noch solche Gewalt des Lebens, daß sie in einem unberührten Herzen Stürme entfesseln.«

ROTH, GERHARD (1942)

Landläufiger Tod

Umfangreicher, in sieben kaum zusammenhängende Teile gegliederter Roman, in dessen Mittelpunkt der stumme, schizophrene Franz Lindner steht, dessen Innenleben sich der Roman durch Briefe, Träume, irreale Tagebucheintragungen und Geschichten vom steirischen Dorfleben nähert, bis Franz aus der psychiatrischen Anstalt fliehen kann, in sein Dorf zurückkehrt, Bienendompteur wird und wieder zu sprechen beginnt.

Bester Satz: »Einem Lehrer, der Insekten sammelte (sein Vater, ebenfalls ein Lehrer, wurde ein Opfer der Ameisen), gelang es, Insektengeräusche zu übersetzen.«

ROTH, JOSEPH (1894–1939)

Hotel Savoy

Aus der Kriegsgefangenschaft kommt Gabriel Dan ins Hotel Savoy, wo Reiche und Arme unter einem Dach leben, er sich unglücklich verliebt, seinem wohlhabenden Onkel kein Geld entlocken kann, die Zeit mit seinem revolutionären Freund Zlotogor verbringt und als Sekretär des Milliardärs Bloomfield arbeitet, bis ein Arbeiterstreik dazu führt, dass das Savoy niederbrennt.

Bester Satz: »Im Hotel Savoy konnte ich mit einem Hemd anlangen und es verlassen als der Gebieter von zwanzig Koffern – und immer noch der Gabriel Dan sein.«

Hiob. Roman eines einfachen Mannes

Der Glaube hilft dem Juden Mendel Singer, die Auswanderung seiner Familie und den Tod zweier Söhne und seiner Frau zu überstehen, aber als auch noch seine Tochter verrückt wird, schwört er verbittert **197**

Gott ab, bis ein Wunder geschieht: die Heilung seines schwachsinnigen, epileptischen Sohnes, der als Musiker berühmt wird und Mendel bei sich aufnimmt.

Bester Satz: »Und während es um seine Lippen lächelte und während es seinen Kopf schüttelte, begann sein Herz, langsam zu vereisen, es pochte wie ein metallener Schlegel gegen kaltes Glas.«

Radetzkymarsch

Über drei Generationen der Familie Trotta hinweg – vom ›Helden von Solferino‹ über dessen Sohn, einen braven Provinzbeamten, bis zum Enkel, einem schwermütigen Offizier, der im Ersten Weltkrieg fällt – zeigt Roth den Zerfall des Habsburgerreiches, der erst durch den Tod Kaiser Franz Josephs als bittere Realität erkannt wird.

Bester Satz: »Und ohne Unterbrechung rettete man, wenn man ein Trotta war, dem Kaiser das Leben.«

Die Kapuzinergruft

Aus der angesehenen Familie der Trottas stammend, vollzieht Franz-Ferdinand einen immer stärkeren Abstieg, bis er, von seiner lesbischen Frau verlassen, auch von Freunden keine Hilfe mehr erwarten kann und, unter der Zerstörung Österreichs vom Verlust der Monarchie bis hin zum ›Anschluss‹ ans nationalsozialistische Deutschland leidend, in die Kapuzinergruft flieht, um als ›Untoter‹ dort Unterschlupf zu finden, wo die Habsburger ihre Toten begraben.

Bester Satz: »Der Tod kreuzte schon seine knochigen Hände über den Kelchen, aus denen wir tranken.«

ROTH, PHILIP (1933)

Portnoys Beschwerden (Portnoy's Complaint)

Portnoy erzählt seinem Psychiater seine Biografie, die von seiner Stellung als jüdischer Außenseiter im Amerika der 1960er Jahre gezeichnet ist, von seiner sexuellen Gier und der Lust am Verstoß gegen moralische und gesellschaftliche Konventionen, die ihn zusammen mit seiner letzten Geliebten beinahe seine Karriere kosten, bevor er nach Israel fährt, wo er sich befreit fühlt, aber impotent wird.

Bester Satz: »›Oh, Schatz, mein Liebling‹, rief das Äffchen, ›such dir 'n Loch, welches du willst, ich bin dein!‹«

Der menschliche Makel (The Human Stain)

Dem Literaturprofessor Coleman Silk wird Rassismus vorgeworfen, wobei zunächst niemand weiß, dass der hellhäutige Coleman selbst afroamerikanischer Abstammung ist, der Skandal dann aber – Colemans Ansicht nach – seine Frau das Leben kostet, weswegen Coleman den Ich-Erzähler auffordert, ein Buch darüber zu schreiben, dieses Vorhaben aufgibt und sich Faunia, eine halb so alte, analphabetische Putzfrau als Geliebte zulegt, die tatsächlich aber Tochter einer Großbürgerfamilie ist, was auch Faunias Ehemann auf den Plan ruft, der einen für das Paar tödlich ausgehenden Verkehrsunfall provoziert.

Bester Satz: »Ich will damit sagen, daß ich durch diesen Umzug mein Verhältnis zum sexuellen Trieb bewußt verändert hatte, und zwar nicht, weil der Drang oder schließlich auch meine Erektion im Lauf der Zeit schwächer geworden wären, sondern weil mir seine lärmenden Forderungen zu hoch erschienen, weil ich nicht mehr den Esprit, die Kraft, die Geduld, die Fähigkeit zur Selbsttäuschung, die Ironie, den Eifer, den Egoismus, die Spannkraft – oder auch die Zähigkeit, die Gerissenheit, die Falschheit, die Heuchelei, die Doppelzüngigkeit, die erotische Professionalität – aufbrachte, die ich brauchte, um mit der Masse seiner irreführenden und widersprüchlichen Einflüsterungen fertig zu werden.«

ROUSSEAU, JEAN-JACQUES (1712–1778)

Emile oder Von der Erziehung (Émile ou De l'éducation)

Darstellung idealer Erziehung anhand von Emile, mit Augenmerk darauf, dass das Kind in der Natur aufwächst, erst ab dem zwölften Lebensjahr intellektuell gebildet wird, parallel dazu ein Handwerk erlernt und sich als Höhepunkt mit Religion beschäftigt, bis der junge Erwachsene in die Gesellschaft treten kann, ohne Schaden zu nehmen.

Bester Satz: »Wir werden schwach geboren, wir brauchen Kraft; wir werden von allem entblößt geboren, wir brauchen Beistand; wir werden dumm geboren, wir brauchen Verstand.«

ROY, ARUNDHATI (1961)

Der Gott der kleinen Dinge (The God of Small Things)

Ammu, die großbürgerliche, geschiedene Mutter des Zwillingspaares Estha und Rahel, verliebt sich in den Unberührbaren Velutha, worauf ihre Familie, informiert von Veluthas Vater, zur Polizei geht, die Velutha tödlich misshandelt, und Ammu ihr Dorf und ihre Kinder verlassen muss, um schließlich verarmt zu sterben, während die Zwillinge getrennt werden und erst 23 Jahre später wieder zueinander finden.

Bester Satz: »In dem Jahr, das sie zusammen waren, bevor sie heirateten, entdeckte sie ein bißchen Zauber in sich selbst, und für eine Weile kam sie sich vor wie ein unbekümmerter Dschinn, den man aus seiner Flasche gelassen hatte.«

RUSHDIE, SALMAN (1947)

Die satanischen Verse (The Satanic Verses)

Gibril und Saladin überleben einen Flugzeugabsturz aus 10 000 Metern Höhe, wobei Gibril trotz Heiligenscheins wie bisher weiterlebt,

Saladin aber in eine teufelsähnliche Figur verwandelt wird und ein bedauernswertes Leben fristet, bis er wieder zum Menschen wird und sich an Gibril zu rächen versucht, der ihn später vor dem Tod rettet, beruflich keinen Erfolg mehr hat, unter Mordverdacht gerät und sich umbringt – wobei auch Gibrils Träume erzählt werden, in denen er als Erzengel Gabriel Ereignisse um den Propheten Mahound erlebt.

Bester Satz: »Ich erkenne kein anderes Urteil als das meiner Muse, genauer gesagt, meiner zwölf Musen an.«

Des Mauren letzter Seufzer (The Moor's Last Sigh)

Moares Zogoiby wird vom Maler Vasco Miranda dazu gezwungen, die Geschichte seiner indischen Familie zu schreiben; darin erzählt er vom durch den Urgroßvater erlangten Reichtum, von den Todesopfer fordernden Zwistigkeiten innerhalb der Familie und von seiner Mutter Aurora, die als Malerin berühmt wird, alle dominiert, den in sie verliebten Miranda 35 Jahre lang unterstützt, in einem letzten Gemälde ihren Mörder – Moares' Vater – porträtiert und von den Klippen stürzt; wobei Moares seiner Ermordung nur durch den Drogentod Mirandas entgeht.

Bester Satz: »Oh, du meine großartige, tote Mutter, meine düpierte Erzeugerin, meine Törin.«

SACHER-MASOCH, LEOPOLD VON (1836–1895)

Venus im Pelz

Fasziniert von Venusstatuen trifft der Dichter Severin die wohlhabende Witwe Wanda, die sich bereit erklärt, ihn seelisch und körperlich zu quälen, wenn Severin dafür den Rang eines Sklaven einnimmt, über dessen Leben Wanda völlig verfügen kann; während einer Auspeitschung durch einen Liebhaber Wandas wird Severin aber klar, dass er dieser Bindung ein Ende setzen muss.

Bester Satz: »Das Weib ist eben, trotz allen Fortschritten der Civilisation, so geblieben, wie es aus der Hand der Natur hervorgegangen ist, es hat den Charakter des Wilden, welcher sich treu und treulos, großmüthig und grausam zeigt, je nach der Regung, die ihn gerade beherrscht.«

SADE, DONATIEN-ALPHONSE-FRANÇOIS, MARQUIS DE (1740–1814)

Die neue Justine oder das Unglück der Tugend.
Die Geschichte ihrer Schwester Juliette
(La nouvelle Justine ou Les malheurs de la vertu.
Suivie de l'histoire de Juliette, sa sœur)

Doppelroman, der die Geschichten der tugendsamen Justine und ihrer verbrecherischen Schwester Juliette erzählt, wobei Erstere Zeugin unglaublicher Gesetzesverstöße, Perversitäten und Grausamkeiten wird, die sie unschuldig ins Gefängnis und in einen frühen Tod führen, während Juliette aktiv an der Verbreitung von Folter, Gewalt und Ausschweifung arbeitet und dafür am Ende mit Wohlstand und Ruhm belohnt wird.

Bester Satz: »Nein, versetzte der unselige Schlappschwanz, mir ist das alles noch viel zu harmlos, wenn ich schon einmal in Ausschweifungen schwelge, möchte ich allaugenblicklich von Scheußlichkeiten umzingelt sein; ich möchte alles schänden, was den Menschen heilig ist … möchte ihre stärksten Zügel mit meinen heimtückischen Händen zerreißen.«

SAGAN, FRANÇOISE (1935–2004)

Bonjour Tristesse (Bonjour tristesse)

Ihrem lockeren Lebenswandel folgend, hintertreibt die 17-jährige Cécile die Beziehung ihres liberalen Vaters zu der bürgerlichen Anne,

der sich daraufhin seiner früheren Geliebten Elsa zuwendet, von Anne dabei überrascht wird und so ihre plötzliche Abreise auslöst, die
in einem tödlichen Autounfall endet, was für Vater und Tochter die
Rückkehr zum emotional degenerierten Lebensstil bedeutet.

Bester Satz: »Und ich begriff, daß ich mehr Begabung hatte, einen jungen
Mann in der Sonne zu küssen als ein Examen zu machen.«

SALICH, TAJJIB (1929)

Zeit der Nordwanderung (Mawsim al-Higra ila s-simal)

Der sudanesische, in England ausgebildete Mustafa Said zerstört seine
Karriere durch die von ihr gewünschte Ermordung seiner Frau, der
einzigen, die sich ihm monatelang verweigert hatte, was ihn Jahre
später zum einfachen Landwirt im Sudan werden lässt, wo er den
Ich-Erzähler trifft, ihm seine Geschichte beichtet und verschwindet,
dabei den Ich-Erzähler zum Vormund seiner Kinder ernennend und
ihm seinen größten Schatz, ein Zimmer voller europäischer Bücher,
hinterlassend.

Bester Satz: »Ich fühle ihnen gegenüber eine Art Überlegenheit, schließlich wird das ganze Ritual eigentlich meinetwegen veranstaltet, und ich bin
vor allem anderen ein Kolonialist, ich bin der Eindringling, über den eine
Entscheidung gefällt werden muss.«

SALINGER, JEROME D. (1919)

Der Fänger im Roggen (The Catcher in the Rye)

Wieder einmal von einem Internat geflogen, treibt sich der 16-jährige Holden Caulfield drei Tage lang in New York herum, wo er vereinsamt und fast irre wird auf der Suche nach menschlichem Kontakt, einen verheerenden Prostituiertenbesuch absolviert, von einem früheren Lehrer belästigt wird und zu seiner Familie findet, die ihn in die Psychiatrie einweisen lässt, wo Holden erkennt, dass er zu den Erwachsenen gehört, selbst wenn er deren Welt ablehnt.*

SALTER, JAMES (1925)

Lichtjahre (Light Years)

Die Geschichte der Ehe zwischen Viri Berland und seiner Frau Nedra, die zwei Kinder haben und über Jahre hinweg eine perfekte Gemeinschaft bilden, trotzdem einander betrügen und ihre Ehe in eine Freundschaft auslaufen lassen, bis Nedra im Alter von 41 Jahren ihren Mann, der längst resigniert hat, verlässt, Schauspielerin werden will, in einem Blumenladen landet und mit 47 stirbt, während Viri, der nicht über die Trennung hinwegkommt, ihr gemeinsames Haus verkauft und eine Sekretärin heiratet.

Bester Satz: »Das Leben besteht aus Wetter.«

SARAMAGO, JOSÉ (1922)

Das Todesjahr des Ricardo Reis
(O Ano da Morte de Ricardo Reis)

Ricardo Reis (ein Pseudonym des portugiesischen Dichters Fernando Pessoa) führt ein gleichgültiges Leben mit zwei Liebesbeziehungen, unterstellt alles – selbst die politischen Aufregungen der 1930er Jahre – seiner immerwährenden Ruhe und verliert diese erst durch Begegnungen mit dem toten Pessoa, der für Unordnung eintritt, durch die Offenbarung Lídias, schwanger zu sein, und den Tod von Lídias Bruder in der Revolution, wobei der Schmerz über diesen Tod Ricardo Reis dazu bewegt, Pessoa ins Totenreich zu folgen.

* Kein Abdruck von Textauszügen aus dem Werk Jerome D. Salingers möglich.

Bester Satz: »Fernando Pessoa erhob sich und ging im Arbeitszimmer auf und ab, er griff nach dem Blatt Papier, auf das Ricardo Reis die vorgelesenen Verse geschrieben hatte, wie hatten Sie gesagt, wir sehn die Parzen nicht, die uns vernichten, so laß uns sie vergessen, als ob es sie nicht gäbe, man muß blind sein, wenn man nicht sieht, wie uns die Parzen tagtäglich vernichten, wie sagt doch das Volk, es gibt keinen schlimmeren Blinden als den, der nicht sehen will.«

Die Stadt der Blinden (Ensaio sobre a Cegueira)

Ein Land verfällt in Anarchie, weil sich die ›weiße‹ Blindheit in der Bevölkerung ausbreitet und die Regierung sich nur zu helfen weiß, indem sie die Betroffenen in einem Lager interniert, dessen brutalste Insassen bald den Rest der Blinden terrorisieren, bis die Frau des Arztes, die als Einzige sehen kann, den Anführer der gewalttätigen Bande tötet, um wieder Ordnung herzustellen, die tatsächlich eintritt, woraufhin die Blinden wieder sehen können.

Bester Satz: »Sie küßte ihn auf das Gesicht, niemand würde mehr diese faltige Stirn sehen, den erloschenen Mund, die toten Augen, wie aus Glas, erschreckend, weil sie nichts zu sehen schienen und nichts sahen, Auch mich wird es treffen, dachte sie, wann, vielleicht in diesem Augenblick, ohne daß mir Zeit bleibt, das zu beenden, was ich sagen will, in irgendeinem Augenblick, so wie bei ihnen, oder vielleicht wache ich blind auf, ich werde erblinden, wenn ich die Augen zum Schlafen schließe und denke, ich sei nur eingeschlafen.«

SARTRE, JEAN-PAUL (1905–1980)

Der Ekel (La nausée)

Der Historiker Antoine Roquentin lebt in der ihm zunehmend verhassten Stadt Bouville, wo er ein Tagebuch zu schreiben beginnt, da ihn seine Umgebung und schließlich er sich selbst immer mehr anekelt, bis er erkennt, dass alles Existierende vollkommen überflüssig ist und der Mensch somit vollkommen frei.

Bester Satz: »Ich sah mich beklommen um: Gegenwart, nichts als Gegenwart.«

SCHLINK, BERNHARD (1944)

Der Vorleser

Michael Berg, als Teenager Liebhaber der 20 Jahre älteren Hanna Schmitz, der er vor dem Liebesakt immer vorlesen musste, findet während eines Prozesses, in dem seine ehemalige Geliebte wegen grauenvoller Verbrechen in einem Konzentrationslager verurteilt wird, heraus, dass Hanna Analphabetin ist, woraufhin er ihr Aufnahmen literarischer Werke ins Gefängnis schickt, Hanna zu lesen lernt, sich mit den Verbrechen im Dritten Reich auseinandersetzt und sich kurz vor ihrer Entlassung umbringt.

Bester Satz: »Nachdem Hanna die Stadt verlassen hatte, dauerte es eine Weile, bis ich aufhörte, überall nach ihr Ausschau zu halten, bis ich mich daran gewöhnte, daß die Nachmittage ihre Gestalt verloren hatten, und bis ich die Bücher ansah und aufschlug, ohne mich zu fragen, ob sie zum Vorlesen geeignet wären.«

SCHMIDT, ARNO (1914–1979)

Die Gelehrtenrepublik

Der Journalist Charles Henry Winer darf die West-USA aufsuchen, wo nach einem Atomkrieg Menschen einerseits zu Zentauren, andererseits zu lebensbedrohlichen Menschenspinnen mutiert sind, um zur »International Republic for Artists and Scientists« zu gelangen, einer Gelehrtenrepublik-Insel von 5000 Menschen unterschiedlicher Nationalitäten, die jedoch politisch völlig zerstritten und künstlerisch fast gänzlich ausgelaugt ist und Bizarrerien wie Tiere mit Menschenhirnen hervorbringt, die zur Spionage eingesetzt werden, was Winer so abstößt, dass er die Insel erleichtert verlässt.

Bester Satz: »Gab mir eine Riesenportion Zunge in den Mund (und schmeckte gut und warm; nach Grassamen; Spelt & Grannen fiel mir ein, Getreidemund, Mähdrescher ... ? – : ! – :«

Zettels Traum

Roman gigantischen Ausmaßes, in dem zwei Edgar-Allan-Poe-Übersetzer und deren junge Tochter mit dem Poe-Kenner Daniel Pagenstecher zusammentreffen, um über Poe zu diskutieren und dessen Seele sprachwissenschaftlich und psychoanalytisch zu deuten, wobei die Tochter sich in den alten Pagenstecher verliebt, der sie jedoch zurückweist, allerdings ihre Ausbildung finanzieren will, sofern sie bereit ist, ihn nie wiederzusehen.

Bester Satz: »Ganz=winzij'n Moment nur ... (: dreh langsam, 1 Mal, den Kopf in die Wunder einer anderen AtmoSfäre ... (?) – : nu, ne Sonne von GoldPapier, mit roth'n Bakkn et=caetera ?)) – : verfolg ma das Wasserlinsn-Blättchin, Franziska=ja? – (?) –«

SCHMITT, ÉRIC-EMMANUEL (1960)

Monsieur Ibrahim und die Blumen des Koran
(Monsieur Ibrahim et les fleurs du Coran)

Der elfjährige Jude Momo lebt bei seinem arbeitslosen Vater, bis dieser sich umbringt und Momo von seinem großväterlichen Freund, dem Ladenbesitzer Ibrahim, adoptiert und in das Leben auf Basis der Weisheit des Korans eingeführt wird, wofür Momo und Ibrahim eine Reise von Paris in die Türkei unternehmen, wo Ibrahim bei einem Autounfall stirbt, glücklich darüber, Momo alles Wichtige beigebracht und ihm sein ganzes Vermögen vererbt zu haben.

Bester Satz: «Für jeden von uns, Momo, ist eine Leiter aufgestellt, damit wir entfliehen können."

SCHNITZLER, ARTHUR (1862–1931)

Der Weg ins Freie

Der junge Baron Georg von Wergenthin schwängert das Kleinbürgermädchen Anna, versucht ihre Beziehung zu verheimlichen, lässt sie das – totgeborene – Kind außerhalb Wiens zur Welt bringen, ist von Reue erfüllt, reist aber seiner musikalischen Karriere wegen ohne Anna nach Detmold und kann sich nie dazu überwinden, die Verbindung mit Anna dauerhaft einzugehen, bis diese ihm zum Hindernis für ein neues Leben wird und er sie endgültig verlässt.

Bester Satz: »Ob er nicht fürchte, hatte sie gefragt, es einmal bereuen zu müssen, daß er sie zur Lügnerin machte?«

Therese. Chronik eines Frauenlebens

Therese steht der Liebe von Alfred Nüllheim teilnahmslos gegenüber, geht als Erzieherin nach Wien, bekommt von dem Künstler Kasimir Tobisch ein Kind, das sie in Pflege gibt, macht fast ihr Glück durch die Verbindung zu Herrn Wohlschein, der leider vor einer Ehe stirbt, und wird von ihrem kriminellen Sohn Franz im Streit um Geld tödlich verletzt, wobei sie sterbend einsieht, dass auch ihr Verhalten Franz zu dem gemacht hat, was er ist.

Bester Satz: »Und der Mann, der so lange Kasimir Tobisch geheißen, der Vater ihres Kindes, entschwand ihr, ein Namenloser unter anderen Namenlosen, und entschwand für immer. –«

SCHOLOCHOW, MICHAIL (1905–1984)

Der stille Don (Tichij Don)

Im Mittelpunkt des umfangreichen Werkes steht der kosakische Bauernsohn Grigori, der in den Jahren 1912 bis 1922 zerrissen wird zwischen dem Eintreten für die Rote Armee, für die Kosaken, die teilweise im Gebiet um den Don nach Unabhängigkeit streben, und dem Leben in seinem Dorf, bis seine große Liebe, die verheiratete Axinja, am Ende erschossen wird und er in sein Dorf zurückkehrt, wo er nur noch seinen Sohn lebend vorfindet.

Bester Satz: »In einfältiger, kindlicher Naivität hatte er angenommen, es genüge, nach Hause zurückzukommen, den Militärmantel mit dem Bauernrock zu vertauschen, und alles werde glatt gehen; niemand würde ihm ein Wort sagen, niemand einen Vorwurf machen, alles würde sich von selbst einrenken, und er würde friedlich seine Wirtschaft besorgen, vorbildlicher Familienvater sein und sich seines Lebens freuen.«

SEBALD, W. G. (1944–2001)

Austerlitz

Die Geschichte des Jacques Austerlitz, der erst als über 60-Jähriger herausfindet, dass er nicht das Kind eines englischen calvinistisch-methodistischen Predigers ist, sondern der Sohn einer von den Nationalsozialisten ermordeten Jüdin, die Jacques rechtzeitig nach England in Sicherheit bringen ließ, wo er eine neue persönliche und sprachliche Identität erhielt und eine von Lieblosigkeit geprägte Kindheit erlebte, resultierend in seiner Alters-Unruhe, die ihn seine Ursprünge suchen lässt.

Bester Satz: »Genau kann niemand erklären, was in uns geschieht, wenn die Türe aufgerissen wird, hinter der die Schrecken der Kindheit verborgen sind.«

SELBY, HUBERT (1928–2004)

Letzte Ausfahrt Brooklyn (Last Exit to Brooklyn)

In einzelne Erzählungen zerfallender Roman über die Ermordung des Transvestiten Georgette, der in seinen Todesfantasien vom unerreichten Geliebten träumt; den jungen Arbeiter Tommy, der heiratet und Vater wird; die Prostituierte Tralala, die von Dutzenden Männern missbraucht und schwer misshandelt wird; und den Gewerkschafter Harry, der durch einen Streik zunächst das Gefühl von Macht verspürt, nach Erkennen der wahren politischen und wirtschaftlichen Hintergründe aber zerbricht, seine Homosexualität auslebt, sich an einem Teenager vergehen will und zusammengeschlagen wird.

Bester Satz: »[…] er bewegte sich mit der automatischen Stoßkraft einer Maschine, jetzt unfähig, auch nur einen flüchtigen Gedanken zu formulieren (schon der Versuch zu denken, wurde von Zorn und Haß zunichte gemacht), ja sogar außerstande zu beurteilen, ob er ihr weh tat, in völliger Unkenntnis der Wonnen, die er seiner Frau bereitete; seine innere Verfassung verhinderte den von ihm gewünschten raschen Erguß, damit er sich von ihr herunterrollen und schlafen konnte; es war ihm nicht bewußt, daß seine Brutalität im Bett das einzige war, was seine Frau an ihn kettete […]«

SHALEV, ZERUYA (1959)

Liebesleben (Chajej ahawa)

Die Doktorandin Ja'ara Korman verlässt ihren Mann Joni, um eine Beziehung mit dem Frauenhelden Arie Even anzufangen, in der sie versucht, sexuelle Abgründe auszuloten, sieht aber bald ein, dass diese Beziehung – für die sie ihre Karriere aufs Spiel setzt – dieselben Probleme wie ihre alte aufweist, stürzt sich in ihre wissenschaftliche Arbeit und erkennt, dass ihre Sexualität durch ihre Mutter traumatisiert wurde und ihre Erregung sich dem Denken, nicht der Körperlichkeit verdankt.

Bester Satz: »Man nimmt eine Tablette gegen Kopfschmerzen, und die Kopfschmerzen gehen weg, doch dafür fängt ein Magengeschwür an, man nimmt ein Medikament gegen Magengeschwüre und bekommt Sodbrennen, man nimmt etwas gegen Sodbrennen, und es wird einem übel, man nimmt etwas gegen Übelkeit und bekommt Kopfschmerzen, und am Schluß kriecht die letzte Krankheit näher und findet die Tür weit offen, wie das goldene Tor im fernen Istanbul, und sie muß bloß noch die verschiedenen Enden miteinander verbinden, und es ist aus mit der Geschichte.«

SHELLEY, MARY (1797–1851)

Frankenstein oder Der moderne Prometheus
(Frankenstein: Or, the Modern Prometheus)

Victor Frankenstein erschafft aus Leichenteilen ein Monster, das sich nach Liebe sehnt, aber tötet, weil es aufgrund seines Aussehens nie diese Liebe bekommt und – als Frankenstein sich weigert, seinem Monster eine Geliebte zu bauen – auch seinen Erfinder umbringen will, bis dieser nach einer Jagd durch zahlreiche Länder in der Arktis stirbt und das Monster allein auf einer Scholle ins Meer hinaustreibt.

Bester Satz: »Erschrocken fuhr ich aus dem Schlaf auf; kalter Schweiß bedeckte meine Stirn, die Zähne klapperten mir, und alle meine Glieder zuckten krampfhaft; denn im fahlen Mondschein, der durch die Fensterscheiben sickerte, gewahrte ich den Unhold – das elende Ungeheuer, das ich geschaffen hatte.«

SIENKIEWICZ, HENRYK (1846–1916)

Quo vadis? (Quo vadis?)

Die Liebe zwischen Vinicius und Lygia droht durch Kaiser Nero zerstört zu werden, der für den Brand Roms die Christen als Schuldige nennt und das Liebespaar im Zirkus einem Stier vorwirft, dem Lygias extrem starker Diener Ursus allerdings das Genick bricht, weshalb Nero auf Geheiß des Publikums Vinicius und Lygia freilassen muss.

Bester Satz: »Die Henker blieben, wie eingeschüchtert von seiner Haltung, stehen; die Gläubigen hielten den Atem an, denn sie glaubten, daß er sprechen wollte, und eine tiefe Stille trat ein.«

SIMENON, GEORGES (1903–1989)

Die Glocken von Bicêtre (Les anneaux de Bicêtre)

René Maugras, ein mächtiger Verleger, merkt nach einem Schlaganfall, halbseitig gelähmt, dass sein bisheriges Leben ihm völlig fremd ist und auch seine vermeintlich engen Bindungen zu seiner Frau oder seinen Freunden ihm nichts bedeuten, was ihn nach seiner Entlassung aus dem Krankenhaus von Bicêtre jedoch kein neues Leben beginnen, sondern in sein altes zurückfallen lässt.

Bester Satz: »Nicht die Glocken sind verstummt, er ist es, der nicht mehr auf sie geachtet, sich nicht mehr für sie interessiert hat.«

SINCLAIR, UPTON (1878–1968)

Der Dschungel (The Jungle)

Die Hoffnungen des litauischen Einwanderers Jurgis Rudkus auf ein besseres Leben in den USA werden durch die unmenschlichen Arbeitsbedingungen in den Chicagoer Schlachthöfen und zahlreiche Schicksalsschläge – Tod des Vaters, der Frau, des Kindes, Gefängnis – zunichte gemacht; schließlich wird Jurgis auch noch obdachlos und findet nur als Streikbrecher Arbeit, bis er nach seiner erneuten Entlassung zum Sozialisten wird und fortan gegen die Ausbeutung kämpft.

Bester Satz: »Es mutete befremdend, ja furchtbar an, eine solche Einstellung so verbreitet zu finden, doch es war Tatsache: Sie haßten ihre Arbeit.«

SINGER, ISAAC BASHEVIS (1904–1991)

Feinde, die Geschichte einer Liebe (Enemies, a Love Story)

Den Nazis entkommen, hat der Jude Herman Broder in den USA seine Lebensretterin Jadwiga geheiratet, lebt als Ghostwriter und hat ein Verhältnis mit Mascha, als seine totgeglaubte erste Frau Tamara auftaucht und Hermans Situation offenbar wird, worauf Tamara die Zügel in die Hand nimmt, die schwangere Jadwiga nachgibt, Mascha sich umbringt und Herman bald verschwindet, um Tamara, Jadwiga und die kleine Mascha als Familie zurückzulassen.

Bester Satz: »Frauen hatten ihn ruiniert, aber sie hatten ihm auch Mitleid gezeigt.«

SKÁRMETA, ANTONIO (1940)

Mit brennender Geduld (Ardiente paciencia)

Fiktiver Bericht über die Freundschaft zwischen dem ungebildeten Postboten Mario Jiménez und dem chilenischen Dichter Pablo Neruda, wobei Mario Nerudas Werke liest, mit dessen Worten die angebetete Beatriz erobert, von Neruda in die Poesie eingeführt wird, in Nerudas Nähe ist, als dieser todkrank aus dem Exil in das nun diktatorisch regierte Chile zurückkehrt, und nach Nerudas Tod von der Geheimpolizei verhaftet wird.

Bester Satz: »Heute noch ist dein Lächeln ein Schmetterling, aber schon morgen werden deine Titten zwei gurrende Täubchen sein, die gehätschelt werden wollen, und deine Warzen werden zu zwei saftigen Himbeeren, deine Zunge wird zum schlüpfrigen Teppich der Götter, dein Arsch zum geblähten Segel einer Barke, und was dir jetzt noch zwischen den Beinen pocht, wird dann zum pechschwarzen Glutofen, in dem die eiserne Stange unserer Rasse geschmiedet werden soll.«

SOLSCHENIZYN, ALEXANDER (1918)

Ein Tag im Leben des Iwan Denissowitsch
(Odin den' Ivana Denisoviča)

Iwan Denissowitsch Schuchow hat zugegeben, sein Land verraten zu haben, weil er so mit dem Leben davonkommen konnte, und erlebt als Insasse eines stalinistischen Lagers einen normalen Tag, an dem es vorwiegend darum geht, nicht unter Arrest gestellt zu werden, sich nicht beim Stehlen erwischen zu lassen und möglichst viel Essen zu bekommen, um überleben zu können.

Bester Satz: »Und die Männer, die fünfzehn Tage Bunker kriegten, waren schon so gut wie tot und begraben.«

Krebsstation (Rakovyj korpus)

Panoramaartige Darstellung eines Krankenhauses in der asiatischen Sowjetunion der frühen Post-Stalin-Ära, die sich auf die Gegensätzlichkeit des skrupellosen, machtgierigen Fabrikdirektors Rusanow und des ehemaligen Lagerinsassen Kostoglotov konzentriert, dessen Optimismus im Krankenhaus trotz seiner Heilung zerstört wird, während Rusanow, charakterlich um nichts besser geworden, trotz politischer Veränderungen einfach dort weitermacht, wo er vor seiner Einlieferung aufgehört hat.

Bester Satz: »Er wußte, daß er nicht viel aufzuweisen hatte außer Ergebenheit, Korrektheit und Beharrlichkeit.«

SOYINKA, WOLE (1934)

Die Ausleger (The Interpreters)

Der Roman beschreibt fünf junge Intellektuelle, die, zerrissen zwischen der europäischen Moderne und den Traditionen ihrer nigerianischen Heimat, versuchen, beide Kulturen in sich zu vereinen, wobei als Bindeglieder Kunst, Religion, Sexualität oder Freundschaft dienen.

Bester Satz: »»Als ich in Paris war‹, sagte Joe, ›kannte ich einen Tänzer aus Britisch Guayana, der war so gottverdammt stolz, daß es ihn verletzte, Danke sagen zu müssen, also verhinderte er mit allen Mitteln, daß man was für ihn tat.‹«

STASIUK, ANDRZEJ (1960)

Neun (Dziewie)

Der Kleinkriminelle Pawel muss wegen unbezahlter Schulden vor Schlägern fliehen, sucht Hilfe beim wohlhabenden Bolek, der seine Leute auf ihn ansetzt, versucht bei Jacek unterzukommen, gerät in die Fänge des Freundes von Luska, auf die er, Pawel, sich Hoffnungen macht, und endet mit Jacek eingesperrt und hilflos in einer Wohnung Boleks, während Jaceks nichtsahnende Freundin Beata, damit sie Jaceks Aufenthaltsort verrät, von Luskas Freund erst vergewaltigt und dann ermordet wird und Bolek bei einem Autounfall stirbt.

Bester Satz: »Sie tranken Wasser, fluchten, fuhren im Kreis zwischen zwei Kneipen und dem Sportplatz einer Grundschule (ja, es war Mitte Juni), das Mädchen und drei Typen, und sie spürten, wie das erbarmungslose Licht ihren Schädel füllte, unter Lidern und Nase herausfloß, noch einen Moment, und sie würden verrückt werden, ihre Eingeweide zu brennen anfangen, die Karre würde explodieren und ein weißes Feuer sie für immer verschlingen.«

STEIN, GERTRUDE (1874–1946)

The Making of Americans.
Geschichte vom Werdegang einer Familie 1906–1908
(The Making of Americans.
Being a History of a Family's Progress)

Im Mittelpunkt des Romans stehen die Vorfahren und die im Grunde banalen Lebensläufe der Mitglieder der Familie Hersland, wobei der Schwerpunkt des Werks auf seiner radikalen sprachlichen Gestaltung und der Verweigerung einer üblichen Erzählhaltung liegt.

Bester Satz: »Viele imitieren ihr ganzes Leben immer wieder ihre eigene Art von Wiederholung, viele imitieren ihr ganzes Leben immer wieder irgend jemand anderen oder die Art von Wiederholung von irgendeiner anderen Art von Männern oder Frauen, irgendeine Art von Sein die sie nicht in sich haben.«

Autobiographie von Alice B. Toklas
(The Autobiography of Alice B. Toklas)

Fingierte Autobiografie der Lebensgefährtin von Gertrude Stein, die zahlreiche Details über das Zusammenleben der beiden Frauen enthält, ihre Lebensläufe allerdings kaum chronologisch wiedergibt, dafür aber unzählige Porträts der die beiden ständig umgebenden, später teilweise weltberühmt gewordenen Künstler wie Picasso, Hemingway, Eliot, Sitwell, Ford zeichnet.

Bester Satz: »Ich habe viele bedeutende Menschen kennengelernt, ich habe mehrere berühmte Menschen kennengelernt doch habe ich nur drei hervorragende Genies gekannt und in jedem Fall erklang in mir gleich auf den ersten Blick ein Läuten.«

STEINBECK, JOHN (1902–1968)

Von Mäusen und Menschen
(Of Mice and Men)

Die Illusion einer eigenen Farm stets vor Augen, ziehen George Milton und sein geistig minderbemittelter Freund Lennie Small, der seine unglaubliche körperliche Stärke nicht kontrollieren kann, als Arbeiter von Farm zu Farm, bis Lennie der Schwiegertochter seines Chefs versehentlich das Genick bricht und George ihn erschießt, um ihn der Rache seiner Kollegen zu entziehen.

Bester Satz: »Erzähl was wir im Garten ha'm werden un von den Kaninchenställen un vom Regen im Winter und dem Ofen, und wie dick der Rahm auf der Milch is, daß man'n kaum schneiden kann.«

STENDHAL (1783–1842)

Rot und Schwarz
(Le rouge et le noir. Chronique du XIXe siècle)

Julien Sorel steigt zum Hauslehrer des Kleinstadtbürgermeisters Rênal und zum Liebhaber von dessen Frau auf, verlässt sie, um Priester zu werden, und erlangt durch Geschick adeligen und militärischen Rang, bis ganz Paris durch einen Brief von Frau Rênal von seiner Falschheit erfährt, woraufhin Julien sie erschießen will und hingerichtet wird, nachdem er mit der nur leicht verletzten Frau Rênal im Gefängnis Momente des Glücks erlebt hat.

Bester Satz: »Aber Julien meinte, es sei seine Pflicht, es dahinzubringen, daß diese Hand sich bei seiner Berührung nicht mehr zurückzog; der Gedanke an eine zu erfüllende Pflicht und an eine Lächerlichkeit oder vielmehr an ein Gefühl der Unterlegenheit, das er haben würde, wenn es ihm nicht gelänge, fiel sofort wie ein Schatten auf sein Gemüt.«

STERNE, LAURENCE (1713–1768)

Leben und Ansichten von Tristram Shandy, Gentleman. (The Life and Opinions of Tristram Shandy, Gentleman)

Mit unzähligen Abschweifungen gespickte Geschichte des Tristram Shandy, hauptsächlich aber von dessen Familie, geprägt von skurrilen Charakteren wie dem vom Festungsbau besessenen Toby oder Tristrams Vater Walter, der einen Zusammenhang zwischen Nase, Namen und Schicksal einer Person zu beweisen versucht, wobei die Erzählung eher zurückschreitet als vorwärtsgeht, weil Sterne immer erst die äußerst komplexen Hintergründe eines Geschehens erklärt, bevor er das Geschehen selbst offenbart.

Bester Satz: »Ich wünschte, entweder mein Vater oder meine Mutter, oder fürwahr alle beide, denn von Rechts wegen oblag die Pflicht ihnen beiden zu gleichen Teilen, hätten bedacht, was sie da trieben, als sie mich zeugten; hätten sie gebührend in Betracht gezogen, wie viel von dem abhing, was sie gerade taten; daß es dabei nicht nur um die Hervorbringung eines vernünftigen Wesens ging, sondern daß womöglich die glückliche Bildung und Beschaffenheit seines Körpers; vielleicht sein Genie und just die Färbung seines Gemüts; – und gar, denn Gegenteiliges war ihnen nicht bekannt, die Wohlfahrt seines ganzen Hauses ihre Wendung nach den Säften und Dispositionen nehmen könnten, die gerade obenauf waren: – Hätten sie all das gebührend in Erwägung und Betracht gezogen und wären demgemäß verfahren, – ich bin wahrhaftig überzeugt, ich würde in der Welt eine ganz andere Figur vorgestellt haben als die, in der mich der Leser wahrscheinlich erblicken wird. – «

STEVENSON, ROBERT LOUIS (1850–1894)

Die Schatzinsel (Treasure Island)

Jim Hawkins und seine Freunde folgen einer Schatzkarte des berüchtigten Käpitäns Flint, heuern dazu jedoch ausgerechnet die ehemaligen Kumpane Flints an und liefern sich mit diesen auf der Schatzinsel zahlreiche Gefechte, bis Jim zwar das Schiff für seine Leute in Sicherheit bringen kann, aber von den Piraten gefasst wird und nur dank der Überredungskunst des einbeinigen Long John Silver überlebt, um anschließend den Schatz mit seinen Freunden zu teilen.

Bester Satz: »Die siebenhunderttausend Pfund waren fort.«

STIFTER, ADALBERT (1805–1868)

Der Nachsommer

Der sich autodidaktisch in Geologie fortbildende Heinrich Drendorf stößt bei einer Alpenexpedition auf den Asperhof, auf dem der Hausherr Freiherr von Risach ein von Systematik und Rationalität geprägtes Leben führt, durch das Heinrich sich in den Wissenschaften und Künsten weiterbilden kann, während er gleichzeitig eine in die Ehe mündende Beziehung zu Natalie Tarona eingeht, deren Mutter als junge Frau die Geliebte Risachs gewesen ist und ihre Beziehung nach Jahrzehnten wiederaufgenommen, aber nie legalisiert hat.

Bester Satz: »›Ich habe die Steine mit menschlichen Gestalten vorgezogen‹, sagte mein Vater, als ich in dieser Hinsicht eine Bemerkung machte, ›weil sie mir doch dasjenige schienen, was zu dem Menschen in nächster Beziehung steht.‹«

STOKER, BRAM (1847–1912)

Dracula (Dracula)

Der Rechtsanwalt Jonathan Harker kann, nachdem er Draculas Geheimnis entdeckt hat, nach England fliehen, doch dort hat Dracula bereits sein untödliches Unwesen begonnen, woraufhin Jonathan Professor van Helsing einschaltet, mit dessen Hilfe Dracula wieder nach Transsylvanien zurückgetrieben und in einem Kampf auf Leben und Tod vernichtet wird.

Bester Satz: »Ich wollte mit der scharfen Kante in das verhaßte Gesicht schlagen; doch in dem Moment drehte der Graf den Kopf und richtete seine lodernden, gräßlichen Basiliskenaugen auf mich.«

STREERUWITZ, MARLENE (1950)

Verführungen

Nachdem ihr Mann Gregor sie verlassen hat, lebt Helene Gebhardt mit zwei Kindern allein und versucht mit Bürotätigkeiten über die Runden zu kommen, während die Überforderung immer stärker wird und auch das Liebesglück, das sie zuerst mit Henryk erlebt, an dessen Betrügerei scheitert, bis Helene kurz nach dem absoluten Tief ihre Hoffnungen auf einen Anwalt setzt, der Gregor auf Unterhaltszahlungen verklagen wird.

Bester Satz: »Für sie blieb nur Ordnung übrig.«

STRINDBERG, AUGUST (1849–1912)

Plädoyer eines Irren (Le plaidoyer d'un fou)

Autobiografischer Roman, der Strindbergs Beziehung zu seiner Frau, der Schauspielerin Siri von Essen, von Beginn an mit einer an den Rand des Wahnsinns gesteigerten Intensität und Emotion bis zur Scheidung schildert.

Bester Satz: »Ich habe für meine Rasse Sorge getragen, ich habe über das Verhalten einer mit einem schlechten Charakter begabten Frau gewacht, die in der Gosse hätte enden können; ich habe auf die Ehre der Familie geachtet; ich habe nicht die Rolle des Betrogenen spielen wollen; es ist mir zuwider gewesen, für die Kinder eines anderen zu arbeiten; ich habe es verabscheut, meine Existenz auf Sand zu bauen – und aus diesen Gründen ist
es meine Schuld, daß meine Frau Ehebruch begangen hat!«

Die Gotischen Zimmer
(Götiska rummen. Skätöden från sekelslutet)

Die Feindschaft zwischen den Brüdern Gustav und Henrik Borg eskaliert, als der Redakteur Gustav von Henrik, dem Eigentümer der Zeitung, entlassen und durch seinen eigenen Sohn ersetzt wird, woraufhin die Brüder jeweils ein Verhältnis mit der Frau des anderen anfangen.

Bester Satz: »Abgesetzt, ausgedient auf den Müll geworfen, er, der bei der großen materiellen Neubildung nach 1850 dabeigewesen war.«

STUCKRAD-BARRE, BENJAMIN VON (1975)

Soloalbum

Von seiner Freundin Katharina nach vier Jahren verlassen, versumpft der Ich-Erzähler, ehemaliger Musikjournalist, immer mehr, kann keine neue feste Beziehung finden und zieht schließlich in eine andere Stadt, wo es ihm vorübergehend besser geht, er aber durch die erdrückende Unwichtigkeit der ihn umgebenden Dinge – Partys, lose Kontakte, Lifestyle – in sein altes Leben zurückfällt.

Bester Satz: »Ich nehme eine Aspirin (habe keine Kopfschmerzen), höre die Brandenburger Konzerte (mache mir gar nichts daraus), sortiere Rechnungen und Formulare (habe nicht mal Schubladen oder gar Ordner und erst recht keinen Sinn dafür, werde damit untergehen, irgendwann bricht alles zusammen, und dann fehlt Blatt Nummer 2 von Zuschrift Nummer 4, und dann stehe ich da und sie haben mich).«

STYRON, WILLIAM (1925–2006)

Sophies Wahl (Sophie's Choice)

Der arrivierte Schriftsteller Stingo schildert sowohl seine unglückliche Beziehung zu Sophie, die sich entschlossen hatte, ihm nicht zu folgen, sondern mit ihrem Geliebten Nathan Landau Selbstmord zu begehen, als auch Sophies 20 Monate in Auschwitz, wo sie entscheiden musste, welches ihrer zwei Kinder sofort getötet und welches ins Arbeitslager überstellt werden sollte.

Bester Satz: »Soixante-neuf (vom Arzt empfohlen), wo es mir, Minute um Minute in den wogenden Sumpf ihrer feuchten, bewachsenen Möse versenkt, schließlich in Sophies Mund in einem hinausgezögerten Schwall und einer derartig in die Länge gezogenen, so köstlichen Intensität kam, dass ich fast aufschrie, fast betete, dass mir schwarz vor den Augen wurde und ich in Wollust verging.«

SÜSKIND, PATRICK (1949)

Das Parfum. Die Geschichte eines Mörders

Der 1738 in Paris geborene, allen Unglück bringende Waisenjunge Jean-Baptiste Grenouille besitzt keinen Eigengeruch, aber einen vollkommenen Geruchssinn, lässt sich zum Parfümeur ausbilden und tötet 26 Frauen, um ihren Geruch zu konservieren, woraufhin er zwar zum Tode verurteilt wird, der Hinrichtung aber durch ein die Menschenmenge betörendes Parfum entgeht, sich allerdings kurz darauf einigen Verbrechern als Opfer darbietet und von ihnen zerrissen und verspeist wird.

Bester Satz: »Was er sich immer ersehnt hatte, daß nämlich die andern Menschen ihn liebten, wurde ihm im Augenblick seines Erfolges unerträglich, denn er selbst liebte sie nicht, er haßte sie.«

SVEVO, ITALO (1861–1928)

Zeno Cosini (La coscienza di Zeno)

Von seinem Psychoanalytiker dazu bewegt, erzählt Zeno sein Leben, in dem alles misslungen ist, auch das, was geglückt ist, weil es ohne sein

Zutun geschah – vom Tod des Vaters über die Heirat mit der falschen Frau bis zur Unfähigkeit, sich das Rauchen abzugewöhnen, und dem Umstand, von seinem Analytiker als geheilt entlassen zu werden, obwohl Zeno behauptet, er habe während der Therapie nie die Wahrheit gesagt.

Bester Satz: »Mir geht es wie so vielen Menschen: zu gewissen Zeiten füllen gewisse Ideen mein ganzes Denken aus und sperren es gegen alles andere ab.«

SWIFT, JONATHAN (1667–1745)

Reisen zu mehreren entlegenen Völkern der Erde in vier Teilen von Lemuel Gulliver, erst Wundarzt, später Kapitän mehrerer Schiffe
(Travels Into Several Remote Nations of the World. By Lemuel Gulliver, First a Surgeon, and Then a Captain of Several Ships)

Gulliver wird in das Reich Lilliput verschlagen, wo er als Riese gilt, später nach Brobdingnag, wo er aufgrund seiner Winzigkeit sogar mit Fliegen zu kämpfen hat, dann auf die fliegende Wissenschaftsinsel Luggnagg, eine Wohnstätte von Forschern, die Experimente ohne Wert durchführen, um auf seiner letzten Station bei den affenähnlichen Yahoos und den superrationalen Pferden der Houyhnhnms zum erklärten Menschenfeind zu werden, der später in England stets die Pferde den Menschen vorzieht.

Bester Satz: »Einer von denen, die dafür waren, führte mehrere Argumente von großer Beweiskraft und großem Gewicht an; er brachte vor, dass die Yahoos, so wie sie das schmutzigste, ekelhafteste und mißgestaltenste Tier seien, das die Natur jemals hervorgebracht habe, so auch das widerspenstigste und unlenksamste, das boshafteste und tückischste seien.«

SZCZYPIORSKI, ANDRZEJ (1924–2000)

Die schöne Frau Seidenman (Początek)

Darstellung unterschiedlicher Figuren im von den Nationalsozialisten besetzten Warschau 1943, in deren Mittelpunkt die attraktive Frau Seidenman steht, die, vom Juden Blutman an die Gestapo verraten, verhaftet und durch das Zusammenspiel vieler Menschen – darunter der Deutsche Johannes Müller – auf riskante Weise aus dem Gestapo-Gefängnis gerettet wird.

Bester Satz: »Während sie nun an Johann Müllers Arm ging, wußte sie noch nicht, daß sie in dreißig Jahren, ihr schmutzig-graues Haar in dem Zimmer an der Allée de la Motte-Picquet kämmend, eine tragische Gestalt sein würde, aber ganz anders tragisch als jetzt, an der Ecke der Koszykowa-Straße, wo sie wie durch ein Wunder dem Tod im Gestapo-Gebäude auf der Schuch-Allee entgangen war.«

TATARKA, DOMINIK (1913–1989)

Allein gegen die Nacht (Sam proti noci)

In drei Teile zerfallender Roman, in dessen erstem Kapitel der Ich-Erzähler von drei Hüten träumt, drei Dichter sterben sollen und der Erzähler von den drei wichtigen Frauen seines Lebens berichtet, während das zweite Kapitel Briefe an ein Mädchen namens Dominika enthält – eine Mischung aus Lebensmaximen und Reflexionen zur Sexualität – und das dritte Kapitel tagebuchartig Reflexionen zum Staat und erotische Erlebnisse wiedergibt und eine Art Gebrauchsanweisung für das Buch selbst bereithält.

Bester Satz: »Liebe Dominika, als mir deine schöne Mama, Frau Magistra in Rajec, durch deinen Vater Ivan sagen ließ, daß sie Dich nach mir, einem aus der Gesellschaft ausgeschlossenen Menschen, einem zum Schweigen verurteilten Schriftsteller, Dominika genannt hatte, rührte mich das in den tiefsten Tiefen meines Herzens, bis an die Quellen des glückseligen Träumens, der geheimsten Vorstellungen von der Schöpfung der Welt.«

TENDRJAKOW, WLADIMIR (1923–1984)

Die Nacht nach der Entlassung
(Noc' posle vypuska)

Mit ihrer Rede zur Abschlussfeier löst Julja Studjonzewa sowohl unter den Lehrern eine Diskussion aus wie auch unter ihren Klassenkameraden, die nun ihre wahre Meinung übereinander äußern, was im Fall des wohlhabenden Genka Golikow in gegenseitige Verletzungen ausartet, worauf Genka weggeht, ohne zu wissen, dass der Bandenchef Jaschka Topor ein Attentat auf ihn geplant hat, was die Gruppe zunächst für sich behalten will – doch die Erkenntnis, so zu Mittätern zu werden, lässt sie Genka suchen.

Bester Satz: »Leider ist die Maschine zur Produktion geistiger Werte noch nicht erfunden, zu Produktionen der bildenden Künste, der Literatur, der Musik ebenso wenig wie zur Wissensvermittlung.«

THACKERAY, WILLIAM MAKEPEACE (1811–1863)

Jahrmarkt der Eitelkeit. Ein Roman ohne Helden
(Vanity Fair: A Novel Without a Hero)

Amelia und Becky waren Jugendfreundinnen, von denen die eine verarmte, heiratete und von ihrem scheinbar seriösen Mann bis zu dessen Tod hintergangen wurde, während die andere skrupellos ihren Aufstieg in die höchsten Kreise verfolgte, und treffen sich nun bei einer Rheinreise wieder, die Becky als zur spielenden Abenteurerin heruntergekommen zeigt und Amelia als eine selbstsüchtige Person, die ihren Begleiter William Dobbins eiskalt ausnutzt, bis er ihrer überdrüssig wird.

Bester Satz: »Wenn ich hier das Pronomen Ich einführe, so soll damit die Welt im allgemeinen personifiziert sein, die jeweilige Frau Grundy, die meine ehrengeachteten Leser in ihrem persönlichen Kreise haben – denn jeder meiner Leser, nicht wahr, weiß doch schließlich auf ein paar Familien in seiner Bekanntschaft hinzudeuten, über deren Lebensbedingungen sich niemand im klaren ist.«

THOMPSON, HUNTER S. (1937–2005)

Fear and Loathing in Las Vegas (Fear and Loathing in Las Vegas)

Reisebericht des Journalisten Raoul Duke, der einen aus allen Rudern laufenden, von Drogen, Alkohol und Wahnsinnsattacken befeuerten Trip mit seinem Freund Dr. Gonzo zu einem Wüstenrennen beschreibt und anschließend die Ereignisse bei einem Kongress über Drogensucht wiedergibt, dabei alle Arten von Irrsinn, drogenbedingten Ausfällen und eine gehörige Portion Kritik am US-Gesellschaftssystem einschließend.

Bester Satz: »Wir hatten zwei Beutel Gras, 75 Kügelchen Meskalin, fünf Löschblattbögen extra starkes Acid, einen Salzstreuer halbvoll mit Kokain und ein ganzes Spektrum vielfarbiger Uppers, Downers, Heuler, Lacher, einen Liter Tequila, eine Flasche Rum, eine Kiste Bier, einen halben Liter Äther und zwei Dutzend Poppers.«

TIŠMA, ALEKSANDAR (1924–2003)

Der Gebrauch des Menschen (Upotreba čoveka)

Ausgehend vom Tagebuch einer deutschen Lehrerin verknüpft der Roman zahlreiche Erlebnisse verschiedener Menschen wie die des jüdischen Kaufmanns Robert Kroner, der eine fatale Ehe mit der christlichen Exprostituierten Resi eingeht, oder die von Vera, die das KZ überlebt, anschließend Prostituierte wird und sich mit dem ehemaligen Partisanen Sredoja zusammentut – all das hauptsächlich 1942 in

Novi Sad, gleichzeitig aber panoramaartig mehrere Jahrzehnte und Orte überspannend.

Bester Satz: »Zum erstenmal wird ihr klar, daß sie vielleicht sterben wird und was das bedeutet: völlige Einsamkeit, völliges Ausgeliefertsein, völlige Unwissenheit, die Unmöglichkeit, etwas für sich selbst zu tun.«

TOLKIEN, J. R. R. (1892–1973)

Der Herr der Ringe (The Lord of the Rings)

Fantastisches, dreibändiges Werk über einen unglaubliche Macht verleihenden Ring, der Bruderschaften zerstört und Kriege auslöst, dessen Vernichtung aber den Sieg des Guten – angeführt von dem Hobbit Frodo – über das Böse bedeutet.

Bester Satz: »Die Hobbits sind ein unauffälliges, aber sehr altes Volk, das früher zahlreicher war als heute; denn sie lieben Frieden und Stille und einen gut bestellten Boden: eine wohlgeordnete und wohlbewirtschaftete ländliche Gegend war ihr bevorzugter Aufenthaltsort.«

TOLSTOJ, LEO (1828–1910)

Anna Karenina (Anna Karenina)

Anna Karenina verlässt ihren großbürgerlichen Mann und ihren Sohn, um illegitim mit Graf Wronskij zusammenzuleben, muss aber erkennen, dass sie von nun an eine Ausgestoßene der Gesellschaft ist und das Klammern an ihren Geliebten nicht zu vollkommener Liebe, sondern zu totaler Zerrüttung führt, von der Anna sich nur durch Selbstmord befreien kann.

Bester Satz: »Alle glücklichen Familien ähneln einander; jede unglückliche ist auf ihre eigene Art unglücklich.«

Auferstehung (Voskresenie)

Als Geschworener erkennt Fürst Nechljudow in der Prostituierten Maslowa seine ehemalige, von ihm verlassene Geliebte wieder, die wegen Mordes zu vier Jahren Haft verurteilt wird, was ihn so bestürzt, dass er sich von seiner Umgebung losreißt, den größten Teil seines Vermögens verschenkt, Maslowa nach Sibirien folgt und ihr die Ehe anbietet, die sie jedoch ablehnt.

Bester Satz: »Eins von zwei Dingen war hier der fall: Entweder sie liebte Simonson und verlangte gar nicht nach dem Opfer Nechljudows, das ihm jetzt so schwer erschien; oder sie liebte noch Nechljudow, verzichtete zu seinem Wohl und wollte auf immer ihre Schiffe verbrennen, indem sie ihr Schicksal mit Simonson vereinigte.«

TOMASI DI LAMPEDUSA, GIUSEPPE (1896–1957)

Der Gattopardo (Il Gattopardo)

Darstellung der sizilianischen Fürstenfamilie Salina, in deren Mittelpunkt Don Fabrizio Corbèra steht, der Veränderungen wie die Einigung Italiens durch Garibaldi befürwortet, um alles Bestehende sichern zu können, und auch für die Ehe zwischen seinem Neffen Tancredi und der Tochter des neureichen Calogero Sedàra eintritt, die aber scheitert, wobei am Ende mit großem zeitlichen Abstand der Tod des Fürsten geschildert und der Verfall der italienischen Aristokratie offenbar wird.

Bester Satz: »Es wäre kühn zu behaupten, Don Calogero habe aus dem Gelernten unmittelbaren Nutzen gezogen; er bemühte sich von da an, sich etwas sauberer zu rasieren und sich weniger über die für die Wäsche verbrauchte Seife aufzuregen, und das war's; aber von jenem Moment an nahm für ihn und die Seinen die stetige Verfeinerung einer Klasse ihren Anfang, die im Laufe von drei Generationen skrupellose Rüpel in wehrlose Aristokraten verwandelt.«

TRAVEN, B. (1890*–1969)

Das Totenschiff

Ohne Papiere findet der Seemann Gale Arbeit an Deck eines Schiffes, auf dem man die Mannschaft rücksichtslos ausbeutet, wird mit Stanislaw auf ein anderes Schiff verschleppt, das versenkt werden soll, um die Versicherung zu prellen, und endet hilflos im Meer treibend, wobei Stanislaw vor seinen Augen stirbt.

Bester Satz: »Wenn du den Äquator anfaßt, die Hand ist sofort weg, wie abrasiert, bloß noch ein paar Krümelchen Asche sind übrig.«

TURGENJEW, IWAN (1818–1883)

Rudin. Ein Adelsnest (Dvorjanskoe gnezdo)

Nach einem Auslandsaufenthalt, während dessen er sich von seiner Frau getrennt hat, kehrt Lawrecky auf den Stammsitz der Familie Kalitin zurück, um frischen Wind in die überkommene Gesellschaft zu bringen, verliebt sich in Liza und möchte sie heiraten, wird aber durch das Auftauchen seiner totgeglaubten Frau derart aus der Bahn geworfen, dass er in endgültiger Resignation versinkt.

Bester Satz: »›Oh, diese tödliche Langeweile ist der Untergang des Russen!‹«

Väter und Söhne (Otcy i dety)

Roman über die politischen Auseinandersetzungen zwischen Russlands liberaler ›Väter‹-Generation der 1840er Jahre und der nihilistischen ›Söhne‹-Generation der 1860er, mündend in ein Duell zwischen dem älteren Pavel Pavlovič und dem jungen Nichtadligen Jewgeni

---

* Traven hat es tatsächlich geschafft, seine Herkunft und sein Geburtsjahr derart zu mystifizieren, dass nicht geklärt werden kann, ob 1890 mit Sicherheit das Jahr seiner Geburt ist. Sicher scheint zu sein, dass Ret Marut hinter dem Pseudonym Traven steckt. **229**

Vasilevič Bazarov, bei dem Pavlovič verwundet wird, und schließlich in ein amouröses Duell zwischen Bazarov und seinem Freund Arkadij um die Witwe Anna Sergejewna Odincova, wobei sich Arkadij für Annas Schwester entscheidet, Bazarov aber von Anna abgelehnt wird und an Typhus stirbt.

Bester Satz: »Wie alle Frauen, die nicht das Glück hatten zu lieben, wollte sie etwas, ohne selber zu wissen, was.«

Rauch (Dym)

Kurz vor der Heirat mit seiner unscheinbaren Braut Tanja trifft der junge Adlige Litwinow die kluge und dämonisch schöne Irina in Baden-Baden wieder, die ihm den Hocharistokraten General Ratmirow vorgezogen hat, bricht ihretwegen mit seiner Braut, wird aber von Irina durch den Vorschlag einer bloßen Affäre vor den Kopf gestoßen, sodass er allein nach Russland reist und ein glückliches Leben mit Tanja führt, die ihm vergeben hat.

Bester Satz: »Sie hat alles mitgenommen, was mir bisher wünschenswert und teuer schien; alle meine Absichten, Pläne und Berechnungen sind mit ihr verschwunden; selbst meine Arbeiten sind fernerhin zwecklos, die angewandte Mühe hat sich in nichts verwandelt, alle meine Beschäftigungen haben keinen Sinn und Zweck mehr; dies alles ist gestorben; mein Ich, mein früheres Ich ist seit gestern ebenfalls gestorben und begraben worden.«

TWAIN, MARK (1835–1910)

Tom Sawyers Abenteuer (The Adventures of Tom Sawyer)

Der Junge Tom Sawyer ist in erster Linie darauf aus, gemeinsam mit seinem Freund Huckleberry Finn der Gesellschaft einer Kleinstadt Streiche zu spielen, rettet aber unter anderem auch die Tochter seines zukünftigen Schwiegervaters, überführt einen Mörder und findet mit Huck dessen Goldschatz, was ihn zu einem respektablen Bürger seiner Stadt machen wird.

Bester Satz: »Ein Pirat wollte er werden!«

Abenteuer von Huckleberry Finn
(Adventures of Huckleberry Finn)

Nachfolgewerk zu *Tom Sawyers Abenteuer*, in dem der unbändige 14-jährige Huck und der schwarze Sklave Jim auf einem Floß den Mississippi hinabfahren, um in Freiheit leben zu können, jedoch in zahllose Abenteuer geraten, wobei Huck sogar eingesperrt und von Tom Sawyer gerettet wird, bis er sich am Ende entschließt, in den noch unzivilisierten Westen zu gehen.

Bester Satz: »Die Witwe Douglas, die nahm mich als ihren Sohn an und schwang Reden, vonwegen sie würd mich ziehwillisiern; aber das war die ganze Zeit 'n hartes Leben da im Haus, wenn man bedenkt, wie elendig pingelig und schicklich die Witwe in allen Dingen war; und so hab ich mich, wie ich's nicht mehr länger aushalten konnt, aus'm Staub gemacht.«

UNAMUNO, MIGUEL DE (1864–1936)

Nebel (Niebla)

Der einsame, reiche Augusto wird von der Klavierlehrerin Eugenia erst akzeptiert, als deren Liebhaber Mauricio ihr ein Dreiecksverhältnis vorschlägt, woraufhin Eugenia sich mit Augusto verlobt, diesen aber vor der Hochzeit doch für Mauricio verlässt, weshalb Augusto Selbstmord begehen will, zunächst aber mit seinem Schöpfer Unamuno über die Frage diskutiert, ob er auch in der Wirklichkeit existiere, was unbeantwortet bleibt, da Augusto – wie von Unamuno vorhergesagt – noch am selben Abend überraschend stirbt.

Bester Satz: »Und da ich bereits genug von dir habe und nicht mehr weiß, was ich mit dir anfangen soll, beschließe ich jetzt, dass nicht du dir das Leben nehmen sollst, sondern dass ich es dir nehme.«

UPDIKE, JOHN (1932)

Hasenherz (Rabbit, Run)

Erster Teil der Rabbit-Tetralogie, in dem der 26-jährige Harry Angstrom, genannt Rabbit, angeekelt vor seiner zum zweiten Mal schwangeren Frau Janice flieht, durch öde Städte fährt und die Prostituierte Ruth kennenlernt, bei der er sexuelle Erfüllung findet, die er aber nach der Geburt seines zweiten Kindes sitzen lässt, um zur Ehefrau zurückzukehren, die er ebenfalls wieder verlässt – was den Tod des Kindes zur Folge hat –, um die schwangere Ruth zu heiraten, bevor er sich erneut aus dem Staub macht.

Bester Satz: »Sein Bedürfnis, mit Janice zu schlafen, ist wie ein kleiner Engel, an dem den ganzen Nachmittag über winzige Bleigewichte hängen.«

Unter dem Astronautenmond (Rabbit Redux)

Im zweiten Teil der Tetralogie wird Rabbit von seiner ersten Frau Janice verlassen und beginnt eine Affäre mit dem jungen Hippiemädchen Jill, das den schwarzen, drogendealenden Vietnam-Veteranen Skeeter ins Haus bringt, welches sich in eine antibürgerliche Drogen- und Sexhöhle verwandelt, weshalb die Nachbarn das Haus niederbrennen, wobei Rabbit die Schwarzen vor der Polizei rettet, Jills Tod im Feuer aber hinnehmen muss – bis Rabbits Schwester die Ordnung wieder herstellt und auch Janice zurückkehrt.

Bester Satz: »Zum zwanzigstenmal an diesem Tag hebt die Weltraumrakete ab, die Zahlen schnellen in Zehntelsekunden rückwärts, rascher, als das Augen folgen kann, bis zur Null: dann das weiße Kochen unter dem Riesenkessel, das Abheben, daß man aufs Umfallen wartet, die rasche Verkleinerung zu einem sich entfernenden Punkt, einem flimmernden Stern.«

Bessere Verhältnisse (Rabbit is Rich)

Dritter Teil der Tetralogie, geprägt von der Todesangst Rabbits, die dieser auch durch seinen Wohlstand und Urlaube samt Frauentausch nicht loswerden kann, wobei sein Sohn Nelson für Unmut sorgt, indem er die von ihm schwangere Pru heiratet und mit dem Kind bei seinen Eltern zurücklässt, um zu studieren, und Rabbit selbst vorübergehend von der Suche nach der Tochter, die er mit der Prostituierten Ruth hat, besessen ist, da ihre Existenz ihm ein symbolisches Weiterleben ermöglichen würde.

Bester Satz: »Dennoch kommt ihm das Spiel heut lange vor, vielleicht liegt es an dem Gin mittags oder an der spätsommerlichen Niedergeschlagenheit, aber er kann nicht umhin, die Fairways immer wieder als Schächte ins Nichts zu sehen, und wird das Gefühl nicht los, daß er eigentlich woanders sein sollte, daß etwas passiert ist, in diesem Augenblick passiert, daß er zu spät kommen wird, daß eine Verabredung für ihn getroffen wurde, die er vergessen hat.«

Rabbit in Ruhe (Rabbit at Rest)

Vierter Teil der Rabbit-Tetralogie, in dem Rabbit zum von Todesfurcht, Fresslust und Krankheiten geplagten Frührentner in Florida verkommen ist, den die Drogensucht seines Sohnes Nelson sein Autogeschäft kostet, der mit seiner Schwiegertochter eine Affäre hat, vor dieser zurück nach Florida flieht und mit zwei Herzinfarkten fertig werden muss, die ihm seinen baldigen Tod anzukünden scheinen.

Bester Satz: »Erstaunlich, die Leute reagieren prompt, wenn man direkt auf sie zugeht – als hocke jeder von uns in seinem Bau und warte nur darauf, dass man ihn aufspürt.«

VERNE, JULES (1828–1905)

20 000 Meilen unter dem Meer (Vingt mille lieues sous les mers)

Auf der Jagd nach einem Meeresmonster wird die Gruppe um Pierre Aronnax von Kapitän Nemo gefangen genommen, kann neun Monate lang den Luxus des Unterwasserschiffes »Nautilus« genießen und unter anderem Kämpfe gegen Polypen bestehen, Atlantis besuchen und in Meerwäldern jagen, bis die Grausamkeit Nemos gegen die Besatzung eines Kriegsschiffes sie zur erfolgreichen Flucht antreibt.

Bester Satz: »Was hatte den Haß verschuldet, den er wider die menschliche Gesellschaft hegte, einen Haß, der vielleicht auf schreckliche Rache sann?«

Eine Reise um die Erde in 80 Tagen (Le tour du monde en quatre-vingt jours)

Angestachelt von einer Wette um 20 000 Pfund bricht Phileas Fogg mit seinem Diener Passepartout zu einer Weltreise in 80 Tagen auf, in deren Verlauf er vom Geheimagenten Fix verfolgt wird und seine spätere Frau Aouda, eine parsische Witwe, vor dem Verbrennungstod rettet, bis er in England verhaftet und – scheinbar zu spät – freigelassen wird, aber von einem Pfarrer hört, er habe durch die Reise nach Osten einen Tag gewonnen, weshalb er die Wette doch noch für sich entscheiden kann.

Bester Satz: »›Ein Engländer scherzt nie, wenn es um eine so ernste Angelegenheit wie eine Wette geht‹, antwortete Phileas Fogg.«

VIAN, BORIS (1920–1959)

Der Schaum der Tage (L'écume des jours)

Jung und schön, verlieben sich Colin und Chloé ineinander, bleiben aber nicht lange glücklich, da eine Seerose sich in Chloés Brust festgesetzt hat, die sie – trotz einer Behandlung, die Colins ganzes Geld verbraucht und ihn zwingt, immer schrecklichere Jobs anzunehmen – schließlich umbringt.

Bester Satz: »Der Buchhändler saß, die Friedenspfeife rauchend, auf den Gesammelten Werken von Jules Romains, die letzterer für diesen Zweck verfaßt hat.«

VOLTAIRE (1694–1778)

Candide oder Der Glaube an die Beste der Welten (Candide ou L'optimisme)

Candide glaubt fest daran, dass in der Welt alles zum Guten führt, bis er auf seiner Odyssee durch zahlreiche Länder nicht nur immer wieder seine Geliebte Kunigunde verliert, sondern auch erkennt, dass die Welt von Gewalt und Hass dominiert wird, als deren einzige seelenrettende Rückzugsmöglichkeit ihm ein kleiner Bauernhof erscheint, dessen Garten er mit Kunigunde bewirtschaften will.

Bester Satz: »Denn wären Sie nicht mit derben Fußtritten in den Hintern aus dem schönen Schloß fortgejagt worden um Ihrer Liebe zu Fräulein Kunigunde willen, wären Sie nicht der Inquisition in die Hände gefallen, hätten Sie nicht Amerika zu Fuß durchwandert, hätten Sie dem Baron nicht einen tüchtigen Degenstich versetzt und hätten Sie nicht alle Ihre Hammel aus dem schönen Eldorado verloren, so säßen Sie jetzt nicht hier und äßen nicht eingemachten Zedrat und Pistazien.«

VONNEGUT, KURT (1922–2007)

Schlachthof 5 oder Der Kinderkreuzzug (Slaughterhouse-Five: Or, the Children's Crusade)

Billy Pilgrim ist fähig, selektiv einzelne Momente seiner Biografie zu erleben, sodass der Leser bruchstückhaft seine Geschichte erfährt – von der Gefangenschaft in Dresden, wo er das Bombardement der

Alliierten in einem Schlachthaus überlebt, über seinen beruflichen Erfolg, seine Entführung auf den Planeten Trafalmadore, dessen Bewohner alle hässlichen Momente ihres Lebens vermeiden können und auf dem Billy nackt im Zoo ausgestellt wird, bis hin zu einem schweren Flugzeugabsturz auf der Erde, deren einziger Überlebender Billy ist.

Bester Satz: »Das ist etwas, das die Erdbewohner lernen sollten zu tun, wenn sie es ernstlich genug versuchen: Die schrecklichen Zeiten zu ignorieren und sich auf die guten zu konzentrieren.«

WALSER, MARTIN (1927)

Halbzeit

Trotz seines beruflichen und finanziellen Aufstiegs stellt der 35-jährige Werbetexter Anselm Kristlein fest, dass sich weder er noch seine Umgebung grundlegend verändert haben; es ist derselbe Trott von Partys, Ehestreitigkeiten, Schwierigkeiten mit den Geliebten und ohne nachzudenken geführten Gesprächen, die Kristlein sich als Don Quijote, der Cervantes gelesen hat, vorkommen lassen.

Bester Satz: »Daß Eltern ihre Kinder quälen ist genauso verständlich wie unverständlich.«

Seelenarbeit

Xaver Zürn, Chauffeur des Fabrikanten Dr. Gleitze, leidet unter den falschen Vorstellungen, die Gleitze von ihm als Antialkoholiker, Nichtraucher und Meisterschützen hat, und möchte mit Gleitze darüber und über ihrer beider Bezug zu Königsberg sprechen, doch findet diese Unterhaltung nie statt, bis sich Zürns Denken fast nur noch um Gleitze dreht, er immer aggressiver wird und eines Tages wieder als Gabelstaplerfahrer arbeiten muss, was ihn seiner Frau und der Natur seiner Heimat wieder näher bringt.

Bester Satz: »Der Chef wußte immer noch nicht, daß Xavers Bruder als Zwanzigjähriger bei der Verteidigung Königsbergs gefallen war.«

Die Verteidigung der Kindheit

Zerrieben zwischen seiner Heimatstadt Dresden und seinen ihn bedrückenden Familienverhältnissen einerseits und seinem Studium im West-Berlin der 1960er Jahre andererseits, versteigt sich Alfred Dorn in eine Mutterverehrung, die jeglichen Kontakt zu Frauen blockiert, und widmet sich, nachdem er die Mutter in den Westen geholt, die Karriere schleppend in Gang gebracht und schließlich auch die Erschütterung durch den Tod der Mutter überstanden hat, ganz der verlorenen Heimat, wobei er sich unter anderem in die finanziell aufreibende Unterstützung eines ostdeutschen ›Arbeitslosen‹ stürzt, bis er mit 58, verbeamtet im westdeutschen Kulturbetrieb, erkennen muss, dass er seine Kindheit nicht mehr fortsetzen kann, und seinem Leben durch eine Überdosis Tabletten ein Ende setzt.

Bester Satz: »Wenn er aufwachte, wünschte er, er sei noch nicht aufgewacht, er träume noch, nachher werde er aufwachen in einer leichter zu ertragenden Wirklichkeit.«

WALSER, ROBERT (1878–1956)

Geschwister Tanner

Ziellos, aber von einnehmendem Wesen, driftet der 20-jährige Simon Tanner durchs Leben, lässt sich längere Zeit von Klara Aggapaia aushalten, macht ihr eine Liebeserklärung, lebt monatelang bei seiner Schwester, wird wegen seiner Faulheit von seinem Bruder getadelt, erfährt im Wirtshaus, dass sein talentierter anderer Bruder in die Irrenanstalt eingeliefert worden ist, und trifft erneut auf Klara – eine Geschichte ohne klares Ende.

Bester Satz: »Man lebt nicht für sich allein, sondern für alle.«

Der Gehülfe

Während seiner Anstellung bei dem exzentrischen Erfinder Tobler erkennt der Gehilfe Joseph Marti nicht nur den drohenden Untergang der bürgerlichen Familie durch die nutzlosen Ideen des geschäftsuntüchtigen Tobler, sondern auch die Entfremdung zwischen den Familienmitgliedern, deren Opfer die geistig zurückgebliebene Tochter Silvi wird.

Bester Satz: »Dulde du nur keine Trägheit in dir, und so wird, meint man, nach und nach schon etwas in deinen Kopf kommen.«

Jakob von Gunten. Ein Tagebuch

Der Bürgersohn Jakob von Gunten beschreibt in seinem Tagebuch das Leben in der undurchsichtigen Erziehungsanstalt Benjamenta, in der er sich mit dem Musterschüler Kraus und schließlich mit der Schwester von Herrn Benjamenta anfreundet, bevor er nach dem Tod dieser Schwester den Niedergang des Instituts erleben muss, den Jakob und Benjamenta aber gemeinsam überstehen wollen, indem sie zusammen in die Wildnis gehen.

Bester Satz: »›Du bist mir ein Rechter, du!‹ sagte Kraus zu mir, eigentlich ganz ungerechtfertigt, ›du gehörst zu denen, die sich, so wertlos sie sein mögen, über gute Lehren erhaben vorkommen wollen.‹«

WEISS, PETER (1916–1982)

Abschied von den Eltern

Autobiografischer Roman, in dem die zerrissene Kindheit des Ich-Erzählers aufgezeichnet wird: das Leben an verschiedenen Stationen der Emigration, die Angst vor dem Vater, die Macht der Mutter, das Scheitern in einem bürgerlichen Beruf, das Aufgehen in der Kunst, das jedoch keinen Erfolg bringt, und schließlich die zweijährige Isolation als Laborant in einer Dunkelkammer, bis der Ich-Erzähler eine Vision hat, die ihn bestärkt, einen Neuanfang zu wagen.

Bester Satz: »Meine Niederlage war nicht die Niederlage des Emigranten vor den Schwierigkeiten des Daseins im Exil, sondern die Niederlage dessen, der es nicht wagt, sich von seiner Gebundenheit zu befreien.«

Die Ästhetik des Widerstands

Das dreibändige Werk gibt den Weg des kommunistischen Ich-Erzählers von seinem Engagement im Spanischen Bürgerkrieg über Paris ins schwedische Exil wieder und schildert gleichzeitig die mühevolle, gefährliche Arbeit der politischen Linken gegen Hitler (auch anhand der Darstellung von historischen Persönlichkeiten), die nach dem Weltkrieg jedoch nicht zu einer Zusammenarbeit führt, sondern die Trennung zwischen sozialistischen und kommunistischen Gruppen festigt.

Bester Satz: »Die Utopie würde notwendig sein.«

WELLS, H. G. (1866–1946)

Die Zeitmaschine (The Time Machine. An Invention)

Ein Zeitreisender berichtet bei seiner Rückkehr in die Gegenwart von einer grauenvollen Zukunft, in der die kindhaften Eloi in scheinbarer Idylle leben, nachts jedoch von den brutalen Morlocks terrorisiert werden, die sich von den Eloi ernähren; später von einer noch weiter entfernten Zukunft, in der es keine intelligenten Lebewesen mehr gibt; und schließlich vom Ende der Erde durch Wärme, das in 30 Millionen Jahren unmittelbar bevorstehen wird.

Bester Satz: »Ich kann Ihnen die Atmosphäre abgrundtiefer Trostlosigkeit nicht beschreiben, die über dieser Welt lag.«

WELSH, IRVINE (1958)

Trainspotting (Trainspotting)

Polyperspektivisch erzählt, hat der Roman nur eine vage Handlung und beschäftigt sich hauptsächlich mit der Geschichte des Exstudenten Mark Renton, seiner Drogensucht, seinem behinderten Bruder, einem zweiten Bruder, der als Soldat bei einem Attentat stirbt, seiner Affäre mit der 14-jährigen Dianne und dem Coup, durch den Mark es schafft, seine drogensüchtigen, dealenden Freunde um eine große Menge Geld zu betrügen.

Bester Satz: »Der Stoff füllt diese Leere und hilft mir dabei, meinen Wunsch zu befriedigen, mich selbst zu zerstören; so also kehrt sich die Wut wieder nach innen.«

WERFEL, FRANZ (1890–1945)

Die vierzig Tage des Musa Dagh

Unter der Führung des nach Selbstfindung strebenden Gabriel Bagradian kämpfen 5000 Armenier, verbarrikadiert am Berg Musa Dagh, gegen die brutale Vertreibung durch die Türken und können die Stellung gegen die militärische Übermacht gerade so lange halten, bis die Alliierten sie retten.

Bester Satz: »Mir ist nicht schlecht, dachte er, nachdem er eine Weile gewartet hatte, was mit ihm geschehen werde, mir ist nicht schlecht, ich möchte nur aus meiner Haut fahren, mich selbst abstreifen.«

WILDE, OSCAR (1854–1900)

Das Bildnis des Dorian Gray (The Picture of Dorian Gray)

Der Wunsch des außergewöhnlich schönen Dorian Gray, das Bild, das Basil Hallward von ihm gemalt hat, solle an seiner Statt altern, wird erfüllt, allerdings um den Preis seiner Seelenlosigkeit, die seine Geliebte Sybil Vane in den Tod reißt und Dorian dazu bringt, Basil zu ermorden, bis er – angewidert von sich selbst – auf das Bild einsticht und so sich selber tötet.

Bester Satz: »Glaub mir, kein kultivierter Mensch bereut jemals einen Genuß, und kein unkultivierter Mensch wird jemals wissen, was Genuß ist.«

WOLF, CHRISTA (1929)

Nachdenken über Christa T.

Der Roman setzt sich aus Erinnerungen an und Nachforschungen über Christa T. zusammen, deren Lebensweg die späten 1920er Jahre, die Nazi-Zeit und den Beginn der DDR umfasst und die in diesen Jahrzehnten studiert, Lehrerin wird, heiratet, Kinder bekommt, einen Geliebten hat und – weder zu den Opportunisten noch zu den Idealisten gehörend und somit fremd – 36-jährig an Leukämie stirbt.

Bester Satz: »Zu früh gelebt, hat sie vielleicht gedacht, aber kein Mensch kann sich wirklich wünschen, in einer anderen als seiner Zeit geboren zu werden und zu sterben.«

Kassandra

Rückblickend erzählte Geschichte Kassandras und des Trojanischen Krieges, der bei Wolf um das phantomhafte Trugbild Helenas geführt wird und in dessen Verlauf Kassandra desillusioniert wird von dem Unglauben, den man ihren sich später erfüllenden Prophezeiungen entgegenbringt, bis sie nach dem Krieg als Sklavin Agamemnons nach Griechenland kommt, natürlich bereits wissend, dass der noch stolze Sieger seiner Frau Klytämnestra zum Opfer fallen wird.

Bester Satz: »Ich mußte lernen, daß nicht jeder Mensch, den man zum Tier herabgewürdigt hatte, imstande ist, den Weg zurück zu gehn.« **241**

WOLFE, THOMAS (1900–1938)

Schau heimwärts, Engel!
(Look homeward, Angel! A Story of the Buried Life)

Autobiografische Darstellung in Form einer Chronik der Familie Gant, in der Eugene, ein exzessiv nach geistiger und physischer Nahrung gierender junger Mann, mit dem Ziel aufwächst, Künstler zu werden, und am Ende erkennt, dass sein Weg von seiner Familie weg ins Ausland führt.

Bester Satz: »Aber in der Stadt meiner selbst, auf dem Kontinent meiner Seele werde ich die vergessene Sprache finden, die verlorene Welt, eine Tür, wo ich eintreten darf, und seltsamere Musik hören, als je erklang.«

WOLFE, TOM (1931)

Fegefeuer der Eitelkeiten (The Bonfire of Vanities)

Der wohlhabende Börsenmakler Sherman McCoy gerät mit seiner Geliebten in die Bronx und überfährt dort in Panik einen Schwarzen, woraufhin trotz seiner verzweifelten Vertuschungsversuche ein Prozess angestrengt wird, den Staatsanwaltschaft, Journalisten und die katholische Kirche auszunutzen trachten und aus dem McCoy zwar siegreich hervorgeht, der ihn aber ruiniert und ihm – nach dem Tod des Schwarzen – einen weiteren Prozess einbringt.

Bester Satz: »Seit den letzten zehn Jahren galt in der Upper East Side Intelligenz bei Mädchen als gesellschaftlich durchaus angebracht.«

WOLFGRUBER, GERNOT (1944)

Herrenjahre

Die Geschichte des Tischlerlehrlings Bruno Melzer, der sein Leben frei gestalten möchte, aber heiratet, weil seine Freundin Maria schwanger ist, zwei weitere Kinder bekommt, mit Maria den wegen des Geldaufwandes lange vermiedenen Hausbau beginnt, während Maria an Krebs erkrankt, ihr Kehlkopf entfernt wird und sie stirbt, was Melzer, finanziell abhängig von ermüdender Akkordarbeit, ratlos mit den Kindern zurücklässt und ihn dazu bringt, per Kontaktanzeige eine Frau zu suchen.

Bester Satz: »Und da stellst dir halt so was vor, so was Klasses wie im Kino, und glaubst, das kannst auch haben, und warum denn eigentlich nicht, ein fescher Zapfen ist man ja und einen guten Schmäh hat man auch, auf was halt die Weiber stehen, und dann probierst eine nach der andern aus, weil halt keine die Richtige ist, und manchmal glaubst wirklich, das ist sie jetzt, die große Liebe, wie man da sagt, aber so, wie man sich das vorgestellt hat, ist es halt überhaupt nie, entweder sind die Weiber nicht so klaß oder sie sind überhaupt hin im Schädel oder sie glauben wer weiß was sie nicht sind, und dann bist ihnen zu minder.«

WOOLF, VIRGINIA (1882–1941)

Mrs. Dalloway (Mrs. Dalloway)

Ein banal verlaufender Tag der 52-jährigen Clarissa Dalloway wird mit den letzten Stunden des nervenkranken Veteranen Septimus Warren-Smith gekreuzt, der durch Suizid seiner Einlieferung in die Psychiatrie zuvorkommt, wobei das Geschehen durch Bewusstseinseindrücke Dalloways, Gesprächsfetzen und die Gedanken anderer in Bezug auf Dalloway geschildert wird, woraus eine intime Kenntnis der Titelfigur resultiert.

Bester Satz: »Sie stieß sich daran, hatte, der Himmel weiß wo, ein Vorurteil dagegen aufgelesen oder, wie sie fühlte, von der Natur (die unbeirrbar weise ist) empfangen; doch sie konnte manchmal nicht widerstehen, sich dem Reiz einer Frau auszuliefern, nicht eines Mädchens, einer Frau, die, wie sie ihr gegenüber oft taten, eine Peinlichkeit, eine Torheit gestand.« **243**

Zum Leuchtturm (To the Lighthouse)

In diesem mit der Technik des Bewusstseinsstroms operierenden Roman beschließt die Familie Ramsay, einen Ausflug zum Leuchtturm zu machen, was jedoch erst acht Jahre später, nach dem Tod von Mrs. Ramsay, in die Tat umgesetzt und zu einem Ereignis wird, das die Familienmitglieder – den tyrannischen, hochintelligenten Vater Ramsay, seinen ihn hassenden Sohn James und die Tochter Cam – einander tatsächlich näher bringt.

Bester Satz: »Denn wenn das Denken wie die Tastatur eines Klaviers ist, in eine Vielzahl von Tönen unterteilt, oder wie das Alphabet in sechsundzwanzig aufeinander folgende Buchstaben geordnet ist, dann hatte dieser glänzende Verstand keinerlei Mühe, entschieden und akkurat, jene Buchstaben einen nach dem anderen zu durchlaufen, bis er, sagen wir, den Buchstaben Q erreicht hatte.«

Orlando (Orlando. A Biography)

Der Adlige Orlando erntet im elisabethanischen Zeitalter für seine literarischen Versuche nur Spott, geht nach einer enttäuschenden Affäre nach Konstantinopel, schläft sieben Tage und erwacht als Frau, was sie nicht irritiert, ihr jedoch die Verfügungsgewalt über den eigenen Besitz zu entreißen droht, wobei sie über Jahrhunderte hinweg kaum altert, schließlich heiratet, im 20. Jahrhundert ein von der Kritik begeistert aufgenommenes Werk schreibt und kurz darauf wahrscheinlich stirbt.

Bester Satz: »Er stand aufrecht in völliger Nacktheit vor uns, und während die Trompeten Wahrheit! Wahrheit! Wahrheit! schmettern, bleibt uns keine Wahl, als zu gestehen – er war eine Frau.«

YOURCENAR, MARGUERITE (1903–1987)

Ich zähmte die Wölfin (Mémoires d'Hadrien)

Die fiktive Autobiografie des todkranken römischen Kaisers Hadrian, als Brief an seinen Adoptivenkel und späteren Kaiser Marc Aurel gerichtet, sein Leben vage wiedergebend und über philosophische Probleme, seine politischen Taten, den Schmerz, den ihm der Selbstmord des von ihm geliebten 20-jährigen Antinous bereitet hat, und seinen Versuch, alles Widersprüchliche zu vereinen, reflektierend.

Bester Satz: »Nur in einem Punkt erhebe ich mich über den Durchschnitt: ich bin freier und zugleich gebundener, als die meisten sich zu sein getrauen.«

ZIMMER-BRADLEY, MARION (1930–1999)

Die Nebel von Avalon (The Mists of Avalon)

Gwydion (= Mordred), der Sohn von Morgaine und deren Halbbruder König Artus, versucht das Reich der Briten zu übernehmen, auch auf dem Weg des Kampfes, wobei Vater und Sohn sich gegenseitig töten, was das Reich führerlos macht und die Tafelrunde zerbrechen lässt.

Bester Satz: »Gekrönte Gestalten in dunklen Gewändern – Morgaine, die Jungfrau, sie hatte Artus zu den Hirschen geschickt, um den Hirschkönig herauszufordern; Morgaine, die Mutter, ihr Leib war bei Gwydions Geburt aufgerissen; die Königin von Nordwales, sie hatte die Sonnenfinsternis gerufen, um Accolons Zorn gegen Artus zu entfachen; und die Dunkle Königin der Feen … oder stand die Todesbotin an meiner Seite?«

ZOLA, ÉMILE (1840–1902)

Therese Raquin (Thérèse Raquin)

Therese und ihr Geliebter Laurent töten Thereses Mann, werden jedoch durch ihr schlechtes Gewissen zunehmend hysterisch und finden auch in der danach geschlossenen Ehe keinen Frieden, bis sie beide auf die Idee verfallen, den anderen zu töten, sich gegenseitig auf die Schliche kommen und gemeinsam durch Gift ihrem Leben ein Ende setzen.

Bester Satz: »Als die Mörder glaubten, den Mord endgültig vollbracht zu haben und sich nun in Frieden den Süßigkeiten ihrer Liebe hingeben zu können, erstand ihr Opfer und erfüllte ihr Lager mit Eis.«

Germinal (Germinal)

Als Bergarbeiter lernt Étienne Lantier die unmenschlichen Arbeitsbedingungen unter Tage kennen und bringt seine Kollegen dazu, einen groß angelegten Streik zu organisieren, durch dessen Eskalation nicht nur mehrere Tote zu beklagen sind – darunter auch Étiennes Geliebte –, sondern auch eine Verschlechterung der gesamten Situation der Arbeiter.

Bester Satz: »Die Erbitterung wuchs, die Erbitterung einer noch ruhigen Bevölkerung; es war wie ein Donnergrollen vor dem Gewittersturm, das sich schrecklich über der schwerfälligen Menge ausbreitete, die noch nicht an Gewaltsamkeit dachte.«

ZWEIG, STEFAN (1881–1942)

Ungeduld des Herzens

Der Ulanenleutnant Anton Hofmiller fordert Edith von Kekesfalva zum Tanz auf, ohne zu wissen, dass sie gelähmt ist, was ihn so beschämt, dass er Edith häufig besucht und diese sich Hoffnungen auf eine Heirat macht, welche Anton durch eine Verlobung bestärkt, die er vor seinen Kameraden aber nicht zugibt, weshalb Edith sich umbringt und Anton schuldbeladen den Heldentod im Ersten Weltkrieg sucht, jedoch überlebt.

Bester Satz: »Ich wußte, wie ich dieses Mädchen, das allein mein Mitleid erschüttert hatte, gefährdete und vielleicht zerstörte, wenn ich mich flüchtend ihrer Liebe entzog; grauenhaft klar war ich von vorneweg der ungeheuren Schuld bewußt, die ich wider meinen Willen beging, wenn ich, unfähig, ihre Liebe hinzunehmen, nicht wenigstens vortäuschte, sie zu erwidern.«

LITERATURVERZEICHNIS

Adams, Douglas: *Das Restaurant am Ende des Universums.* In: Adams, Douglas: Per Anhalter durch die Galaxis. Deutsch von Benjamin Schwarz. © Andrew Nurnberg Associates Ltd. © der deutschen Ausgabe 1981 Rogner & Bernhard, Berlin

Aichinger, Ilse: *Die größere Hoffnung.* © 1991 S. Fischer Verlag GmbH, Frankfurt am Main

Aitmatow, Tschingis: *Dshamilja.* Erzählung. Deutsch von Gisela Drohla. © 1962 Insel Verlag, Frankfurt am Main und Leipzig

Alexandrou, Aris: *Die Kiste.* Deutsch von Gerhard Blümlein. © 2001 Verlag Antje Kunstmann, München

Al-Ghitani, Gamal: *Seini Barakat, Diener des Sultans, Freund des Volkes.* Deutsch von Hartmut Fähndrich. © 1996 Lenos Verlag, Basel

Allende, Isabel: *Das Geisterhaus.* Roman. Deutsch von Anneliese Botond. © der deutschen Übersetzung 1984 Suhrkamp Verlag, Frankfurt am Main

Andersch, Alfred: *Sansibar oder der letzte Grund.* In: Andersch, Alfred: Gesammelte Werke. © 2004 Diogenes Verlag AG, Zürich

Andersen Nexö, Martin: *Pelle der Eroberer.* 2 Bände. Deutsch von Mathilde Mann. Bd. 2. © 1972 Aufbau Verlagsgruppe GmbH, Berlin (erschienen 1972 im Aufbau-Verlag; Aufbau ist eine Marke der Aufbau Verlagsgruppe GmbH)

Andrić, Ivo: *Die Brücke über die Drina. Eine Wischegrader Chronik.* Deutsch von Ernst E. Jonas. © 1992 Carl Hanser Verlag, München

Andrić, Ivo: *Der verdammte Hof.* Erzählung. Deutsch von Milo Dor und Reinhard Federmann. © 1957 Suhrkamp Verlag, Frankfurt am Main

Anonym: *Josefine Mutzenbacher oder die Geschichte einer wienerischen Dirne von ihr selbst erzählt.* Herausgegeben von Michael Farin. 1990 Schneekluth, München. © Michael Farin

Arenas, Reinaldo: *Wahnwitzige Welt.* Ein Abenteuerroman. Deutsch von Monika López. © der deutschen Übersetzung 1982 Suhrkamp Verlag, Frankfurt am Main

Arenas, Reinaldo: *Bevor es Nacht wird.* Deutsch von Thomas Brovot. © 2002 Edition diá, Berlin

Artmann, H.C.: *Der aeronautische Sindtbart.* In: Artmann, H.C.: Grammatik der Rosen, Gesammelte Prosa, Bd. 1. Herausgegeben von Klaus Reichert. © 1997 Residenz Verlag, St. Pölten

Asturias, Miguel Angel: *Der Herr Präsident.* Deutsch von J. Bachmann. 1984 Rotpunktverlag, Zürich

Asturias, Miguel Angel: *Mulata de Tal, Eine gewisse Mulattin.* Deutsch von Waldemar Kabus. 1964 Helmut Kossodo AG, Genf

Austen, Jane: *Vernunft und Gefühl*. Deutsch von Ruth Schirmer. © 1984 Manesse Verlag, Zürich, in der Verlagsgruppe Random House GmbH, München

Austen, Jane: *Stolz und Vorurteil*. Deutsch von Karin von Schwab. © 2001 Aufbau Verlagsgruppe GmbH, Berlin (diese Ausgabe erschien 1972 im Aufbau Taschenbuch Verlag; Aufbau Taschenbuch ist eine Marke der Aufbau Verlagsgruppe GmbH)

Auster, Paul: *Das Buch der Illusionen*. Deutsch von Werner Schmitz. © 2002 Rowohlt Verlag GmbH, Reinbek bei Hamburg

Bachmann, Ingeborg: *Malina*. In: Bachmann, Ingeborg: Werke, Bd. 3, Todesarten: Malina und unvollendete Romane. © 1993 Piper Verlag GmbH, München

Baker, Nicholson: *Vox*. Deutsch von Eike Schönfeld. © der deutschen Übersetzung 1992 Rowohlt Verlag GmbH, Reinbek bei Hamburg

Baldwin, James: *Eine andere Welt*. Deutsch von Hans Wollschläger. © der deutschen Übersetzung 1965 Rowohlt Verlag GmbH, Reinbek bei Hamburg

Ballard, J. G.: *Crash*. Deutsch von Margaret Hanburg. © der deutschen Übersetzung Wilhelm Goldmann Verlag, München, in der Verlagsgruppe Random House GmbH

Balzac, Honoré de: *Eugenie Grandet*. Deutsch von Mira Koffka. © 1977, 2007 Diogenes Verlag AG, Zürich

Balzac, Honoré de: *Die Frau von dreißig Jahren*. Deutsch von Erich Noether. © 1977, 1981 Diogenes Verlag AG, Zürich

Barnes, Djuna: *Nachtgewächs*. Roman. Deutsch von Wolfgang Hildesheimer. © der deutschen Übersetzung 1971 Suhrkamp Verlag, Frankfurt am Main

Barrie, James M.: *Peter Pan*. Deutsch von Bernd Wilms. © 1988 Cecilie Dressler Verlag, Hamburg

Bassani, Giorgio: *Die Brille mit dem Goldrand*. Deutsch von Herbert Schlüter. © 2007 Verlag Klaus Wagenbach, Berlin

Bauer, Wolfgang: *Der Fieberkopf, ein Roman in Briefen*. In: Bauer, Wolfgang: Werke, Bd. 4. © 1986 Literaturverlag Droschl, Graz

Bayer, Konrad: *der sechste sinn*. In: Bayer, Konrad: Sämtliche Werke. Herausgegeben von Gerhard Rühm. Überarbeitete Neuausgabe. Erschienen bei Klett-Cotta. © 1996 J. G. Cotta'sche Buchhandlung Nachfolger GmbH, Stuttgart

Beauvoir, Simone de: *Die Mandarins von Paris*. Deutsch von Ruth Ücker-Lutz und Fritz Montfort. © 1955 Rowohlt Verlag GmbH, Reinbek bei Hamburg

Becker, Jurek: *Jakob der Lügner*. Roman. © 1976 Suhrkamp Verlag, Frankfurt am Main

Beckett, Samuel: *Molloy. Malone stirbt. Der Namenlose*. Drei Romane. Deutsch von Elmar Tophoven, Erika Tophoven und Erich Franzen. © der deutschsprachigen Ausgabe 2005 Suhrkamp Verlag, Frankfurt am Main

Beecher Stowe, Harriet: *Onkel Toms Hütte*. Auf der Grundlage einer anonymen Übersetzung von 1853 neu erarbeitet von Susanne Althoetmar-Smarczyk. © 1994, 2006 Deutscher Taschenbuchverlag, München

Begley, Louis: *Lügen in Zeiten des Krieges*. Roman. Deutsch von Christa Krüger. © der deutschen Übersetzung 1994 Suhrkamp Verlag, Frankfurt am Main

Bellow, Saul: *Herzog*. Deutsch von Walter Hasenclever. © 1976, 1997 Verlag Kiepenheuer & Witsch, Köln

Bernhard, Thomas: *Ja*. 1978 Suhrkamp Verlag, Frankfurt am Main
Bernhard, Thomas: *Holzfällen. Eine Erregung*. 2002 Suhrkamp Verlag, Frankfurt am Main
Bernhard, Thomas: *Alte Meister. Komödie*. 1985 Suhrkamp Verlag, Frankfurt am Main
Bernhard, Thomas: *Auslöschung. Ein Zerfall*. 1986 Suhrkamp Verlag, Frankfurt am Main
Blixen, Tania: *Afrika, dunkel lockende Welt*. Deutsch von Rudolf von Scholtz. © 1937, 1938 Random House Inc., New York. © erneuert 1965 Rungstedlundfonden, Rungstedlund (Dänemark). © der deutschen Ausgabe 1938 Deutsche Verlags-Anstalt, München, in der Verlagsgruppe Random House GmbH
Böll, Heinrich: *Ansichten eines Clowns*. © 1963, 2002 Verlag Kiepenheuer & Witsch, Köln
Böll, Heinrich: *Die verlorene Ehre der Katharina Blum*. © 1974, 1984, 1992 Verlag Kiepenheuer & Witsch, Köln
Bowles, Paul: *Himmel über der Wüste*. Deutsch von Maria Wolff. © Wilhelm Goldmann Verlag, München, ein Unternehmen der Verlagsgruppe Random House GmbH
Boyle, T.C.: *América*. Deutsch von Werner Richter. © 1996 Carl Hanser Verlag, München
Boyle, T.C.: *Drop City*. Deutsch von Werner Richter. © 2003 Carl Hanser Verlag, München
Bradbury, Ray: *Fahrenheit 451*. Deutsch von Fritz Güttinger. © 1981 Diogenes Verlag AG, Zürich
Brecht, Bertolt: *Die Geschäfte des Herrn Julius Caesar*. In: Brecht, Bertolt: Werke. Große kommentierte Berliner und Frankfurter Ausgabe, Bd. 10: Stücke 10. © 1997 Suhrkamp Verlag, Frankfurt am Main
Breton, André: *Nadja*. Deutsch und mit einem Nachwort von Max Hölzer. © der deutschen Übersetzung 1974 Suhrkamp Verlag, Frankfurt am Main
Brinkmann, Rolf Dieter: *Keiner weiß mehr*. © 1970 Rowohlt Taschenbuch Verlag GmbH, Reinbek bei Hamburg
Broch, Hermann: *Der Tod des Vergil*. In: Broch, Hermann: Kommentierte Werkausgabe in 13 Bänden. © 1981 Suhrkamp Verlag, Frankfurt am Main
Brontë, Anne: *Agnes Grey*. Deutsch von Sabine Kipp. © 1987 Manesse Verlag, Zürich, in der Verlagsgruppe Random House GmbH, München
Brontë, Charlotte: *Jane Eyre*. Deutsch von Andrea Ott. © 2001 Manesse Verlag, Zürich, in der Verlagsgruppe Random House GmbH, München
Brontë, Emily: *Die Sturmhöhe*. Deutsch von Grete Rambach. © der deutschen Übersetzung 1938 Insel Verlag, Frankfurt am Main und Leipzig
Brown, Dan: *Sakrileg*. Deutsch von Piet van Poll. © 2004 Verlagsgruppe Lübbe GmbH & Co. KG, Bergisch Gladbach
Bukowski, Charles: *Der Mann mit der Ledertasche*. Deutsch von Hans Hermann. © 1982, 1991, 2004 Verlag Kiepenheuer & Witsch, Köln
Bulgakow, Michail: *Hundeherz*. Deutsch von Gisela Drohla. © Luchterhand Literaturverlag, München, ein Unternehmen der Verlagsgruppe Random House GmbH

Bulgakow, Michail: *Der Meister und Margarita.* Deutsch von Thomas Reschke. © Verlag Volk und Welt, München, ein Unternehmen der Verlagsgruppe Random House GmbH

Bulwer-Lytton, Edward G.: *Die letzten Tage von Pompeji.* Deutsch von Günter Jürgensmeier. Mit Nachwort und Zeittafel von Jürgen Kamm. © 2000 Patmos Verlag GmbH & Co. KG / Artemis & Winkler Verlag, Düsseldorf

Burgess, Anthony: *Die Uhrwerk Orange.* Deutsch von Wolfgang Krege. Erschienen bei Klett-Cotta. © 1962 Anthony Burgess © der deutschen Ausgabe 1993 J. G. Cotta'sche Buchhandlung Nachfolger GmbH, Stuttgart

Burroughs, William S.: *The Naked Lunch.* Deutsch von Katharina und Peter Behrens. © für die deutsche Übersetzung F.A. Herbig Verlagsbuchhandlung GmbH, München

Byatt, Antonia S.: *Besessen.* Roman.Deutsch von Melanie Walz. © der deutschen Übersetzung 1993 Insel Verlag, Frankfurt am Main und Leipzig

Calvino, Italo: *Der geteilte Visconte/Der Ritter, den es nicht gab.* Zwei Romane. Deutsch von Oswalt von Nostitz. © 1985 Carl Hanser Verlag, München

Calvino, Italo: *Wenn ein Reisender in einer Winternacht.* Deutsch von Burkhart Kroeber. © 1983 Carl Hanser Verlag, München

Camus, Albert: *Der Fremde.* Deutsch von Georg Goyert. © Rowohlt Verlag, Reinbek bei Hamburg. © der deutschen Übersetzung 1950, 1998 Karl Rauch Verlag, Düsseldorf

Camus, Albert: *Die Pest.* Deutsch von Uli Aumüller. © 1997 Rowohlt Verlag GmbH, Reinbek bei Hamburg

Canetti, Elias: *Die Blendung.* © 1963 Carl Hanser Verlag, München

Cankar, Ivan: *Das Haus der Barmherzigkeit.* Deutsch von Erwin Köstler. © 1996 Drava Verlag, Klagenfurt

Čapek, Karel: *Der Krieg mit den Molchen.* Deutsch von Eliska Glaserová. © 1964 Aufbau Verlagsgruppe GmbH, Berlin (das Werk erschien 1964 im Aufbau-Verlag; Aufbau ist eine Marke der Aufbau Verlagsgruppe GmbH)

Capote, Truman: *Die Grasharfe.* Roman. Deutsch von Annemarie Seidel und Friedrich Podszus. © der deutschen Übersetzung 1952 Suhrkamp Verlag, Frankfurt am Main

Capote, Truman: *Kaltblütig. Wahrheitsgemäßer Bericht über einen mehrfachen Mord und seine Folgen.* Deutsch von Thomas Mohr. © 2007 Kein & Aber, Zürich

Carroll, Lewis: *Alice im Wunderland.* In: Carroll, Lewis: Misch & Masch. Erzählungen und Gedichte, Literarische Werke, Bd. 2. Deutsch von Dieter Stündel. © 1996 Häusser Media, Darmstadt

Cela, Camilo José: *Pascal Duartes Familie.* Deutsch von George Leisewitz. © der deutschsprachigen Übersetzung 1960, 2005 Arche Literatur Verlag AG, Zürich und Hamburg

Céline, Louis-Ferdinand: *Reise ans Ende der Nacht.* Deutsch von Hinrich Schmidt-Henkel. © 1958, 2003 Rowohlt Verlag GmbH, Reinbek bei Hamburg

Cendrars, Blaise: *Gold. Die fabelhafte Geschichte des Generals Johann August Suter.* Deutsch von Iwan Goll. © 1987, 2005 Arche Literatur Verlag AG, Zürich und Hamburg

Cervantes Saavedra, Miguel de: *Leben und Taten des scharfsinnigen Edlen Don Quixote von la Mancha.* Deutsch von Ludwig Tieck. 1987 Diogenes Verlag AG, Zürich

Chabon, Michael: *Wonder Boys.* Deutsch von Hans Hermann. © 1995 Michael Chabon. © der deutschen Ausgabe 1996 Verlag Kiepenheuer & Witsch, Köln

Chandler, Raymond: *Der lange Abschied.* Deutsch von Hans Wollschläger. © 1975 Diogenes Verlag AG, Zürich

Chatwin, Bruce: *Traumpfade. The Songlines.* Deutsch von Anna Kamp. © 1990 Carl Hanser Verlag, München

Chatwin, Bruce: *Utz.* Deutsch von Anna Kamp. © 1989 Carl Hanser Verlag, München

Cheever, John: *Falconer.* Deutsch von Dieter Dörr. 1993 Philipp Reclam jun., Leipzig

Choderlos de Laclos, Pierre Ambroise François: *Gefährliche Liebschaften.* Deutsch von Franz Blei. 1985 Diogenes Verlag AG, Zürich. © der deutschen Übersetzung Erbengemeinschaft Franz Blei vertreten durch Internationaal Literatuur Bureau B. V. Amsterdam-Niederlande

Christie, Agatha: *Mord im Orientexpress.* Deutsch von Otto Bayer. © 1934 Agatha Christie Mallowan. © der deutschen Ausgabe 2006 S. Fischer Verlag, Frankfurt am Main

Cocteau, Jean: *Kinder der Nacht.* Deutsch von Friedhelm Kemp. Erschienen bei Klett-Cotta. © 1929 Edition Bernard Grasset © der deutschen Ausgabe 1985 J. G. Cotta'sche Buchhandlung Nachfolger GmbH, Stuttgart

Coelho, Paulo: *Der Alchimist.* Deutsch von Cordula Swoboda Herzog. © 1996 Diogenes Verlag AG, Zürich

Coetzee, J. M.: *Warten auf die Barbaren.* Deutsch von Reinhild Böhnke. © 2001 S. Fischer Verlag GmbH, Frankfurt am Main

Coetzee, J. M.: *Schande.* Deutsch von Reinhild Böhnke. © 1999 J. M. Coetzee. © der deutschen Ausgabe 2000 S. Fischer Verlag GmbH, Frankfurt am Main

Conrad, Joseph: *Lord Jim, Eine Geschichte.* In: Conrad, Joseph: Werke, »Zürcher Ausgabe« in neu übersetzten Einzelbänden, Bd. 4. Neu übersetzt mit Quellentexten, Anmerkungen und einem Nachwort von Klaus Hoffer. 1998 Haffmanns Verlag, Zürich. © der deutschen Übersetzung Klaus Hoffer

Conrad, Joseph: *Herz der Finsternis.* Deutsch von Urs Widmer. © 2005 Diogenes Verlag AG, Zürich

Conrad, Joseph: *Nostromo.* Deutsch von Ernst E. Freißler. 1926 S. Fischer Verlag, Berlin

Cooper, James Fenimore: *Der letzte Mohikaner.* Deutsch von Leonhard Tafel in einer Neubearbeitung von Günther Geisler. © 1997 Wissen Media Verlag GmbH, München

Coover, Robert: *Die öffentliche Verbrennung.* Deutsch von Peter Behrens. © der deutschen Übersetzung Luchterhand Literaturverlag, München, in der Verlagsgruppe Random House GmbH

Coupland, Douglas: *Generation X. Geschichten für eine immer schneller werdende Kultur.* Deutsch von Harald Riemann. © 1995 Wilhelm Goldmann Verlag, München, in der Verlagsgruppe Random House GmbH

Cyrano de Bergerac: *Die Reise zum Mond.* Deutsch von Martha Schimper.
© der deutschen Übersetzung 1991 Insel Verlag, Frankfurt am Main und
Leipzig

Dahn, Felix: *Ein Kampf um Rom.* 1918 Breitkopf & Härtel, Leipzig

Defoe, Daniel: *Robinson Crusoe.* Deutsch von Ulrich Greiner. © 1985 Diogenes
Verlag AG, Zürich

DeLillo, Don: *Unterwelt.* Deutsch von Frank Heibert. © 1998 Verlag Kiepenheuer
& Witsch, Köln

Dickens, Charles: *David Copperfield.* Deutsch von Josef Thanner. © 1997 Patmos
Verlag GmbH & Co. KG / Artemis & Winkler Verlag, Düsseldorf

Dickens, Charles: *Harte Zeiten.* In: Dickens, Charles: Eine Geschichte zweier Städte,
Harte Zeiten. Deutsch von Julius Seybt, durchgesehen von Anton Ritthaler. © 1964
Patmos Verlag GmbH & Co. KG / Artemis & Winkler Verlag, Düsseldorf

Dickens, Charles: *Eine Geschichte zweier Städte.* In: Dickens, Charles: Eine Geschichte
zweier Städte, Harte Zeiten. Deutsch von Julius Seybt, durchgesehen von Anton
Ritthaler. © 1964 Patmos Verlag GmbH & Co. KG / Artemis & Winkler Verlag,
Düsseldorf

Dickens, Charles: *Oliver Twist.* In: Dickens, Charles: Oliver Twist, Weihnachts-
geschichten. © Zweitausendeins, Frankfurt am Main

Diderot, Denis: *Jacques der Fatalist und sein Herr.* In: Diderot, Denis: Das
erzählerische Gesamtwerk, Bd. 3. © 1987 Ullstein Buchverlage GmbH, Berlin

Ding Ling: *Das Tagebuch der Sophia.* Deutsch vom Arbeitskreis »Moderne chinesische
Literatur« am Ostasiatischen Seminar der Freien Universität Berlin. © der deutschen
Übersetzung 1980 Suhrkamp Verlag, Frankfurt am Main

Djian, Philippe: *Betty Blue.* Deutsch von Michael Mosblech. © 1986, 1988 Diogenes
Verlag AG, Zürich

Döblin, Alfred: *Die drei Sprünge des Wang-lun. Chinesischer Roman.* © Patmos Verlag
GmbH & Co. KG / Artemis & Winkler Verlag, Düsseldorf

Döblin, Alfred: *Berlin Alexanderplatz.* © Patmos Verlag GmbH & Co. KG / Artemis
& Winkler Verlag, Düsseldorf

Doctorow, E. L.: *Ragtime.* Deutsch von Angela Praesent. © 2000 Verlag Kiepenheuer
& Witsch, Köln

Doderer, Heimito von: *Die Dämonen. Nach der Chronik des Sektionsrates Geyrenhoff.*
© 1956 Verlag C.H. Beck, München

Doderer, Heimito von: *Die Strudlhofstiege oder Melzer und die Tiefe der Jahre.* © 1951
Verlag C.H. Beck, München

Dos Passos, John: *Manhattan Transfer.* Deutsch von Paul Baudisch. © 1959 Rowohlt
Verlag GmbH, Reinbek bei Hamburg

Dostojewskij, Fjodor M.: *Schuld und Sühne.* Deutsch von Richard Hoffmann.
© Patmos Verlag GmbH & Co. KG / Artemis & Winkler Verlag, Düsseldorf

Dostojewskij, Fjodor M.: *Der Spieler.* Deutsch von Arthur Luther. © Patmos Verlag
GmbH & Co. KG / Artemis & Winkler Verlag, Düsseldorf

Dostojewskij, Fjodor M.: *Der Idiot. Roman in vier Teilen.* Herausgegeben und mit
einem Nachwort von Roland Opitz. Deutsch von Hartmut Herboth. © 1986 Aufbau

Verlagsgruppe GmbH, Berlin (das Werk erschien 1986 im Aufbau-Verlag; Aufbau ist eine Marke der Aufbau Verlagsgruppe GmbH)

Dostojewskij, Fjodor M.: *Die Dämonen.* Deutsch von Marianne Kegel. © Patmos Verlag GmbH & Co. KG / Artemis & Winkler Verlag, Düsseldorf

Dostojewskij, Fjodor M.: *Die Brüder Karamasow.* Deutsch von Hans Ruoff. © Patmos Verlag GmbH & Co. KG / Artemis & Winkler Verlag, Düsseldorf

Doyle, Sir Arthur Conan: *Der Hund der Baskervilles.* Deutsch von Gisbert Haefs. © Haffmans Verlag, Zürich

Drach, Albert: *Das große Protokoll gegen Zwetschkenbaum.* Werkausgabe in zehn Bänden, Bd. 5. © Paul Zsolnay Verlag, Wien

Dumas, Alexandre Fils: *Die Kameliendame.* Deutsch von Walter Hoyer. © 1959 Aufbau Verlagsgruppe GmbH, Berlin (diese Ausgabe erschien 1959 in der Sammlung Dieterich; Sammlung Dieterich ist eine Marke der Aufbau Verlagsgruppe GmbH)

Dumas, Alexandre Père: *Die drei Musketiere.* Deutsch von Bernd Hagenau. © 1990 Wissen Media Verlag GmbH, München

Dumas, Alexandre Père: *Der Graf von Monte Christo.* Bearbeitung einer alten Übersetzung von Meinhard Hasenbein. © Insel Verlag, Frankfurt am Main

Duras, Marguerite: *Der Liebhaber.* Deutsch von Ilma Rakusa. © der deutschen Übersetzung 1985 Suhrkamp Verlag, Frankfurt am Main

Dürrenmatt, Friedrich: *Der Richter und sein Henker / Der Verdacht.* © 1998 Diogenes Verlag AG, Zürich

Dürrenmatt, Friedrich: *Das Versprechen / Aufenthalt in einer kleinen Stadt.* © 1998 Diogenes Verlag AG, Zürich

Dürrenmatt, Friedrich: *Justiz.* © 1998 Diogenes Verlag AG, Zürich

Eça Queiroz, Jóse Maria: *Die Reliquie.* Deutsch von Andreas Klotsch. © 1984 Aufbau Verlagsgruppe GmbH, Berlin (das Werk erschien 1984 im Aufbau-Verlag; Aufbau ist eine Marke der Aufbau Verlagsgruppe GmbH)

Eco, Umberto: *Der Name der Rose.* Deutsch von Burkhart Kroeber. © 1982 Carl Hanser Verlag, München

Eco, Umberto: *Das Foucaultsche Pendel.* Deutsch von Burkhart Kroeber. © 1989 Carl Hanser Verlag, München

Ellis, Bret Easton: *American Psycho.* Deutsch von Clara Drechsler und Harald Hellmann. © 1991, 1993, 2006 Verlag Kiepenheuer & Witsch, Köln

Enquist, Per Olov: *Der Besuch des Leibarztes.* Deutsch von Wolfgang Butt. © 2001 Carl Hanser Verlag, München

Esterházy, Péter: *Harmonia Caelestis.* Deutsch von Terézia Mora. © 2001 Berlin Verlag, Berlin

Eugenides, Jeffrey: *Middlesex.* Deutsch von Eike Schönfeld. © 2002 Rowohlt Verlag GmbH, Reinbek bei Hamburg

Faldbakken, Knut: *Ewig Dein.* Deutsch von Gabriele Haefs. 1992 Schneekluth, München. © der deutschen Übersetzung Gabriele Haefs

Fallada, Hans: *Kleiner Mann – was nun?* In: Fallada, Hans: Ausgewählte Werke in Einzelausgaben. Herausgegeben von Günter Caspar, Bd. 2. © 1962 Aufbau

Verlagsgruppe GmbH, Berlin (das Werk erschien 1962 im Aufbau-Verlag; Aufbau ist eine Marke der Aufbau Verlagsgruppe GmbH)

Faulkner, William: *Als ich im Sterben lag.* Deutsch von Albert Hess und Peter Schünemann. © 1961 Fretz & Wasmuth Verlag AG, Zürich. Veröffentlichung mit freundlicher Genehmigung der Rowohlt Verlag GmbH, Reinbek bei Hamburg

Faulkner, William: *Licht im August.* Deutsch von Franz Fein. © 1935 Rowohlt Verlag GmbH, Berlin

Fauser, Jörg, *Rohstoff.* © Alexander Verlag, Berlin

Feuchtwanger, Lion: *Jud Süß.* In: Feuchtwanger, Lion: Ausgewählte Werke in Einzelausgaben, Bd. 1. © 1991 Aufbau Verlagsgruppe GmbH, Berlin (das Werk erschien 1991 im Aufbau-Verlag; Aufbau ist eine Marke der Aufbau Verlagsgruppe GmbH)

Fichte, Hubert: *Die Palette.* © 1968 Rowohlt Verlag GmbH, Reinbek bei Hamburg. Neuausgabe: © 1978 S. Fischer Verlag GmbH, Frankfurt am Main

Fielding, Henry: *Tom Jones. Die Geschichte eines Findelkinds.* In: Fielding, Henry: Ausgewählte Werke in sechs Bänden, Bd. 3. Deutsch von Horst Höckendorf. © 1964 Aufbau Verlagsgruppe GmbH, Berlin (das Werk erschien 1964 im Aufbau-Verlag; Aufbau ist eine Marke der Aufbau Verlagsgruppe GmbH)

Fitzgerald, F. Scott: *Der große Gatsby.* Deutsch von Walter Schürenberg. © 1974 Diogenes Verlag AG, Zürich

Flaubert, Gustave: *Madame Bovary.* In: Flaubert, Gustave: Gesammelte Werke in Einzelausgaben. Herausgegeben und mit einem Nachwort von Manfred Naumann. Deutsch von Wolfgang Techtmeier. © 1969 Aufbau Verlagsgruppe GmbH, Berlin (das Werk erschien 1969 bei Rütten & Loening Berlin; Rütten & Loening ist eine Marke der Aufbau Verlagsgruppe GmbH)

Flaubert, Gustave: *Lehrjahre des Gefühls. Geschichte eines jungen Mannes.* Deutsch von Paul Wiegler. © 1951 Aufbau Verlagsgruppe GmbH, Berlin (das Werk erschien 1951 bei Rütten & Loening Berlin; Rütten & Loening ist eine Marke der Aufbau Verlagsgruppe GmbH)

Foer, Jonathan Safran: *Alles ist erleuchtet.* Deutsch von Dirk van Gunsteren. © 2003 Verlag Kiepenheuer & Witsch, Köln

Fontane, Theodor: *Effi Briest.* 1995 Deutscher Taschenbuchverlag, München

Fontane, Theodor: *Der Stechlin.* 1994 Könemann, Köln

Ford, Richard: *Unabhängigkeitstag.* Deutsch von Fredeke Arnim. © 1995 Berlin Verlag, Berlin

Forster, E.M.: *Auf der Suche nach Indien.* Deutsch von Wolfgang von Einsiedel. © 1960 Fischer Bücherei KG, Frankfurt am Main und Hamburg

Frame, Janet: *Wenn Eulen schrein.* Roman. Deutsch von Ruth Malchow. © der deutschen Übersetzung 1961 Suhrkamp Verlag, Frankfurt am Main

France, Anatole: *Die Götter dürsten.* Deutsch von Friedrich von Oppeln-Bronikowsky. © 1948 Verlag Hans Carl, Nürnberg

Franzen, Jonathan: *Die Korrekturen.* Deutsch von Bettina Abarbanell. © 2002 Rowohlt Verlag GmbH, Reinbek bei Hamburg

Freytag, Gustav: *Soll und Haben.* 1978 Bertelsmann, Gütersloh

Frisch, Max: *Stiller.* Roman. © 1954 Suhrkamp Verlag, Frankfurt am Main

Frisch, Max: *Homo Faber. Ein Bericht.* © 1957 Suhrkamp Verlag, Frankfurt am Main

Fuentes, Carlos: *Terra nostra.* Deutsch von Maria Bamberg. © 1979 Deutsche Verlags-Anstalt, München, in der Verlagsgruppe Random House GmbH

Gaarder, Jostein: *Sofies Welt. Roman über die Geschichte der Philosophie.* Deutsch von Gabriele Haefs. © 1993 Carl Hanser Verlag, München

Gadda, Carlo Emilio: *Die gräßliche Bescherung in der Via Merulana.* Deutsch von Toni Kienlechner. © 1957 Piper Verlag GmbH, München

Gaddis, William: *J R.* Deutsch von Marcus Ingendaay und Klaus Modick. © Zweitausendeins, Frankfurt am Main

Gaddis, William: *Das mechanische Klavier.* Deutsch von Marcus Ingendaay. © Wilhelm Goldmann Verlag, München, ein Unternehmen der Verlagsgruppe Random House GmbH

Gao Xingjian: *Der Berg der Seele.* Deutsch von Helmut Forster-Latsch, Marie-Luise Latsch und Gisela Schneckmann. © 1990 Gao Xingjian. © der deutschen Ausgabe 2001 S. Fischer Verlag GmbH, Frankfurt am Main

García Márquez, Gabriel: *Hundert Jahre Einsamkeit.* Deutsch von Curt Meyer-Clason. © 1970, 1988, 2006 Verlag Kiepenheuer & Witsch, Köln

García Márquez, Gabriel: *Chronik eines angekündigten Todes.* Deutsch von Curt Meyer-Clason, überarbeitet von Dagmar Ploetz. © 1981, 1983, 2006 Verlag Kiepenheuer & Witsch, Köln

Genet, Jean: *Querelle.* Deutsch von Ruth Uecker-Lutz. © 1955, 1965, 1974 Rowohlt Verlag GmbH, Reinbek bei Hamburg

Gide, André: *Die Falschmünzer.* In: Gide, André: Gesammelte Werke IX. Erzählende Werke, Bd. 3: Die Falschmünzer / Tagebuch der Falschmünzer. Deutsch von Christine Stemmermann. © 1990 Deutsche Verlags-Anstalt, München, in der Verlagsgruppe Random House GmbH

Ginzburg, Natalia: *Familienlexikon.* Deutsch von Alice Vollenweider. © 1993 Verlag Klaus Wagenbach, Berlin

Glauser, Friedrich: *Wachtmeister Studer.* In: Glauser, Friedrich: Gesammelte Werke, Bd. 2. 1969 Die Arche, Zürich

Goethe, Johann Wolfgang von: *Die Leiden des jungen Werther.* 1973 Insel Verlag, Frankfurt am Main

Goethe, Johann Wolfgang von: *Wilhelm Meisters Lehrjahre.* In: Goethe, Johann Wolfgang von: Werke, Bd. IV. 1970 Patmos Verlag GmbH & Co. KG / Artemis & Winkler, München

Goethe, Johann Wolfgang von: *Wilhelm Meisters Wanderjahre.* In: Goethe, Johann Wolfgang von: Werke, Bd. IV. 1970 Patmos Verlag GmbH & Co. KG / Artemis & Winkler, München

Goethe, Johann Wolfgang von: *Die Wahlverwandtschaften.* 1984 Neuer Kaiser Verlag, Klagenfurt

Gogol, Nikolaj: *Die toten Seelen.* Deutsch von Fred Ottow. © 1965 Patmos Verlag GmbH & Co. KG / Artemis & Winkler Verlag, Düsseldorf

Golding, William: *Herr der Fliegen.* Deutsch von Hermann Stiehl. © 1954 William Golding. © der deutschen Ausgabe 1956 S. Fischer Verlag GmbH, Frankfurt am Main

Goldsmith, Oliver: *Der Vikar von Wakefield.* Deutsch von Linus Kefer. 1953 Eduard Wancura Verlag, Wien. © der deutschen Übersetzung Christa Kefer

Gombrowicz, Witold: *Ferdydurke.* Herausgegeben von Rolf Fieguth und Fritz Arnold. Mit einem Nachwort von Rolf Fieguth. Deutsch von Walter Tiel. © 1983 Carl Hanser Verlag, München

Gontscharow, Iwan A.: *Oblomow.* Deutsch von Josef Hahn. © Patmos Verlag GmbH & Co. KG / Artemis & Winkler Verlag, Düsseldorf

Gorki, Maxim: *Die Mutter.* Deutsch von Ursula Nitsch. © 1971 Kremayr & Scheriau/ Orac, Wien

Gorki, Maxim: *Das Werk der Artamonows.* In: Gorki, Maxim: Foma Gordejew, Eine Beichte, Das Werk der Artamonows. Deutsch von Erich Boehme, bearbeitet von Klara Brauner. © Patmos Verlag GmbH & Co. KG / Artemis & Winkler Verlag, Düsseldorf

Goytisolo, Juan: *Identitätszeichen.* Roman. Deutsch von Joachim A. Frank. © 1978 Suhrkamp Verlag, Frankfurt am Main

Grass, Günter: *Die Blechtrommel* (Werkausgabe, Bd. 3). © 1997/2002 Steidl Verlag, Göttingen

Grass, Günter: *Katz und Maus* (Werkausgabe, Bd. 4). © 1997/2002 Steidl Verlag, Göttingen

Grass, Günter: *Der Butt* (Werkausgabe, Bd. 8). © 1997/2002 Steidl Verlag, Göttingen

Grass, Günter: *Die Rättin* (Werkausgabe, Bd. 11). © 1997/2002 Steidl Verlag, Göttingen

Green, Julien: *Moira.* Deutsch von Georg Goyert. © 1989 Carl Hanser Verlag, München

Greene, Graham: *Unser Mann in Havanna.* Deutsch von Lida Winiewicz. © 1959 Paul Zsolnay Verlag, Wien

Greene, Graham: *Die Stunde der Komödianten.* Deutsch von Hilde Spiel. © 1966 Paul Zsolnay Verlag, Wien

Grimmelshausen, Hans Jacob Christoffel von: *Der abenteuerliche Simplicissimus.* 1983 Insel Verlag, Frankfurt am Main

Grün, Max von der: *Stellenweise Glatteis.* 1973 Hermann Luchterhand Verlag, Darmstadt und Neuwied

Gustafsson, Lars: *Der Tod eines Bienenzüchters.* Deutsch von Verena Reichel. © 1978 Carl Hanser Verlag, München

Hammett, Dashiell: *Der Malteser Falke.* Deutsch von Peter Naujack. © 1974, 2004 Diogenes Verlag AG, Zürich

Hamsun, Knut: *Hunger.* Deutsch von J. Sandmeier und S. Angermann. © 1997 Ullstein Buchverlage GmbH, Berlin

Hamsun, Knut: *Mysterien.* Deutsch von Siegfried Weibel. © 1994 Ullstein Buchverlage GmbH, Berlin

Handke, Peter: *Die Angst des Tormanns beim Elfmeter.* Erzählung. © 1970 Suhrkamp Verlag, Frankfurt am Main

Handke, Peter: *Wunschloses Unglück.* Erzählung. © 1972 Suhrkamp Verlag, Frankfurt am Main

Handke, Peter: *Die Wiederholung.* © 1986 Suhrkamp Verlag, Frankfurt am Main

Hašek, Jaroslav: *Die Abenteuer des braven Soldaten Schwejk.* Deutsch von Grete Reiner. © der deutschen Übersetzung 1960, 1962 Rowohlt Verlag GmbH, Reinbek bei Hamburg

Haslinger, Josef: *Opernball.* © 1995 S. Fischer Verlag GmbH, Frankfurt am Main

Haushofer, Marlen: *Die Wand.* © 2004 Ullstein Buchverlage GmbH, Berlin

Heine, Heinrich: *Aus den Memoiren des Herren von Schnabelewopski.* 1987 Philipp Reclam jun., Stuttgart

Hemingway, Ernest: *Fiesta.* Deutsch von Annemarie Horschitz-Horst. © 1977 Rowohlt Verlag GmbH, Reinbek bei Hamburg

Hemingway, Ernest: *Wem die Stunde schlägt.* Deutsch von Paul Baudisch. © 1940 Ernest Hemingway. © der deutschen Ausgabe 1941 Bermann-Fischer Verlag, Stockholm. Alle Rechte vorbehalten S. Fischer Verlag GmbH, Frankfurt am Main

Hemingway, Ernest: *Der alte Mann und das Meer.* Deutsch von Annemarie Horschitz-Horst. © 1952, 1977 Rowohlt Verlag GmbH, Reinbek bei Hamburg

Hemingway, Ernest: *Der Garten Eden.* Deutsch von Werner Schmitz. © 1987 Rowohlt Verlag GmbH, Reinbek bei Hamburg

Herzmanovsky-Orlando, Fritz von: *Der Gaulschreck im Rosennetz.* Herausgegeben von Susanne Goldberg. © 2004 Residenz Verlag, St. Pölten und Salzburg

Hesse, Hermann: *Der Steppenwolf.* Roman. © 1961 Suhrkamp Verlag, Frankfurt am Main

Hesse, Hermann: *Narziß und Goldmund.* Erzählung. © 1947 Suhrkamp Verlag, Frankfurt am Main

Hesse, Hermann: *Das Glasperlenspiel.* In: Hesse, Hermann: Sämtliche Werke, Bd. 5. © 2002 Suhrkamp Verlag, Frankfurt am Main

Heym, Stefan: *Der König David Bericht.* © Wilhelm Goldmann Verlag, München, in der Verlagsgruppe Random House GmbH

Highsmith, Patricia: *Der talentierte Mr. Ripley.* Deutsch von Barbara Bortfeldt. © 1971 Diogenes Verlag AG, Zürich

Hikmet, Nâzım: *Die Romantiker (Mensch, Das Leben ist schön!).* Deutsch von Hanne Egghardt. Luchterhand Literaturverlag, Darmstadt

Hilsenrath, Edgar: *Der Nazi & der Friseur.* In: Hilsenrath, Edgar: Gesammelte Werke. Herausgegeben von Helmut Braun, Bd. 2. © 2004 Dittrich Verlag, Berlin

Hoffmann, E.T.A.: *Die Elixiere des Teufels.* 1988 Deutscher Klassiker Verlag, Frankfurt am Main

Hoffmann, E.T.A.: *Lebens-Ansichten des Katers Murr nebst fragmentarischer Biographie des Kapellmeisters Johannes Kreisler in zufälligen Makulaturblättern* (= Sämtliche Werke, Bd. 5). 1992 Deutscher Klassiker Verlag, Frankfurt am Main

Hölderlin, Friedrich: *Hyperion oder der Eremit in Griechenland.* In: Hölderlin, Friedrich: Sämtliche Werke und Briefe. 1991 Bertelsmann Club, Gütersloh

Horia, Vintilă: *Gott ist im Exil geboren.* Deutsch von Erich Bertleff. 1962 Buchgemeinschaft Donauland / Wien

Hornby, Nick: *High Fidelity.* Deutsch von Clara Drechsler und Harald Hellmann.

© 1996 Verlag Kiepenheuer & Witsch, Köln

Horváth, Ödön von: *Jugend ohne Gott*. Roman. © 1971 Suhrkamp Verlag, Frankfurt am Main

Horváth, Ödön von: *Ein Kind unserer Zeit*. Roman. © 1973 Suhrkamp Verlag, Frankfurt am Main

Houellebecq, Michel: *Ausweitung der Kampfzone*. Deutsch von Leopold Federmair. © 2006 Verlag Klaus Wagenbach, Berlin

Houellebecq, Michel: *Elementarteilchen*. Deutsch von Uli Wittmann. © 1998 Flammarion. © der deutschen Ausgabe 1999 DuMont Buchverlag, Köln

Hrabal, Bohumil: *Ich habe den englischen König bedient*. Roman. Deutsch von Karl-Heinz Jähn. © der deutschen Übersetzung 1988 Suhrkamp Verlag, Frankfurt am Main

Hugo, Victor: *Der Glöckner von Notre-Dame*. Roman. Deutsch von Else von Schorn. © 1914 Insel Verlag

Hugo, Victor: *Die Elenden*. Deutsch von Edmund Th. Kauer. © 1977 Atrium Verlag, Zürich

Huxley, Aldous: *Schöne neue Welt*. Ein Roman der Zukunft. Deutsch von Herberth E. Herlitschka. © 1981 Fischer Taschenbuch Verlag, Frankfurt am Main

Innerhofer, Franz: *Schöne Tage*. © 2004 Residenz Verlag im Niederösterreichischen Pressehaus Verlagsgesellschaft mbH, St. Pölten und Salzburg

Innerhofer, Franz: *Schattseite*. © 2002 Residenz Verlag, Wien und Salzburg

Inoue, Yasushi: *Der Stierkampf*. Deutsch von Oscar Benl. © der deutschen Übersetzung 1971 Suhrkamp Verlag, Frankfurt am Main

Inoue, Yasushi: *Die Eiswand*. Roman. Deutsch von Oscar Benl. © der deutschen Übersetzung 1968 Suhrkamp Verlag, Frankfurt am Main

Irving, John: *Das Hotel New Hampshire*. Deutsch von Hans Hermann. © 1982, 1984 Diogenes Verlag AG, Zürich

Isherwood, Christopher: *Leb' wohl, Berlin. Ein Roman in Episoden*. Deutsch von Susanne Rademacher. © 2004 Ullstein Buchverlage GmbH, Berlin

Ishiguro, Kazuo: *Was vom Tage übrigblieb*. Deutsch von Hermann Stiehl. © 2005 btb Verlag, München, in der Verlagsgruppe Random House GmbH. © der deutschen Übersetzung 1990 Rowohlt Verlag GmbH, Reinbek bei Hamburg

Jahnn, Hans Henny: *Das Holzschiff*. In: Jahnn, Hans Henny: *Fluss ohne Ufer*. © 1998 Hoffmann und Campe Verlag, Hamburg

James, Henry: *Daisy Miller*. Deutsch von Gottfried Röckelein. © 1998 ars vivendi verlag, Cadolzburg

James, Henry: *Porträt einer jungen Dame*. Deutsch von Gottfried Röckelein. © 1996 ars vivendi verlag, Cadolzburg

Jarry, Alfred: *Messalina. Roman aus dem alten Rom*. Deutsch von Brigitte Henniger. © 1971 Rogner & Bernhard GmbH & Co Verlags KG, Berlin

Jean Paul: *Blumen-, Frucht- und Dornenstücke oder Ehestand, Tod und Hochzeit des Armenadvokaten F. St. Siebenkäs im Reichsmarktflecken Kuhschnappel*. 1987 Insel Verlag, Frankfurt am Main

Jelinek, Elfriede: *Die Liebhaberinnen*. © 1975 Rowohlt Taschenbuch Verlag GmbH, Reinbek bei Hamburg

Jelinek, Elfriede: *Die Klavierspielerin.* © 1983 Rowohlt Verlag GmbH, Reinbek bei Hamburg

Jerofejew, Wenedikt: *Die Reise nach Petuschki. Ein Poem.* Deutsch von Natascha Spitz. © 2002 Piper Verlag GmbH, München

Johnson, Uwe: *Das dritte Buch über Achim.* Roman. © 1961 Suhrkamp Verlag, Frankfurt am Main

Joyce, James: *Ein Porträt des Künstlers als junger Mann.* Deutsch von Klaus Reichert. © der deutschen Übersetzung 1972 Suhrkamp Verlag, Frankfurt am Main

Joyce, James: *Ulysses.* Deutsch von Georg Goyert. © der deutschen Übersetzung 1956 Suhrkamp Verlag, Frankfurt am Main

Joyce, James: *Finnegans Wake. Deutsch. Gesammelte Annäherungen.* Herausgegeben von Klaus Reichert und Fritz Senn. © der deutschen Übersetzung 1989 Suhrkamp Verlag, Frankfurt am Main

Jünger, Ernst: *In Stahlgewittern.* In: Jünger, Ernst: Sämtliche Werke, Bd. 1. Der Erste Weltkrieg. Erschienen bei Klett-Cotta. © 1978 J. G. Cotta'sche Buchhandlung Nachfolger GmbH, Stuttgart

Kadare, Ismail: *Der General der toten Armee.* Deutsch von Oda Buchholz und Wilfried Fiedler. Neuer Malik Verlag, Kiel

Kafka, Franz: *Der Prozeß.* 1990 S. Fischer Verlag, Frankfurt am Main

Kafka, Franz: *Das Schloß.* 1985 S. Fischer Verlag, Frankfurt am Main

Kafka, Franz: *Amerika.* 2004 Süddeutsche Zeitung Bibliothek, München

Kästner, Erich: *Fabian. Die Geschichte eines Moralisten.* © 1936 Atrium Verlag, Zürich

Kawabata, Yasunari: *Tausend Kraniche.* Deutsch von Sachito Yatsushiro. © 1956 Carl Hanser Verlag, München

Kazantzakis, Nikos: *Alexis Sorbas, Abenteuer auf Kreta.* Deutsch von Alexander Steinmetz, überarbeitet und zum Teil neu übertragen von Isidora Rosenthal-Kamarinea. Erstmals erschienen 1946 im Kurt Desch Verlag. © 1982 F. A. Herbig Verlagsbuchhandlung, München

Kehlmann, Daniel: *Die Vermessung der Welt.* © 2005 Rowohlt Verlag GmbH, Reinbek bei Hamburg

Keller, Gottfried: *Der grüne Heinrich.* In: Keller, Gottfried: Kellers Werke in fünf Bänden, Bd. 4. 1980 Aufbau Verlag, Berlin

Kemal, Yaşar: *Memed mein Falke.* © 1998 Unionsverlag, Zürich

Kempowski, Walter: *Tadellöser & Wolff.* © Albert Knaus Verlag, München, in der Verlagsgruppe Random House GmbH

Kennedy, A.L.: *Also bin ich froh.* Deutsch von Ingo Herzke. © 2004 Verlag Klaus Wagenbach, Berlin

Kerouac, Jack: *Unterwegs.* Deutsch von Thomas Lindquist. © 1959, 1986 Rowohlt Verlag GmbH, Reinbek bei Hamburg

Kerouac, Jack: *Be-Bop, Bars und weißes Pulver.* Deutsch von Hans Hermann. © 1979 Rowohlt Verlag GmbH, Reinbek bei Hamburg

Kertész, Imre: *Roman eines Schicksallosen.* Deutsch von Christina Viragh. © 1996 Rowohlt Verlag GmbH, Reinbek bei Hamburg

Kertész, Imre: *Liquidation*. Roman. Deutsch von Laszlo Kornitzer und Ingrid Krüger. © der deutschen Übersetzung 2003 Suhrkamp Verlag, Frankfurt am Main

Kesey, Ken: *Einer flog über das Kuckucksnest*. Deutsch von Hans Hermann. © Zweitausendeins, Frankfurt am Main

Kipling, Rudyard: *Kim*. Deutsch von Hans Reisinger. © 1993 Ullstein Buchverlage GmbH, Berlin

Kiš, Danilo: *Sanduhr*. Deutsch von Ilma Rakusa. © 1988 Carl Hanser Verlag, München

Klíma, Ivan: *Liebe und Müll*. Deutsch von Alexandra Baumrucker. © 1991 Carl Hanser Verlag, München

Koeppen, Wolfgang: *Das Treibhaus*. © 1972 Suhrkamp Verlag, Frankfurt am Main

Koeppen, Wolfgang: *Der Tod in Rom*. Roman. © 1975 Suhrkamp Verlag, Frankfurt am Main

Koestler, Arthur: *Sonnenfinsternis*. 1978 Europaverlag, Wien

Köhlmeier, Michael: *Telemach*. © 1995 Piper Verlag GmbH, München

Konwicki, Tadeusz: *Die polnische Apokalypse*. Deutsch von Gabriele Hanussek. 1982 S. Fischer Verlag, Frankfurt am Main

Kracht, Christian: *Faserland*. 1995 Verlag Kiepenheuer & Witsch, Köln

Kundera, Milan: *Der Scherz*. Deutsch von Susanna Roth. © 1987 Carl Hanser Verlag, München

Kundera, Milan: *Die unerträgliche Leichtigkeit des Seins*. Deutsch von Susanna Roth. © 1984 Carl Hanser Verlag, München

Kundera, Milan: *Die Unsterblichkeit*. Deutsch von Susanna Roth. © 1990 Carl Hanser Verlag, München

Kundera, Milan: *Die Identität*. Deutsch von Uli Aumüller. © 1998 Carl Hanser Verlag, München

Lagerkvist, Pär: *Barrabas*. Deutsch von Edzard Schaper. © 1952, 2005 Arche Literatur Verlag AG, Zürich und Hamburg

Lao She: *Rikscha Kuli*. Roman. Deutsch von Florian Reissinger. © der deutschen Übersetzung 1987 Insel Verlag, Frankfurt am Main

Lawrence, David Herbert: *Lady Chatterley*. © für die autorisierte Übertragung aus dem Englischen 1968 Rowohlt Verlag GmbH, Reinbek bei Hamburg

Laxness, Halldór: *Atomstation*. Deutsch von Hubert Seelow. © 2002 Steidl GmbH & Co. OHG, Göttingen

Laxness, Halldór: *Das Fischkonzert. Eine Jugend zwischen Torf und Stockfisch – Alfgrimur und sein Universum*. Deutsch von Hubert Seelow. © 2002 Steidl GmbH & Co. OHG, Göttingen

Le Carré, John: *Der Spion, der aus der Kälte kam*. Deutsch von Manfred von Conta. © 2001 Ullstein Buchverlage GmbH, Berlin

Lem, Stanisław: *Eden. Ein wissenschaftlich-utopischer Roman*. Deutsch von Caesar Rymarowicz. © 1972 Nymphenburger, München

Lem, Stanisław: *Solaris*. Deutsch von Irmtraud Zimmermann-Göllheim. © 1993 Ullstein Buchverlage GmbH, Berlin

Lenz, Siegfried: *Deutschstunde*. © 1968 Hoffmann und Campe Verlag, Hamburg

Leonow, Leonid: *Der Weg nach Ozean.* Deutsch von Dieter Pommerenke und Harry Burck. 1966 Verlag Kultur und Fortschritt, Berlin

Lermontow, Michail: *Ein Held unserer Zeit.* Deutsch von Günter Stein. © 1963 Aufbau Verlagsgruppe GmbH, Berlin (das Werk erschien 1963 bei Rütten & Loening Berlin; Rütten & Loening ist eine Marke der Aufbau Verlagsgruppe GmbH)

Leroux, Gaston: *Das Phantom der Oper.* Deutsch von Johannes Piron. © 1988 Carl Hanser Verlag, München

Le Sage, Alain René: *Die Geschichte des Gil Blas von Santillana.* Deutsch von Konrad Thorer. © der deutschen Übersetzung 1957 Insel Verlag, Frankfurt am Main und Leipzig

Lessing, Doris: *Das goldene Notizbuch.* Deutsch von Iris Wagner. © 1978 S. Fischer Verlag GmbH, Frankfurt am Main

Lessing, Doris: *Die Ehen zwischen den Zonen Drei, Vier und Fünf.* In: Lessing, Doris: Canopus in Argos: Archive II. Deutsch von Manfred Ohl und Hans Sartorius. © 1984 S. Fischer Verlag GmbH, Frankfurt am Main

Levi, Carlo: *Christus kam nur bis Eboli.* Deutsch von Helly Hohenemser-Steglich. © 1947 Europa Verlag, Zürich, Wien und Konstanz

Lewis, Sinclair: *Babbitt.* Deutsch von Daisy Bródy. © 1953, 1988 Rowohlt Verlag GmbH, Reinbek bei Hamburg

Lezama Lima, José: *Paradiso.* Roman. Deutsch von Curt Meyer-Clason unter Mitwirkung von Anneliese Botond. © der deutschen Übersetzung 1979 Suhrkamp Verlag, Frankfurt am Main

Lins, Osman: *Avalovara.* Roman. Deutsch von Marianne Jolowicz. © der deutschen Übersetzung 1976 Suhrkamp Verlag, Frankfurt am Main

Lipuš, Florjan: *Der Zögling Tjaž.* Deutsch von Peter Handke, zusammen mit Helga Mračnikar. © 1997 Wieser Verlag, Klagenfurt

Lobo Antunes, António: *Fado Alexandrino.* Deutsch von Maralde Meyer-Minnemann. © Luchterhand Literaturverlag, München, ein Unternehmen der Verlagsgruppe Random House GmbH

London, Jack: *Martin Eden.* Deutsch von Erwin Markus. © 1927 Universitas Verlag, Berlin

Lowry, Malcolm: *Unter dem Vulkan.* Deutsch von Susanna Rademacher und Karin Graf. © 1963, 1974, 1984 Rowohlt Verlag GmbH, Reinbek bei Hamburg

Machfus, Nagib: *Der Dieb und die Hunde.* Deutsch von Doris Kilias. © 1993 Unionsverlag, Zürich

Machfus, Nagib: *Ehrenwerter Herr.* Deutsch von Doris Kilias. © 1996 Unionsverlag, Zürich

Machfus, Nagib: *Die Kinder unseres Viertels.* Deutsch von Doris Kilias. © 1990 Unionsverlag, Zürich

Malaparte, Curzio: *Die Haut.* Deutsch von Hellmut Ludwig. Mit einem Nachwort von Thomas Steinfeld und einer Zeittafel von Ralph Jentsch. © 2006 Paul Zsolnay Verlag, Wien

Malerba, Luigi: *Die nackten Masken.* Deutsch von Iris Schnebel-Kaschnitz. © 1995 Verlag Klaus Wagenbach, Berlin

Malraux, André: *So lebt der Mensch (Conditio Humana).* Deutsch von Ferdinand Hardekopf. © 1956 Deutsch Verlags-Anstalt, München, in der Verlagsgruppe Random House GmbH

Mankell, Henning: *Mörder ohne Gesicht.* Deutsch von Barbara Sirges und Paul Berf. © 2001 Paul Zsolnay Verlag, Wien

Mann, Heinrich: *Der Untertan.* © 1995 S. Fischer Verlag GmbH, Frankfurt am Main

Mann, Klaus: *Mephisto. Roman einer Karriere.* © 1981 Rowohlt Taschenbuch Verlag GmbH, Reinbek bei Hamburg

Mann, Thomas: *Buddenbrooks. Verfall einer Familie.* © 1901 S. Fischer Verlag, Berlin

Mann, Thomas: *Der Zauberberg.* © 1924 S. Fischer Verlag, Berlin

Mann, Thomas: *Doktor Faustus. Das Leben des deutschen Tonsetzers Adrian Leverkühn erzählt von einem Freunde.* © 1947 Bermann-Fischer Verlag, Stockholm. Alle Rechte vorbehalten S. Fischer Verlag GmbH, Frankfurt am Main

Mao Dun: *Schanghai im Zwielicht.* Deutsch von Franz Kuhn, revidiert von Ingrid und Wolfgang Kubin. © Oberbaum Verlag GbR, Berlin

Márai, Sándor: *Die Glut.* Deutsch von Christina Viragh. © 1999, 2004 Piper Verlag GmbH, München

Marías, Javier: *Mein Herz so weiß.* Deutsch von Elke Wehr. Erschienen bei Klett-Cotta. © 1992 Javier Marías © der deutschen Ausgabe 1996 J. G. Cotta'sche Buchhandlung Nachfolger GmbH, Stuttgart

Maugham, W. Somerset: *Der Menschen Hörigkeit.* Deutsch von Susanne Feigl und Mimi Zoff. © 1972, 1986 Diogenes Verlag AG, Zürich

Maupassant, Guy de: *Bel-Ami.* Deutsch von Waltraud Kappeler. © 1982 Manesse Verlag, Zürich, in der Verlagsgruppe Random House GmbH, München

Maupassant, Guy de: *Die Brüder Pierre und Jean.* Deutsch von Ernst Weiß. © 1995 Ullstein Buchverlage GmbH, Berlin

May, Karl: *Winnetou I.* Nach der 1960 von Hans Wollschläger revidierten Fassung. © 1992 Karl-May-Verlag, Bamberg

McCourt, Frank: *Die Asche meiner Mutter.* Deutsch von Harry Rowohlt. © Luchterhand Literaturverlag, München, ein Unternehmen der Verlagsgruppe Random House GmbH

McCullers, Carson: *Das Herz ist ein einsamer Jäger.* Deutsch von Susanne Brenner-Rademacher. © 1963, 1974 Diogenes Verlag AG, Zürich

McEwan, Ian: *Der Zementgarten.* Deutsch von Bernhard Robben. Originalausgabe »The Cement Garden« erschienen 1978 bei Jonathan Cape, London. © 1978 Ian McEwan. © der deutschen Ausgabe 1980, 1982 Diogenes Verlag AG, Zürich

McEwan, Ian: *Abbitte.* Deutsch von Bernhard Robben. Originalausgabe »Atonement« erschienen 2001 bei Jonathan Cape, London. © 2001 Ian McEwan. © der deutschen Ausgabe 2002 Diogenes Verlag AG, Zürich

Melville, Herman: *Moby Dick.* Deutsch von Fritz Güttinger. © 1944 Manesse Verlag, Zürich, in der Verlagsgruppe Random House GmbH, München

Melville, Herman: *Billy Budd.* Deutsch von Richard Moering. © 1957 Claassen Verlag, Hamburg, in der Ullstein Buchverlage GmbH, Berlin

Menasse, Robert: *Die Vertreibung aus der Hölle*. Roman. © 2001 Suhrkamp Verlag, Frankfurt am Main

Meyrink, Gustav: *Der Golem*. 1982 Langen Müller, München

Miller, Arthur: *Brennpunkt*. Deutsch von Doris Brehm. © 1955, 1987 Rowohlt Taschenbuch Verlag GmbH, Reinbek bei Hamburg

Miller, Henry: *Wendekreis des Krebses*. Deutsch von Kurt Wagenseil. © 1962 Rowohlt Verlag GmbH, Reinbek bei Hamburg

Mishima, Yukio: *Der Tempelbrand*. Deutsch von Walter Donat. 1961 Paul List Verlag, München

Mitchell, Margaret: *Vom Winde verweht*. Deutsch von Martin Beheim-Schwarzbach. © 2000 Ullstein Buchverlage GmbH, Berlin

Mňačko, Ladislav: *Der Tod heißt Engelchen*. Deutsch von Hans Gaernter. Gebrüder Weiss Verlag, Berlin

Modiano, Patrick: *Eine Jugend*. Roman. Deutsch von Peter Handke. © der deutschen Übersetzung 1985 Suhrkamp Verlag, Frankfurt am Main

Montherlant, Henry de: *Das Chaos und die Nacht*. Deutsch von Karl August Horst. © 1964 Verlag Kiepenheuer & Witsch, Köln

Moody, Rick: *Der Eissturm*. Deutsch von Nikolaus Stingl. © 1995 Piper Verlag GmbH, München

Moravia, Alberto: *La Noia*. Deutsch von Percy Eckstein und Wendla Lipsius. © 2007 Verlag Klaus Wagenbach, Berlin

Mörike, Eduard: *Maler Nolten*. In: Mörike, Eduard: Mörikes Werke, Vierter Teil, Maler Nolten II. Deutsches Verlagshaus Bong & Co., Berlin

Moritz, Karl Philipp: *Anton Reiser. Ein psychologischer Roman*. 1993 Die Deutschen Klassiker, Kehl

Morrison, Toni: *Menschenkind*. Deutsch von Helga Pfetsch. © 1989 Rowohlt Verlag GmbH, Reinbek bei Hamburg

Mulisch, Harry: *Die Entdeckung des Himmels*. Deutsch von Martina den Hertog-Vogt. © 1993 Carl Hanser Verlag, München

Muñoz Molina, Antonio: *Beatus ille oder Tod und Leben eines Dichters*. Deutsch von Heidrun Adler. Originalausgabe »Beatus ille«. © 1986 Antonio Muñoz Molina, mit freundlicher Genehmigung des Autors. © 1989 Rowohlt Verlag GmbH, Reinbek bei Hamburg

Murakami, Haruki: *Gefährliche Geliebte*. Deutsch von Giovanni Bandini und Ditte Bandini. © 1992 Haruki Murakami. © der deutschen Ausgabe 2000 DuMont Buchverlag, Köln

Murdoch, Iris: *Das Meer, das Meer*. Deutsch von Stefanie Schaffer-de Fries. © 2000 Deuticke im Paul Zsolnay Verlag, Wien

Muschg, Adolf: *Der Rote Ritter. Eine Geschichte von Parzivâl*. © 1993 Suhrkamp Verlag, Frankfurt am Main

Musil, Robert: *Die Verwirrungen des Zöglings Törleß*. In: Musil, Robert: Gesammelte Werke, Bd. 6. © 1978 Rowohlt Verlag GmbH, Reinbek bei Hamburg

Musil, Robert: *Der Mann ohne Eigenschaften*. In: Musil, Robert: Gesammelte Werke.
© 1978 Rowohlt Verlag GmbH, Reinbek bei Hamburg

Musset, Alfred de: *Bekenntnis eines jungen Zeitgenossen.* Deutsch von Eveline Passet. © 1999 Manesse Verlag, Zürich, in der Verlagsgruppe Random House GmbH, München

Nabl, Franz: *Ödhof.* © 1999 Styria Verlag, Graz

Nabokov, Vladimir: *Die Gabe.* Deutsch von Annelore Engel-Braunschmidt u.a. © 1993 Rowohlt Verlag GmbH, Reinbek bei Hamburg

Nabokov, Vladimir: *Lolita.* In: Nabokov, Vladimir: Gesammelte Werke, Bd. 8. Deutsch von Helen Hessel u.a., bearbeitet von Dieter E. Zimmer. © 1959, 1989 Rowohlt Verlag GmbH, Reinbek bei Hamburg

Nadolny, Sten: *Die Entdeckung der Langsamkeit.* © 1983 Piper Verlag GmbH, München

Naipaul, V. S.: *An der Biegung des großen Flusses.* Deutsch von Sabine Roth. © 2002 Ullstein Buchverlage GmbH, Berlin

Natsume, Sôseki: *Das Graskissen-Buch.* Deutsch von Christoph Langemann. © 1996 be.bra verlag GmbH, Berlin

Nizon, Paul: *Das Jahr der Liebe.* Roman. © 1991 Suhrkamp Verlag, Frankfurt am Main

Nooteboom, Cees: *Rituale.* Roman. Deutsch von Hans Herrfurth. © der deutschen Übersetzung 1985 Suhrkamp Verlag, Frankfurt am Main

Nooteboom, Cees: *Die folgende Geschichte.* Deutsch von Helga van Beuningen. © der deutschen Übersetzung 1991 Suhrkamp Verlag, Frankfurt am Main

Nooteboom, Cees: *Allerseelen.* Roman. Deutsch von Helga van Beuningen. © der deutschen Übersetzung 1999 Suhrkamp Verlag, Frankfurt am Main

Nothomb, Amélie: *Mit Staunen und Zittern.* Deutsch von Wolfgang Krege. Originalausgabe »Stupeur et tremblements«. © 1991 Albin Michel, Paris. © der deutschen Ausgabe 2000, 2002 Diogenes Verlag AG, Zürich

O'Brien, Flann: *Auf Schwimmen-zwei-Vögel.* Deutsch von Harry Rowohlt und Helmut Mennicken M.A., abermals durchgesehen und zurecht gezurrt von Harry Rowohlt. © 2002 Kein & Aber, Zürich

O'Brien, Flann: *Der dritte Polizist.* Deutsch von Harry Rowohlt. © 2006 Kein & Aber, Zürich

Ôe, Kenzaburô: *Eine persönliche Erfahrung.* Roman. Deutsch von Siegfried Schaarschmidt. © der deutschen Übersetzung 1972 Suhrkamp Verlag, Frankfurt am Main

Okopenko, Andreas: *Lexikon-Roman. Lexikon einer sentimentalen Reise zum Exporteurtreffen in Druden.* © 1996 Deuticke im Paul Zsolnay Verlag, Wien

Ondaatje, Michael: *Der englische Patient.* Deutsch von Adelheid Dormagen. © 1993 Carl Hanser Verlag, München

Orwell, George: *1984.* Deutsch von Michael Walter. © 1990 Ullstein Buchverlage GmbH, Berlin

Oz, Amos: *Mein Michael.* Roman. Deutsch von Gisela Podlech-Reisse. © der deutschen Übersetzung 1989 Suhrkamp Verlag, Frankfurt am Main

Pamuk, Orhan: *Schnee.* Deutsch von Christoph K. Neumann. © 2005 Carl Hanser Verlag, München

Pasolini, Pier Paolo: *Vita Violenta.* Deutsch von Gur Bland. 1997 Piper Verlag GmbH, München

Pasternak, Boris: *Doktor Schiwago*. Deutsch von Reinhold von Walter. © 1958 S. Fischer Verlag GmbH, Frankfurt am Main

Pavese, Cesare: *Junger Mond*. Deutsch von Charlotte Birnbaum. © 1978 Ullstein Buchverlage GmbH, Berlin

Perec, Georges: *Das Leben Gebrauchsanweisung*. Deutsch von Eugen Helmlé. © Zweitausendeins, Frankfurt am Main

Piñera, Virgilio: *Kleine Manöver*. Roman. Deutsch von Wilfried Böhringer. © der deutschen Übersetzung 1990 Suhrkamp Verlag, Frankfurt am Main

Plath, Sylvia: *Die Glasglocke*. Deutsch von Reinhard Kaiser. © der deutschen Übersetzung 1997 Suhrkamp Verlag, Frankfurt am Main

Plenzdorf, Ulrich: *Die neuen Leiden des jungen W.* © 1973 Suhrkamp Verlag, Frankfurt am Main

Poe, Edgar Allan: *Umständlicher Bericht des Arthur Gordon Pym von Nantucket*. Deutsch von Arno Schmidt. 1994 Haffmans Verlag, Zürich. © der deutschen Übersetzung Arno Schmidt Stiftung, Bargfeld

Potocki, Jan: *Die Handschrift von Saragossa*. Deutsch von Louise Eisler-Fischer und Maryla Reifenberg. © der deutschen Übersetzung 1961 Insel Verlag, Frankfurt am Main und Leipzig

Preda, Marin: *Schatten über der Ebene*. Deutsch von Leo Hornung. 1958 Verlag Volk und Welt, Berlin

Prévost, Abbé: *Manon Lescaut*. Deutsch von Josef Hofmiller. Albert Langen Verlag, München

Proust, Marcel: *In Swanns Welt. Auf der Suche nach der verlorenen Zeit*. Erster Teil. Deutsch von Eva Rechel-Mertens. © der deutschen Übersetzung 1997 Suhrkamp Verlag, Frankfurt am Main

Prus, Bolesław: *Die Puppe*. Nachwort von Henryk Bereska. Deutsch von Kurt Harrer. © 1954 Aufbau Verlagsgruppe GmbH, Berlin (das Werk erschien 1954 im Aufbau-Verlag; Aufbau ist eine Marke der Aufbau Verlagsgruppe GmbH)

Puig, Manuel: *Der Kuß der Spinnenfrau*. Roman. Deutsch von Anneliese Botond. © der deutschen Übersetzung 1979 Suhrkamp Verlag, Frankfurt am Main

Puschkin, Alexander: *Jewgeni Onegin. Roman in Versen*. Deutsch von Rolf-Dietrich Keil. © der deutschen Übersetzung 1999 Insel Verlag, Frankfurt am Main und Leipzig

Puschkin, Alexander: *Die Hauptmannstochter*. In: Puschkin, Alexander: Pique-Dame und andere Erzählungen. Deutsch von Fega Frisch. © 1965 Manesse Verlag, Zürich, in der Verlagsgruppe Random House GmbH, München

Pynchon, Thomas: *Die Enden der Parabel*. Deutsch von Elfriede Jelinek und Thomas Piltz. © 1981, 1989 Rowohlt Taschenbuch Verlag GmbH, Reinbek bei Hamburg

Queneau, Raymond: *Die blauen Blumen*. Deutsch von Eugen Helmlé. © 2001 Verlag Klaus Wagenbach, Berlin

Queneau, Raymond: *Der Flug des Ikarus*. Deutsch von Eugen Helmlé. © 1987 S. Fischer Verlag, Frankfurt am Main

Rabelais, François: *Gargantua und Pantagruel*. Deutsch von Ferdinand Adolf Gelbcke. Herausgegeben von Horst und Edith Heintze. Erläutert von Horst Heintze und Rolf Müller. © 1970 Dieterich'sche Verlagsbuchhandlung, Mainz

Ransmayr, Christoph: *Die letzte Welt.* © 1988 Greno Verlagsgesellschaft mbH, Nördlingen. Veröffentlicht im Fischer Taschenbuch Verlag, Frankfurt am Main 1991. Alle Rechte vorbehalten S. Fischer Verlag GmbH, Frankfurt am Main

Regener, Sven: *Herr Lehmann.* © 2001 Eichborn AG, Frankfurt am Main

Reimann, Brigitte: *Franziska Linkerhand.* © 1998 Aufbau Verlagsgruppe GmbH, Berlin (das Werk erschien 1998 im Aufbau-Verlag; Aufbau ist eine Marke der Aufbau Verlagsgruppe GmbH)

Remarque, Erich Maria: *Im Westen nichts Neues.* © 1959, 1987, 2005 Verlag Kiepenheuer & Witsch, Köln

Ribeiro, João Ubaldo: *Brasilien, Brasilien.* Roman. Deutsch von Curt Meyer-Clason und Jacob Deutsch. © der deutschen Übersetzung 1988 Suhrkamp Verlag, Frankfurt am Main

Rice, Anne: *Interview mit einem Vampir. Roman aus der Chronik der Vampire.* Deutsch von Karl Berisch und C. P. Hofmann. Bertelsmann Club, Rheda-Wiedenbrück

Rilke, Rainer Maria: *Die Aufzeichnungen des Malte Laurids Brigge.* 2002 KG Saur Verlag GmbH, München

Robbe-Grillet, Alain: *Die Jalousie oder die Eifersucht.* Deutsch von Elmar Tophoven. © 1959 Carl Hanser Verlag, München

Röggla, Kathrin: *wir schlafen nicht.* © 2004 S. Fischer Verlag GmbH, Frankfurt am Main

Roidis, Emmanuil: *Päpstin Johanna.* Deutsch von Paul Friedrich. © 2000 Verlagsgruppe Lübbe GmbH & Co. KG, Bergisch Gladbach

Rolland, Romain: *Johann-Christoph.* Deutsch von Erna und Otto Grautoff. © 1950 Verlag Kurt Desch, München

Roth, Gerhard: *Landläufiger Tod.* © 1984 S. Fischer Verlag GmbH, Frankfurt am Main

Roth, Joseph: *Hotel Savoy.* © 1956, 1975, 2006 Verlag Kiepenheuer & Witsch, Köln und Verlag Allert de Lange, Amsterdam

Roth, Joseph: *Hiob.* © 1974, 1982, 2004 Verlag Kiepenheuer & Witsch, Köln und Verlag Allert de Lange, Amsterdam

Roth, Joseph: *Radetzkymarsch.* © 1978, 1999, 2005 Verlag Kiepenheuer & Witsch, Köln und Verlag Allert de Lange, Amsterdam

Roth, Joseph: *Die Kapuzinergruft.* © 1950, 1972, 2005 Verlag Kiepenheuer & Witsch, Köln und Verlag Allert de Lange, Amsterdam

Roth, Philip: *Portnoys Beschwerden.* Deutsch von Kai Molvig. © Carl Hanser Verlag, München © der deutschen Übersetzung 1970 Rowohlt Verlag GmbH, Reinbek bei Hamburg

Roth, Philip: *Der menschliche Makel.* Deutsch von Dirk van Gunsteren. © 2002 Carl Hanser Verlag, München

Rousseau, Jean-Jacques: *Emile oder Von der Erziehung.* In der deutschen Erstübertragung von 1726. Nach der Edition Duchesne überarbeitet von Siegfried Schmitz. © 1997 Patmos Verlag GmbH & Co. KG / Artemis & Winkler Verlag, Düsseldorf

Roy, Arundhati: *Der Gott der kleinen Dinge.* Deutsch von Anette Grube. © Karl Blessing Verlag, München, ein Unternehmen der Verlagsgruppe Random House GmbH
Rushdie, Salman: *Die satanischen Verse.* Deutsch von Karin Graf. © 1989 Kindler Verlag GmbH, München. Mit freundlicher Genehmigung des Rowohlt Verlags, Reinbek bei Hamburg
Rushdie, Salman: *Des Mauren letzter Seufzer.* Deutsch von Gisela Stege. © 1996 Kindler Verlag GmbH, München. Mit freundlicher Genehmigung des Rowohlt Verlags, Reinbek bei Hamburg
Sacher-Masoch, Leopold von: *Venus im Pelz.* 2003 Belleville Verlag, München
Sade, Donatien-Alphonse-François, Marquis de: *Die neue Justine oder das Unglück der Tugend. Die Geschichte ihrer Schwester Juliette.* Deutsch von Stefan Zweifel und Michael Pfister. © 1995 Matthes & Seitz, Berlin
Sagan, Françoise: *Bonjour Tristesse.* Deutsch von Helga Treichl. © 2005 Ullstein Buchverlage GmbH, Berlin (Ullstein Taschenbuch)
Salich, Tajjib: *Zeit der Nordwanderung.* Deutsch von Regina Karachouli. © 1998 Lenos Verlag, Basel
Salinger, Jerome D.: *Der Fänger im Roggen.* Deutsch von Irene Muehlon, bearbeitet von Heinrich Böll. © 1962 Verlag Kiepenheuer & Witsch, Köln
Salter, James: *Lichtjahre.* © 1998 Berlin Verlag, Berlin
Saramago, José: *Das Todesjahr des Ricardo Reis.* Deutsch von Rainer Bettermann. © 1988 Rowohlt Verlag GmbH, Reinbek bei Hamburg
Saramago, José: *Die Stadt der Blinden.* Deutsch von Ray-Güde Mertin. © 1997 Rowohlt Verlag GmbH, Reinbek bei Hamburg
Sartre, Jean-Paul: *Der Ekel.* Deutsch von Uli Aumüller. © 1963, 1981 Rowohlt Verlag GmbH, Reinbek bei Hamburg
Schlink, Bernhard: *Der Vorleser.* © 1995, 1997 Diogenes Verlag AG, Zürich
Schmidt, Arno: *Die Gelehrtenrepublik.* © 1986 Arno Schmidt Stiftung, Bargfeld
Schmidt, Arno: *Zettels Traum.* © 1970 Goverts Krüger Stahlberg Verlag GmbH, Frankfurt am Main
Schmitt, Éric-Emmanuel: *Monsieur Ibrahim und die Blumen des Koran.* Deutsch von Annette und Paul Bäcker. 2003 Ammann Verlag, Zürich
Schnitzler, Arthur: *Der Weg ins Freie.* 1999 S. Fischer Verlag, Frankfurt am Main
Schnitzler, Arthur: *Therese, Chronik eines Frauenlebens.* 1948 Bermann-Fischer Verlag, Wien
Scholochow, Michail: *Der stille Don.* Deutsch von E. Margolis und R. Czora. 1954 Verlag Volk und Welt, Berlin
Sebald, W. G.: *Austerlitz.* © 2001 Carl Hanser Verlag, München
Selby, Hubert: *Letzte Ausfahrt Brooklyn.* Deutsch von Kai Molvig. © 1968 Rowohlt Verlag GmbH, Reinbek bei Hamburg
Shalev, Zeruya: *Liebesleben.* Deutsch von Mirjam Pressler. © 2000 Berlin Verlag, Berlin
Shelley, Mary: *Frankenstein oder Der moderne Prometheus.* Deutsch von Ursula von Wiese. © 1983 Manesse Verlag, Zürich, in der Verlagsgruppe Random House GmbH, München
268 Sienkiewicz, Henryk: *Quo vadis?* Auf der Grundlage der Übertragung von J. Bolinski

neu erarbeitet von Marga und Roland Erb. © 1994 Deutscher Taschenbuchverlag, München

Simenon, Georges: *Die Glocken von Bicêtre.* Deutsch von Hansjürgen Wille und Barbara Klau. Originalausgabe »Les anneaux de Bicêtre«. © 1963 Georges Simenon Limited, A Choreon Company, alle Rechte vorbehalten. © Verlag Kiepenheuer & Witsch, Köln

Sinclair, Upton: *Der Dschungel.* Deutsch von Otto Wilck. 1997 Rowohlt Verlag GmbH, Reinbek bei Hamburg

Singer, Isaac Bashevis: *Feinde, die Geschichte einer Liebe.* Deutsch von Wulf Teichmann. © 1974 Carl Hanser Verlag, München

Skármeta, Antonio: *Mit brennender Geduld.* Deutsch von Willi Zurbrüggen. © 1985 Piper Verlag GmbH, München

Solschenizyn, Alexander: *Ein Tag im Leben des Iwan Denissowitsch.* Deutsch von Max Hayward und Ronald Hingley. © der deutschen Ausgabe 1963 Droemersche Verlagsanstalt Th. Knaur Nachf. GmbH & Co. KG, München

Solschenizyn, Alexander: *Krebsstation.* Deutsch von Christiane Auras, Agathe Jais und Ingrid Tinzmann. © der deutschen Übersetzung Luchterhand Literaturverlag, München, in der Verlagsgruppe Random House GmbH

Soyinka, Wole: *Die Ausleger.* Deutsch von Inge Uffelmann. 1986 Deutscher Taschenbuchverlag, München

Stasiuk, Andrzej: *Neun.* Roman. Deutsch von Renate Schmidgall. © der deutschen Übersetzung 2002 Suhrkamp Verlag, Frankfurt am Main

Stein, Gertrude: *The Making of Americans. Geschichte vom Werdegang einer Familie 1906–1908.* Deutsch von Lilian Faschinger und Thomas Priebsch. © Ritter Verlag, Klagenfurt

Stein, Gertrude: *Autobiographie von Alice B. Toklas.* Deutsch von Roseli und Saskia Bontjes van Beek. © 1959, 2006 Arche Literatur Verlag AG, Zürich und Hamburg

Steinbeck, John: *Von Mäusen und Menschen.* Deutsch von Elisabeth Rotten. © 1992 Paul Zsolnay Verlag, Wien

Stendhal: *Rot und Schwarz.* Deutsch von Rudolf Lewy. © 1981 Diogenes Verlag AG, Zürich

Sterne, Laurence: *Leben und Ansichten von Tristram Shandy, Gentleman.* Deutsch von Michael Walter. © 1983 Haffmans Verlag, Zürich

Stevenson, Robert Louis: *Die Schatzinsel.* Deutsch von Rose Hilferding und Wilhelm Nahde. © 1979 Diogenes Verlag AG, Zürich

Stifter, Adalbert: *Der Nachsommer.* In: Stifter, Adalbert: Gesammelte Werke in sechs Bänden, Bd. 4. 1959 Insel Verlag, Wiesbaden

Stoker, Bram: *Dracula.* Deutsch von Karl Bruno Leder. © der deutschen Übersetzung 1988 Insel Verlag, Frankfurt am Main und Leipzig

Streeruwitz, Marlene: *Verführungen.* © 1996 Suhrkamp Verlag, Frankfurt am Main. Veröffentlicht im Fischer Taschenbuch Verlag in der S. Fischer Verlag GmbH, Frankfurt am Main 2002. Alle Rechte vorbehalten

Strindberg, August: *Plädoyer eines Irren.* Deutsch von Hans-Joachim Maass. © 1977 Verlag Kiepenheuer & Witsch, Köln

Strindberg, August: *Einsam. Die Gotischen Zimmer. Schwarze Fahnen.* In: Strindberg, August: Werke in zeitlicher Folge. Frankfurter Ausgabe in 12 Bänden, Bd. 10: 1903–1905. Deutsch von Alken Bruns. © der deutschen Übersetzung 1987 Insel Verlag, Frankfurt am Main und Leipzig

Stuckrad-Barre, Benjamin von: *Soloalbum.* © 1998, 2006 Verlag Kiepenheuer & Witsch, Köln

Styron, William: *Sophies Wahl.* Deutsch von Willy Thaler. © der deutschen Ausgabe 1980 Droemersche Verlagsanstalt Th. Knaur Nachf. GmbH & Co. KG, München

Süskind, Patrick: *Das Parfum.* © 1985 Diogenes Verlag AG, Zürich

Svevo, Italo: *Zeno Cosini.* Deutsch von Piero Rismondo. © der deutschen Übersetzung 1959, 1987 Rowohlt Verlag GmbH, Reinbek bei Hamburg

Swift, Jonathan: *Reisen zu mehreren entlegenen Völkern der Erde in vier Teilen von Lemuel Gulliver, erst Wundarzt, später Kapitän mehrerer Schiffe.* Deutsch von Franz Kottenkamp, berichtigt und ergänzt von Roland Arnold. © 1964 Aufbau Verlagsgruppe GmbH, Berlin (das Werk erschien 1964 bei Rütten & Loening Berlin; Rütten & Loening ist eine Marke der Aufbau Verlagsgruppe GmbH)

Szczypiorski, Andrzej: *Die schöne Frau Seidenman.* Deutsch von Klaus Staemmler. © 1988, 1991 Diogenes Verlag AG, Zürich

Tatarka, Dominik: *Allein gegen die Nacht.* Deutsch von Stephan Teichgräber. © 1995 Wieser Verlag, Klagenfurt

Tendrjakow, Wladimir: *Die Nacht nach der Entlassung.* Deutsch von Hessy Pross-Weerth. © der deutschen Übersetzung 1975 Suhrkamp Verlag, Frankfurt am Main

Thackeray, William Makepeace: *Jahrmarkt der Eitelkeit. Ein Roman ohne Helden.* Deutsch von Theresia Mutzenbecher. © 2007 Patmos Verlag GmbH & Co. KG / Artemis & Winkler Verlag, Düsseldorf

Thompson, Hunter S.: *Fear and Loathing in Las Vegas.* © der deutschen Übersetzung Zweitausendeins, Frankfurt am Main

Tišma, Aleksandar: *Der Gebrauch des Menschen.* Deutsch von Barbara Antkowiak. © 1991 Carl Hanser Verlag, München

Tolkien, J.R.R.: *Der Herr der Ringe.* Teil 1: Die Gefährten. Deutsch von Margaret Carroux. Gedichtübertragungen von E.-M. von Freymann. Erschienen bei Klett-Cotta. © 1966 George Allen & Unwin Ltd., London. Published by arrangement with HarperCollins Publishers Ltd., London © der deutschen Ausgabe 1969 J. G. Cotta'sche Buchhandlung Nachfolger GmbH, Stuttgart

Tolstoj, Leo: *Anna Karenina.* Deutsch von Fred Ottow. © Patmos Verlag GmbH & Co. KG / Artemis & Winkler Verlag, Düsseldorf

Tolstoj, Leo: *Auferstehung.* Deutsch von Ilse Frapan. 1992 Diogenes Verlag AG, Zürich

Tomasi di Lampedusa, Giuseppe: *Der Gattopardo.* Deutsch von Giò Waeckerlin Induni. © 2005 Piper Verlag GmbH, München

Traven, B.: *Das Totenschiff.* © 1982, 1983 Diogenes Verlag AG, Zürich

Turgenjew, Iwan: *Rudin: Ein Adelsnest.* Deutsch von Herbert Wotte. © 1969 Aufbau Verlagsgruppe GmbH, Berlin (das Werk erschien 1969 im Aufbau-Verlag; Aufbau ist eine Marke der Aufbau Verlagsgruppe GmbH)

270   **Turgenjew, Iwan:** *Väter und Söhne.* Vom Dichter autorisierte, erstmalig 1869

erschienene Übertragung. Textrevision von Marianne Bühnert. 1974 Insel Verlag, Frankfurt am Main und Leipzig. © 1911 Insel Verlag

Turgenjew, Iwan: *Rauch.* Deutsch von Josef Hahn. © Patmos Verlag GmbH & Co. KG / Artemis & Winkler Verlag, Düsseldorf

Twain, Mark: *Tom Sawyers Abenteuer.* Deutsch von Ulrich Johannsen. © 1999 Cecilie Dressler Verlag, Hamburg

Twain, Mark: *Abenteuer von Huckleberry Finn.* Deutsch von Friedhelm Rathjen. 1997 Haffmanns Verlag, Zürich. © der deutschen Übersetzung Friedhelm Rathjen

Unamuno, Miguel de: *Nebel.* Deutsch von Otto Buck und revidiert von Doris Deinhard. © 1965 Verlag Kiepenheuer & Witsch, Köln

Updike, John: *Hasenherz.* Deutsch von Maria Carlsson. © 1976 Rowohlt Verlag GmbH, Reinbek bei Hamburg

Updike, John: *Unter dem Astronautenmond.* Deutsch von Kai Molvig. © 1973 Rowohlt Verlag GmbH, Reinbek bei Hamburg

Updike, John: *Bessere Verhältnisse.* Deutsch von Barbara Henninges. © 1983 Rowohlt Verlag GmbH, Reinbek bei Hamburg

Updike, John: *Rabbit in Ruhe.* Deutsch von Maria Carlsson. © 1992 Rowohlt Verlag GmbH, Reinbek bei Hamburg

Verne, Jules: *20.000 Meilen unter dem Meer.* In: Verne, Jule: 20.000 Meilen unter dem Meer, Reise um die Erde in 80 Tagen, Fünf Wochen im Ballon. © 1994 Tosa, Wien

Verne, Jules: *Eine Reise um die Erde in 80 Tagen.* Deutsch von Gisela Geisler. © 2005 Wissen Media, München

Vian, Boris: *Der Schaum der Tage.* Deutsch von Antje Pehnt. © 1999 Zweitausendeins, Frankfurt am Main

Voltaire: *Candide oder Der Glaube an die Beste der Welten.* In: Voltaire: Sämtliche Romane und Erzählungen. Deutsch von Walter Widmer und Liselotte Ronte. © 1995 Patmos Verlag GmbH & Co. KG / Artemis & Winkler Verlag, Düsseldorf

Vonnegut, Kurt: *Schlachthof 5 oder Der Kinderkreuzzug.* Deutsch von Kurt Wagenseil. © 1969 Kurt Vonnegut jr. © der deutschen Ausgabe 1970 Hoffmann und Campe Verlag, Hamburg

Walser, Martin: *Halbzeit.* Roman. © 1960 Suhrkamp Verlag, Frankfurt am Main

Walser, Martin: *Seelenarbeit.* Roman. © 1979 Suhrkamp Verlag, Frankfurt am Main

Walser, Martin: *Die Verteidigung der Kindheit.* Roman. © 1991 Suhrkamp Verlag, Frankfurt am Main

Walser, Robert: *Geschwister Tanner.* Roman. © 1975 Suhrkamp Verlag, Frankfurt am Main. Mit Genehmigung der Inhaberin der Rechte, der Carl-Seelig-Stiftung, Zürich

Walser, Robert: *Der Gehülfe.* Roman. © 1976 Suhrkamp Verlag, Frankfurt am Main. Mit Genehmigung der Inhaberin der Rechte, der Carl-Seelig-Stiftung, Zürich

Walser, Robert: *Jakob von Gunten.* Ein Tagebuch. © 1976 Suhrkamp Verlag, Frankfurt am Main. Mit Genehmigung der Inhaberin der Rechte, der Carl-Seelig-Stiftung, Zürich

Weiss, Peter: *Abschied von den Eltern.* Erzählung. © 1961 Suhrkamp Verlag, Frankfurt am Main

Weiss, Peter: *Die Ästhetik des Widerstands*. Roman. Bd. 3. © 1981 Suhrkamp Verlag, Frankfurt am Main
Wells, H. G.: *Die Zeitmaschine*. Deutsch von Annie Reney und Alexandra Auer. © 1980 by the Executors of the Estate of H.G. Wells und Paul Zsolnay Verlag, Wien
Welsh, Irvine: *Trainspotting*. Deutsch von Peter Torberg. © 1993 by Irvine Welsh. © der deutschen Ausgabe 1996 Rogner & Bernhard GmbH & Co Verlags KG, Berlin
Werfel, Franz: *Die vierzig Tage des Musa Dagh*. © 1933 Paul Zsolnay Verlag, Wien. Alle Rechte vorbehalten S. Fischer Verlag GmbH, Frankfurt am Main
Wilde, Oscar: *Das Bildnis des Dorian Gray*. Deutsch von Ingrid Rein. © 2000 Reclam, Leipzig
Wolf, Christa: *Nachdenken über Christa T.* Roman. © 1968 Mitteldeutscher Verlag, Halle (Saale), DDR. Alle Rechte bei und vorbehalten durch Suhrkamp Verlag, Frankfurt am Main
Wolf, Christa: *Kassandra*. Erzählung. © 1983 Luchterhand Verlag. Alle Rechte bei und vorbehalten durch Suhrkamp Verlag, Frankfurt am Main
Wolfe, Thomas: *Schau heimwärts, Engel!* Deutsch von Hans Schiebelhuth, bearbeitet von Sonja Schleichert. © 1954, 1986 Rowohlt Verlag GmbH, Reinbek bei Hamburg
Wolfe, Tom: *Fegefeuer der Eitelkeiten*. Deutsch von Benjamin Schwarz. © 1988, 1998 Kindler Verlag GmbH, München. Mit freundlicher Genehmigung des Rowohlt Verlags, Reinbek bei Hamburg
Wolfgruber, Gernot: *Herrenjahre*. 1999 Deutscher Taschenbuchverlag, München
Woolf, Virginia: *Mrs. Dalloway*. Deutsch von Walter Boehlich. © 1997 S. Fischer Verlag GmbH, Frankfurt am Main
Woolf, Virginia: *Zum Leuchtturm*. Deutsch von Karin Kersten. © 1927 Angelica Garnett, Virginia Bell and Cressida Bell. © der deutschen Ausgabe 1991 S. Fischer Verlag GmbH, Frankfurt am Main
Woolf, Virginia: *Orlando*. Deutsch von Brigitte Walitzek. © 1990 S. Fischer Verlag GmbH, Frankfurt am Main
Yourcenar, Marguerite: *Ich zähmte die Wölfin. Die Erinnerungen des Kaisers Hadrian*. Deutsch von Fritz Jaffé. © 1977 Deutsche Verlags-Anstalt, München, in der Verlagsgruppe Random House GmbH
Zimmer-Bradley, Marion: *Die Nebel von Avalon*. Deutsch von Manfred Ohl und Hans Sartorius. © 1982 Marion Zimmer-Bradley. © der deutschen Ausgabe 1983 S. Fischer Verlag GmbH, Frankfurt am Main
Zola, Émile: *Therese Raquin*. Deutsch von Ernst Hardt. Mit einem Nachwort von Hellmuth Petriconi. 1960 S. Fischer Verlag, Frankfurt am Main
Zola, Émile: *Germinal*. Deutsch von Caroline Vollmann. © 2002 Manesse Verlag, Zürich, in der Verlagsgruppe Random House GmbH, München
Zweig, Stefan: *Ungeduld des Herzens*. © 1938 Bermann-Fischer Verlag, Stockholm. Alle Rechte vorbehalten S. Fischer Verlag GmbH, Frankfurt am Main

Sollten trotz sorgfältiger Recherchen bestehende Abdruckrechte übersehen worden sein, werden diese selbstverständlich im Rahmen der üblichen Vereinbarungen abgegolten.